运动膳食与营养

《运动膳食与营养》编写组　编

北京体育大学出版社

策划编辑：佟　晖
责任编辑：佟　晖
责任校对：未　茗
版式设计：佟　晖

图书在版编目（CIP）数据

运动膳食与营养 / 《运动膳食与营养》编写组编. -- 北京 :
北京体育大学出版社，2016.7（2024.1重印）
ISBN 978-7-5644-2369-8

Ⅰ. ①运… Ⅱ. ①王… ②方… Ⅲ. ①体育卫生－营
养学 Ⅳ. ①G804.32

中国版本图书馆CIP数据核字(2016)第191471号

运动膳食与营养
YUNDONG SHANSHI YU YINGYANG
《运动膳食与营养》编写组 编

出版发行：北京体育大学出版社
地　　址：北京市海淀区农大南路1号院2号楼4层办公B-421
邮　　编：100084
网　　址：http：//cbs.bsu.edu.cn
发 行 部：010-62989320
邮 购 部：北京体育大学出版社读者服务部 010-62989432
印　　刷：北京昌联印刷有限公司
开　　本：787mm×1092mm　1/16
成品尺寸：185mm×260mm
印　　张：18.5
字　　数：473千字
版　　次：2016年8月第1版
印　　次：2024年1月第8次印刷
定　　价：55.00元

北京体育大学高等教育体育学精品教材编委会

本书编写组

组　长：王　琳　方子龙

编写组成员：陆一帆　李海伟　高维纬

序

人才培养是高等学校的根本任务，对处于学校工作中心地位的教学工作来说，其质量建设是高等学校的永恒主题。作为传授知识、掌握技能、提高素质的载体，教材在人才培养过程中起着非常重要的作用，是高等学校提高教学质量，促进内涵发展的有力抓手。

一本好的教材，不仅要充分体现教材应有的基础性、示范性和权威性，还要正确把握教学内容和课程体系的改革和创新方向，充分反映学科的教育思想观念、人才培养模式以及教学科研的最新成果，集中展现教材体系的创新，教材内容的更新和教学方法、手段的革新，善于处理好理论与实践、继承与创新、广度与深度、知识与技能、利学与利教的关系，成为开拓学生视野、引导学生探索、鼓励学生奋进的学业与人生兼备的“工具书”。

从中央体育学院到北京体育学院再到北京体育大学，这60年的办学历程，是继承发展的60年，是改革创新的60年，也是教材建设硕果累累的60年。学校不断探索教材建设的内在规律，引领高等体育教育教材建设的创新之路，发展了具有自身特色的教材体系，形成了特色鲜明的三个发展阶段。第一阶段是在上世纪50年代至60年代，我校教师在苏联专家的指导下，制定和编写了各专业的教育计划、大纲和主要教材。这批教师在主持和参与1961年国家体委组织的体育院校18门课程教材编著工作中发挥了重要作用：而这批教材也成为我国独立编写的、对苏联教材模式有所突破的第一批体育院校教材。第二阶段是上世纪70年代末至90年代，我校教师在大量承担第二次重编体育院校教材牵头组织工作的同时，针对学校“三结合”的办学目标和人才培养模式，开始了多学科、多专业的自编教材建设。第三阶段是进入21世纪以后，特别是国家体育总局于2002年下拨教材建设专款480万元之后，我校教材建设在数量和质量上都取得了重大突破。至2010年共立项建设了涵盖我校各专业课程的187项教材，其中有4项教材获得国家级优秀（精品）教材称号，14项教材获得北京市精品教材称号。可以说上述三个阶段的发展，使我校教材建设水平达到了一个空前的高度，为高等体育人才的培养发挥了重要的作用。

为全面提高高等体育教育质量，深化高等体育教育教学改革，继续加强体育学精品教材建设，2012年初，在北京体育大学教学指导与教材建设委员会的具体指导下，我们启动了高等教育体育学精品教材建设工程。学校遴选教育部新颁布的体育学类所属的体育教育、运动训练、社会体育指导与管理、武术与民族传统体育、休闲体育、运动康复、运动人体科学7个本科专业的部分基础课程和主干课程开展精品教材建设。我们整合了全校的优质资源，组织专家、教授全程参与教材的规划、编写、初审、终审等过程。按照精品教材的要求，以优秀的教学团队编写优质的教材，出精品、出人才为建设思路，编委会优选学术水平与教学水平兼备、具有创新精神的专家、教授担任教材主编，组织优秀教学团队成员参与教材编写：精确定位教材适用对象，准确把握专业知识结构、能力结构和综合素质要求，深刻领会课程内涵，简洁洗练地表达知识点、能力点和素质点：融入最新的教改成果和科研成果，吸收国外优秀教材的先进理念和成果，创新利于学生自学和教师讲授的教材体例：学校还投入专项资金，对教材进行一体规划、一体设计、一体编审：为全力保证教材编写质量，北京体育大学出版社资深编辑深度介入教材编写的所有环节。当这批教材展现在读者面前时，我们充满了期待。

岁月如流，薪火相传。60年的教材建设成绩斐然，推动着体育学教材建设步入新的起点、站在新的高度。展望未来，一批批体育学精品教材将随世界一流体育大学的建设进程应运而生，不仅在学校内涵式发展的改革进程中发挥重要作用，而且在全国高等体育院校人才培养中做出积极贡献，在高等教育教材建设中留下浓墨重彩的一笔。

北京体育大学校长

校教学指导与教材建设委员会主任

2013年9月

编者的话

《运动膳食与营养》是体育院校运动医学的相关重要课程。随着竞技体育水平的提高和大众健身运动的广泛开展，如何通过合理膳食来满足运动训练和健身活动中相关营养物质补充是大家越来越关心的问题。本教材根据教学大纲，主要为运动人体科学学院学生编写。将讲课内容进行合理选择也可以用于竞技体育学院和体育教育及社会体育专业学生的教学。

本教材简化了有关营养素特点及其代谢的内容，从运动与能量消耗引出合理膳食营养补充的重要性，围绕保持运动能力和身体健康的问题，通过训练、能量与膳食的关系，讲述如何通过合理的膳食补充来满足能量需要，以及如何能够保障能量供应有效进行来构成课程体系。通过对特殊环境、不同项目、不同人群训练中膳食补充特点的内容，在理论基础上结合实例进行讲解，使学生能够将所学知识与应用相结合，提高对书本知识的应用能力。本教材还补充了最新的有关运动营养品、运动员膳食安全的内容，使学生建立有效、安全、合法的膳食补充理念。书中列举了大量的膳食相关食物的营养成分、膳食配餐的数据，使本教材具有更强的实用性。

本教材共六章，第一章由王琳教授、高维纬教授、李海伟讲师共同编写；第二、第三、第六章由方子龙研究员编写；第四章由王琳教授编写；第五章由陆一帆教授编写。

编写水平有限，书中疏漏和不完善之处敬请同行专家、广大师生和读者不吝赐教和指正。

《运动膳食与营养》编写组

2016年2月

前　言

在学习《运动膳食与营养》相关内容之前，我们首先应该了解膳食与运动的关系，以及通过膳食可以为运动训练做哪些事情，只有这样我们的学习才可能有针对性。

维持人体生存和运动都必然产生能量消耗。人体运动是一种机械运动，需要能量进行推动，这一推动的动力来源是肌肉收缩，肌肉收缩的能量来自每日膳食的摄入，所以运动必然导致能量消耗增加。运动是人体每天的必然过程，如何保证每天能量供给是膳食营养的首要任务。

随着大众健身人群的增加及竞技体育水平的提高，膳食所供给的能量不仅仅是保证基本需要，还需要保证运动增加所导致的能量消耗增加。另有研究发现，能量供应和损伤发生之间存在密切联系，也是运动员膳食需要关注和解决的重要问题。膳食摄入不合理将导致能量供应不足、疲劳提前出现、甚至伤病发生。

人体对营养的需要不仅仅是能量，还有保障能量供给相关的其他营养素，如维生素、矿物质、水，这些物质的补充是保证人体正常运行的必需物质。

有些人认为，肉、蛋、奶营养价值高，对有些人可能是对的，但是如果运动员膳食中以此为主则可能会导致疲劳提前出现。鸡蛋、牛奶、油饼、汉堡包怎样？好像蛋白质很多，但是要注意其中含有大量的脂肪，这显然不是适合运动员的食物。应该如何安排？这将是本教材要告诉你的。

目录
CONTENTS

第一章
运动能力与能量

教学提示

人体运动需要消耗能量，随着运动强度、运动量的增加，营养物质的消耗也相应增加。不同的运动需要不同的供能系统进行供能，了解供能系统的特点及影响因素是学习膳食营养的重要基础。上述过程的基础是人体每天需要获得能量来满足不同的活动或者生理代谢的需要、能量供应与消耗需要平衡。

通过本章学习：

- 掌握运动时供能的能量物质有哪些，参与运动的供能系统的特点。
- 了解常见运动的供能特点。
- 掌握能量的相关概念。
- 了解能量平衡与食物选择，能量失衡对身体的影响。
- 掌握人体能量需要量的计算方法。
- 了解能量消耗的测定方法。
- 掌握什么是能量平衡及影响运动员能量需要的因素有哪些。

概 述

成为一名优秀运动员需要天赋、优秀的自我控制能力和刻苦训练，前两者主要依靠先天的遗传，而后者则是需要更多的后天勤奋。显然，训练中的营养补充是我们在训练之外的具有可控性的因素之一。

一、膳食与运动能力

1. 运动员摄入的食物和饮料的数量、种类及时间都会影响运动员的训练过程和训练效果。运动员在训练和比赛中的表现，不仅取决于技术，还需要充沛的体能保障，这其中通过膳食所获得的能源物质是保证高水平完成比赛的重要基础。

2. 从能量保障的角度来说，能否高水平完成比赛过程取决于肌肉中的糖原储备和训练及比赛中的能量补充、体内影响代谢营养素的水平及机体对各种营养物质的利用效率。

3. 运动员需要知道在他们所参加的运动项目发挥最佳水平需要什么样的供能系统，没有合理的膳食补充可能在赛季初期表现良好，但是无法维持到赛季末。要满足完成所有比赛所需要的能量要依靠合理的膳食和充足的训练后休息，而不是零食或补剂。

4. 膳食所提供的能量平衡还会影响运动员的身体健康状况，能量供给的过多与不足都会影响身体状况。

二、供能系统的相互关系

大多数体育运动都需要有氧和无氧供能系统参与供能，但是不同项目需要的供能系统的供能比例不同。此外，人体对营养素的消化、吸收和利用能力会影响运动能力。

三、膳食与能量代谢

人体运动时，机体会在细胞水平上发生化学反应，通过储存和释放能量，使肌肉完成收缩过程并为运动提供动力，这些反应被称为能量代谢。这一过程中，机体进行分解营养物质释放能量（分解代谢）或合成能源物质、构建身体组织（合成代谢），这两个过程都是运动的重要组成部分，可以同时发生。

力量训练过程中机体需要分解肌糖原提供能量，同时力量训练所产生的刺激又会使机体的蛋白质合成代谢过程加强，使肌肉体积增加。当然这时的肌肉体积增加需要有物质基础，这些合成肌肉的原料必须来自摄入食物中的蛋白质。所以在训练后及时合理的膳食补充是机体恢复的必要条件，这也可以通过在运动前或运动中摄入食物和补充饮料来减少机体训练中能源消耗的水平。

第一节　运动中的能量来源

机体运动的直接能源是三磷酸腺苷（ATP），体内有三大能源系统来保障ATP水平，它们是磷酸原系统、无氧酵解系统和有氧系统。运动强度和时间决定身体如何利用这些供能系统。了解供能系统的特点将为选择食物提供依据。

一、磷酸原系统

（一）能源物质

磷酸原系统的能源物质是三磷酸腺苷（ATP）和磷酸肌酸（CP），它们是细胞的直接能量来源，当ATP分解时会释放能量并生成二磷酸腺苷（ADP），而后CP通过分解供能来为ADP合成为ATP提供能量。ATP直接提供肌肉收缩所需的能量。

（二）储备量

ATP、CP在体内的储备有限，只能提供机体约10s运动所需要的能量。

（三）供能特点

1. ATP、CP供能系统具有快速供能的特点，不需要氧参与。是10s内大强度运动、开始运动阶段的主要能源物质。

2. 体内ATP的存储非常有限，但它可以被不断合成和重新利用。这是一个非常高效的供能系统。

3. 剧烈活动，如30m冲刺、排球扣球或网球发球，靠磷酸原系统供能。直接供能的是ATP（维持约3s），然后是CP供能。CP存储在肌肉中，可以维持6~8s的供能。合成CP的肌酸存在于肉类、家禽和鱼类食物中，在肝脏、肾脏中也有少量。

4. ATP合成能力下降，将导致运动能力降低。

二、无氧酵解系统

碳水化合物在氧气供应充足的情况下进行氧化供能的最终产物是二氧化碳和水，在运动强度较大、氧供应不足（如400m跑）的情况下，中间产物丙酮酸不能进一步氧化，生成乳酸，这个供能途径叫做无氧酵解。

（一）能源物质

当肌肉内CP消耗到一定限度，运动强度超过有氧供能的水平，机体就必须依靠糖无氧酵解系统进行供能，其能源物质包括体内的糖原和血糖。

（二）储备量

1. 糖原主要贮存在肌肉和肝脏中，肌肉中糖原约占肌肉总重量的1%~2%，约为400g，肝脏中糖原占肝脏总重量6%~8%，约为100g。

2. 肌糖原分解为肌肉收缩提供能量，肝糖原分解主要维持血糖浓度。糖原被存储在骨骼肌和肝脏中，肌肉内存储的糖原仅可以供该肌肉使用，不能给其他肌肉提供能源。

3. 肌糖原可以通过葡萄糖的糖原生成作用和非葡萄糖的糖原异生作用两个途径进行合成。

（三）供能特点

1. 无氧酵解系统非常高效，可在身体需要能量的时候快速供能，例如运动中的快速奔跑、冲刺时，无氧酵解系统可立即参与供能，直到有氧供能系统开始起作用。

2. 无氧酵解系统的一个缺点是在高强度运动中，葡萄糖酵解生成ATP、丙酮酸和氢，随着高强度活动的继续，氢与丙酮酸结合会导致乳酸堆积。肝脏是体内消除乳酸的主要器官，在运动强度不降低的情况下，如果肌肉生成的乳酸与肝脏清除率相等，运动可以继续，如果乳酸生成量超过清除率，乳酸会在血液中堆积。乳酸堆积和肌糖原消耗水平与机体疲劳有关，乳酸堆积到一定水平、肌糖原耗竭将导致不能继续运动。

3. 碳水化合物摄入是保证肌糖原储备量恢复的物质来源，膳食中碳水化合物摄入量不足将影响运动后糖原储备的恢复过程，最终影响运动能力。

4. 随着运动员训练水平的提高，他们的身体将能够更好地处理乳酸堆积，可以在大强度下运动更长时间。

三、有氧供能系统

因为不是所有的运动项目都能在3min内完成，机体需要一个能提供长时间活动的能量系统，这就是有氧供能系统。有氧供能系统以充足的氧气供应为条件。

（一）能源物质

有氧供能系统的能源物质有碳水化合物（糖原、血糖）、脂肪和蛋白质。

（二）储备量

有氧供能系统的能源储备量非常充足，不会由于一般运动出现耗竭的情况。是运动的主要能量来源。

（三）供能特点

1. 有氧供能系统的碳水化合物进行有氧氧化生成ATP、二氧化碳和水，不存在产生酸性物质导致内环境紊乱的副作用，产生能量的效率比糖酵解高很多。

2. 氧供应充足的情况下，机体还可以分解脂肪和脂肪酸供能，是低强度运动（如慢跑、快走）的高效能源。

3. 随着训练水平的提高，耐力项目运动员通过提高身体对脂肪的利用能力，可以节约碳水化合物，提高耐力水平。

4. 如果肌糖原水平降低，机体可以通过血糖进行合成，这时主要通过胰高血糖素分泌增加来使得肝脏肝糖原分解，并释放入血。

5. 如果血糖水平降低，如持续数小时的耐力运动，机体将通过分解肌肉蛋白为氨基酸，并通过肝脏转化为葡萄糖进行供能。显然，蛋白质分解供能会产生含氮类代谢产物，使得机体需要花费更多的过程进行代谢，所以蛋白质不可能是一种高效能源，是机体的一个应急或者备用能源。

磷酸原系统是最先被利用进行供能的高效系统，随着时间的延长，无氧酵解和有氧供能系统逐步参与进来。但是实际上三个系统往往是同时运行的，虽然其中一个会占主导地位，这与遗传、运动时间和强度等因素有关。

第二节　影响能量有效利用的因素

运动员要想取得好成绩，必须有足够的能量供应，同时保证所提供的能量与将要进行的运动相匹配。例如，短跑运动员和举重运动员主要依靠磷酸原系统和无氧系统来供能，因此，这些运动员必须补充足够的碳水化合物，以确保在肝脏和肌肉中储存足够的糖原；耐力项目运动员，如长跑运动员、马拉松爱好者和长距离滑雪者，以及足球、篮球、曲棍球和橄榄球等运动员，是靠有氧和无氧两个系统来给肌肉供能。这些运动员需要多样化的饮食，每顿饭中有碳水化合物、蛋白质和脂肪物质，这样他们就可以在运动期间利用这些能源。

训练消耗和摄入量之间有一个微妙的平衡。只有满足机体的能量需要，才可能谈提高运动成绩。身体所利用的能源物质储存于机体之中，这些能源物质需要通过食物补充，所以，要想让机体表现出最佳状态就需要注意膳食营养。充分休息后的大强度训练可以利用已有的储备供能，但是随着训练的进行，如果没有合理的膳食保障，到了赛季后段必然出现体能下降、恢复变慢的结果。这就是为什么随着训练量逐渐增加，需要采用合理的个性化膳食方案，以满足运动员的需要。

一、充足的能量储备和及时补充

运动员体内能源物质的储备量受到机体消耗与能量物质摄入间平衡的影响，影响因素包括：

（一）基础代谢：受到性别、年龄、身体成分、环境及温度影响。

（二）运动消耗：取决于运动强度、运动类型、运动时间、训练水平。

（三）控制体重：根据对体重的要求来决定保持、增加、减少能量摄入。

（四）食物利用效率：机体消化机能、膳食中能量物质比例、食物消化时间等。

二、稳定的内环境

除了体内充足的能源储备之外，保证这些能源物质被有效利用是有效供能的另外一个方面。

（一）保证体内代谢相关维生素和矿物质摄入，这主要通过食物种类的多样化来完成，包括摄入新鲜的蔬菜和水果。

（二）抗氧化食物摄入：维生素C、维生素E、硒、多酚类（Phenolic Compounds 存在于水果和蔬菜中，有抑制自由基活性保护细胞膜作用）、儿茶素（Catechins 存在于绿茶中，具有抗癌、消炎、抗凝血、保护肝脏作用）。

（三）摄入碱性食物。运动后体内会产生较多的酸性产物，摄入碱性食物将有利于酸碱平衡。

三、充分的水平衡

水是构成机体的重要成分，占到成人体重的60%，脱水将影响机体散热、营养运输、代谢产物排泄、关节润滑和电解质平衡，从而影响人体运动能力。所以运动员必须随时保证机体处于良好水合状态。

（一）运动前补水，预防机体处于脱水状态。

（二）运动中少量多次、定时补水，尽量保持出汗导致的水丢失得到补充。

（三）运动后及时补水，通过体重变化确定脱水程度。

四、一日多餐

现在认为，运动员每日4~5餐是合理的进食方式（每隔2~3h），这样可以减少饥饿感和焦虑。

（一）每餐不能多吃。

（二）尽量在运动前2h和运动后补充一些食物。

（三）一日的能量分配为：早餐：15%~25%；中餐：25%~30%，零食：10%~15%；晚餐：25%~35%。也可以在上午再增加一次零食，这种安排要根据个人需要制定。

第三节 人体的能量消耗

一、基本概念

能量是一切生命活动的基础和动力。人体的能量消耗用于维持体温、体内的生物化学反应、呼吸和循环系统的功能及肌肉收缩等。

（一）能量来源

能量要通过食物来获得，食物中的产能营养素（热源物质、生热营养素）包括以下几种：

1. 碳水化合物：来源广泛，是最重要、最直接、最经济的产能营养素。
2. 脂肪：体内储备充足，是人体能量储备的主要方式，是机体的高能物质，主要在低强度运动时提供能量。
3. 蛋白质：不是主要能源物质，但是每日通过正常代谢能提供部分能量。
4. 乙醇：是纯能量物质，也能提供能量，但是不含任何其他营养素。

（二）能量单位

1kcal（kilocalorie，kcal）能量是指将1000g的水从15℃升高到16℃所吸收的能量。按照国际计量单位系统，能量的计量单位是焦耳（Joule，J），1J是用1N的力使1kg的物体移动1m所消耗的能量，1cal能量相当于4.184J。

营养学上由于数值大，故常以千焦（kJ）或兆焦（MJ）作为单位。焦耳与卡之间的换算关系如下：1kJ=0.239kcal。

（三）能量系数

人类通过食物中的碳水化合物、脂肪和蛋白质来获取能量。每克碳水化合物、脂肪、蛋白质在体内氧化产生的能量值称为能量系数（也称为热价）。

食物中每克碳水化合物、脂肪和蛋白质在体外充分氧化燃烧可分别产生能量17.15kJ、39.5kJ和23.64kJ，但是上述三种食物在人体消化道内并不能完全消化吸收利用（碳水化合物消化率98%，脂肪消化率95%，蛋白质消化率92%），故三种营养素的能量系数分别为：

碳水化合物　　16.84kJ（4kcal）/g

脂肪　　37.56kJ（9kcal）/g

蛋白质　　16.74kJ（4kcal）/g

（四）氧热价

食物中的能源物质转变成可利用形式的能量需要氧的参与，这决定了能量代谢和氧消耗之间有极密切的关系。营养物质在体内氧化时，每消耗1L氧气所释放的能量称为该物质的氧热价。1g碳水化合物完全氧化需要消耗氧气0.83L，根据碳水化合物的热价，每消耗1L氧化糖类食物时，其氧热价为4.82kcal。1g脂肪完全氧化需要消耗氧气2.06L，脂肪的氧热价为4.37kcal，可见脂肪的供能效率要低于碳水化合物。

氧热价=1g食物的热价（kcal）/完全氧化所要消耗的氧气（L）

二、能量消耗

人体的能量消耗（Total Energy Expenditure，TEE）主要包含三个方面：基础代谢（Resting Energy Expenditure, REE），食物特殊动力作用（Thermic Effect of Feeding，TEF）和体力活动（Energy Expenditure For Physiacal Activity and Arousal，EEPAA）。

（一）基础代谢

1. 定义

基础代谢（REE）是指在清晨、清醒、安静、空腹状态下，温度20℃以上环境中的能量消耗率。基础代谢平均占人体的能量消耗的60%~70%。

2. 测定方法

测定前空腹12～14h、清醒静卧、室温保持26~30℃、无任何体力活动和紧张的思维活动、全身肌肉松弛、消化系统处于静止状态下进行。

3. 计算方法

目前已建立了多个公式用体重、身高和其他简易测量指标推测基础代谢。世界卫生组织推荐使用Schofield公式进行估算基础代谢的能量消耗。Schofield公式是根据世界范围的基础代谢相关文献报道分析得出的，可以单以体重推算不同性别和不同年龄的基础代谢。尽管这些公式可能并不一定适用于所有人群，例如极度肥胖和很高龄的人，但是它们确实为估测大规模人群的能量需要量提供了一个简便的方法（表1-1）。

表1-1 利用体重推算基础代谢（REE）公式

年龄（岁）	基础代谢（kcal/d）	
	男	女
3~10	（22.7×w）+495	（22.5×w）+499
10~18	（17.5×w）+651	（12.2×w）+749
18~30	（15.3×w）+679	（14.7×w）+496
30~60	（11.6×w）+879	（8.7×w）+829
>60	（13.5×w）+487	（10.5×w）+596

注：w为体重（kg）
来源：世界卫生组织 能量和蛋白质需要量相关报道

我国营养学会推荐，我国儿童和青少年的基础代谢参考值按上表公式计算，18岁以上人群的基础代谢按公式计算的结果减去5%。

4. 影响人体基础代谢的因素

（1）体成分

基础代谢与瘦体重（lean body mass）高度相关，而与脂肪体重（Fat mass）关系较小。这与瘦体重在基础状态下有一定的能量消耗有关。

（2）年　龄

人在婴幼儿及青春期的基础代谢高于成年人，而老年人的基础代谢则呈现下降，研究发现即使校正了年轻组和老年组之间瘦体重差异后，老年人的基础代谢仍然低于年轻人。

（3）性　别

一般女性的基础代谢低于男性，主要是体脂相对高于男性、而瘦体重相对少于男性。

（4）机体的生理病理状态

有研究报道，年轻妇女在月经期内的基础代谢有大约6%~10%的波动。甲状腺机能亢进、发烧、应激、冷暴露、烧伤等状态可导致基础代谢升高。

（5）体　格

与身材、体重影响体表面积和瘦体重成正比，瘦高者基础代谢大于矮胖者。

（6）其　他

气候、应激、疾病、种族、睡眠、情绪也会影响基础代谢。

（二）食物特殊动力作用

1. 概念

人体摄食过程中引起的额外的能量消耗。

2. 不同食物的食物特殊动力作用

食物特殊动力作用是与食物的摄取、消化、吸收、转运、储存和利用有关的能量消耗。脂肪的食物特殊动力作用约占食物能量的4%~5%，碳水化物为5%~6%，蛋白质可达30%。

此过程随着食物成分的不同持续时间有所不同。混合性食物的食物特殊动力作用约占能量的10%，高糖占8%，高蛋白占15%。与进餐数量无关，与食物种类有关。

（三）体力活动能量消耗

体力活动能量消耗这部分变化很大，包括两部分：

1. 体力活动的能量消耗

体力活动的能量消耗是人体的能量消耗中变动最大的。一个中等强度体力活动的人，体力活动所消耗的能量约占人体总能量消耗的15%~30%，但随人体活动量的增加，其能量消耗也将大幅度增加，可占到人体总能量消耗的50%。

中国营养学会2001年将我国居民活动强度分为三级：即轻、中、重体力活动，普通成人能量的推荐摄入量用基础代谢乘以不同的体力活动水平（physical activity level，PAL）系数进行计算（表1-2）。

表1-2　中国营养学会建议的我国成人活动水平分级

活动水平	工作内容举例	PAL	
		男	女
轻	办公室工作、修理电器钟表、售货员、酒店服务员、化学实验操作、讲课等	1.55	1.56
中	学生日常活动、机动车驾驶、电工安装、车床操作、金工切割等	1.78	1.64
重	体育运动、非机械化农业劳动、炼钢、舞蹈、装卸、采矿等	2.10	1.82

摘自《中国居民膳食营养素参考摄入量》（简要本），第一版，第15页，2001年。

2. 隐性活动的能量消耗

除上述的体力活动之外的时间内，机体所处的活动状态难以明确界定，一般称为隐性活动。能量消耗主要用于觉醒、焦虑和其他的难以特别明确的活动。有些亦称为适应性生热作用。此隐性活动的能量消耗占人体的能量消耗的10%~15%。而体力活动能量消耗应该是上述两部分能量消耗的总和。

第四节 能量消耗的测定方法

一、直接测定法

直接测定法的基本原理是通过直接测定身体向周围环境的散热能量实现对能量消耗的测量。

测定时，一般是将整个身体置于密闭小室内进行测量。热散失为通过合计蒸发性和非蒸发性热散失来计算。由于测量需要特殊的设备且复杂，在实际工作中很少应用。

二、双标水法

（一）基本原理

双标水（Doubly Labeled Water，DLW）法是20世纪80年代出现的一种人体能量消耗测定技术，它以稳定同位素标记的$^{2}H_2{}^{18}O$作为示踪物， 通过稳定性核素氘（^{2}H）标记身体中的H_2O， 用重氧（^{18}O）标记身体中O，通过分析尿液中标记物的峰度值变化，了解机体的能量代谢情况，被誉为能量消耗测定的“金标准”。

（二）特点

1. 优点是非侵入性、无毒；可测定自由状态人体一段时间（7~15天）内的能量消耗量；样本收集和测定过程简便，特别适用于不容易合作或活动不能受到限制和干扰的研究对象，如婴幼儿；且同时可以测定机体的组织构成。

2. DLW的价格昂贵，且需要昂贵的高灵敏度和精确度的同位素质谱仪和高技术素质的分析人员，故DLW法目前在大规模人群研究中使用仍有局限性。

三、气体代谢分析法

（一）基本原理

气体代谢分析法是最常用的实验室方法，其测量的基本原理：三大产能营养素在体内氧化分解释放能量时，必须消耗O_2和产生CO_2，CO_2产生量（VCO_2）与O_2消耗量（ VO_2）之间的比值称为呼吸商（respiratory qutient，RQ）。体内消耗的能源物质类型和比例不同，其呼吸商也不同（表1-3）。气体代谢分析法可以测定特定运动强度下的能量消耗。

表1-3 糖、脂肪和蛋白质在体内氧化时产生的能量

物质	O_2消耗	CO_2产生	RQ	每克放热		每升热当量			
						VO_2		VCO_2	
				kJ	kcal	kJ	kcal	kJ	kcal
淀粉	0.829	0.829	1.0	17.6	4.2	21.2	5.06	21.2	5.06
葡萄糖	0.746	0.746	1.0	15.6	3.74	21.0	5.01	21.0	5.01
脂肪	2.019	1.427	0.71	39.6	9.64	19.6	4.69	27.7	6.63
蛋白质	1.010	0.844	0.83	19.7	4.70	19.5	4.66	23.3	5.68

注：每升热当量指每消耗1LO_2或生产1LCO_2可释放的能量。

（二）方法

1. 多氏袋法（Douglas bag）

多氏袋法是气体代谢分析的经典方法，可用于测定某一特定活动时的能量消耗。采用这种方法时，受试者带上鼻夹和带有阀瓣的呼吸嘴，这样可将所有的呼出气收集到一个袋子中，然后送到实验室用氧气和二氧化碳分析仪进行气体分析。气体分析仪可一次测定数袋气体（多名受试者或多次测试的样品），非常适用于现场工作。

2. 便携式气体代谢分析仪

此方法使气体代谢分析法走向户外应用于运动场。这类便携式气体代谢测量设备，可利用遥感技术实时监测受试者呼出气中的耗氧量和二氧化碳生成量，求出呼吸商，根据相应的氧热价，计算单位时间的能量消耗。

（三）特点

1. 便携式气体代谢分析仪有实时性、便携性、准确性等优点。此外，虽然便携式气体分析仪体积比传统气体分析仪小很多，但仍不适合受试者长时间佩戴。

2. 价格昂贵，采用电池供电，气体分析装置只能连续工作1~5h，只适合小样本研究，难以对日常体力活动进行长时间不间断的测量。

总之，间接测热法常作为效标，用于测量不同活动形式的能量代谢，或验证心率监测器、运动传感器等有效性的研究，而在调查一般性日常活动或每周活动方面实用性不强。

四、其他的测量方法

（一）活动时间记录法

1. 原理

应用于由直接或间接测热法所得的人体各项活动能量消耗的数据，记录每日各项活动

的内容和时间，来计算实际活动的能量消耗。

2. 方法（一般需记录5~7天）

（1）详细的活动记录，并填入记录表（表1-4）。

（2）全天活动分类：如：卧床时间、职业活动时间、家务劳动和随意活动、休闲时间（表1-5）。

（3）计算每日总能量消耗（需加上10%的食物特殊动力作用所消耗的能量）。

3. 优点

（1）利用已有的测量资料，无需仪器和仪器分析技术。

（2）同时可以获得大量与生活方式有关的生理和社会性资料、体力活动方式与强度的资料。

4. 缺点

（1）记录的活动不一定与查表获得的消耗率资料一致。

（2）各种活动的耗能率是在非自由活动状态下测量的，个体间差异也较大。

（3）职业外的活动记录往往难以准确，导致结果偏倚。

表1-4　一日活动能量消耗调查表

单位				姓名						性别		年龄		
体重（kg）				运动专项						日期				
	0	10	20	30	40	50		0	10	20	30	40	50	
5AM							2PM							备注
6							3							
7							4							
8							5							
9							6							
10							7							
11							8							
12							9							
1PM							10							
注：1. 睡眠时间在上述活动时间以外。														
2. 每一小格为10min。														
3. 训练或技术课内容要详细写明，该处不便写时在备注栏内补充。														

表1–5　各项活动能量消耗计算表

活动内容	时间（min）	能量消耗（kcal/kg体重/min）	合计（kcal/kg体重）
进餐	40	4	160
跑步	30	8	240
穿衣	20	5	100
总计			

（二）活动强度指数法

1. 原理

将普通人体的各种活动按其强度大小分为几类，各类给予一定系数，然后与基础代谢相乘的积，再加上基础代谢值及食物特殊动力作用的能量消耗，即得出能量消耗值。

2. 应用

简便易行，但较粗略，只能作一般估计用。（表1–6）

3. 计算

一日能量消耗=基础代谢+基础代谢×活动强度指数+（基础代谢+基础代谢×活动强度指数）/10

表1–6　普通不同活动强度的指数

活动强度	极轻	轻度	中等	重	极重
指数	0.35	0.50	0.75	1.00	1.25

（三）体重平衡法

以一定期限内的体重变化与能量摄入之间的差值来评价能量供给情况，一般情况下采用每千克体重改变相当于8000kcal热量的比值进行计算。如，在20天内体重增加了2kg，说明他每天摄入能量超过消耗：$\frac{1}{20}\times 2\times 8000=800\text{kcal}$。

此方法简单易行，但是准确度有限，可将结果作为参考。

第五节 能量平衡

能量平衡（Energy Balance）是指能量摄入等于能量总消耗（人体的能量消耗），并且体内储备处于稳定状态。

一、能量需要量的确定

能量需要量以消耗量为依据，需要根据能量消耗来决定补充量和选择膳食。

（一）能量消耗量是确定能量需要量的基础

体力活动是影响能量消耗的主要因素

1. 参加一般体育活动的人（每天运动30~40min，每星期运动3次）通过正常膳食就能达到能量需要（每天1800~2400kcal），因为他们运动所消耗的能量不太多（每次运动消耗200~400kcal）。

2. 中等强度训练或大强度训练（每天进行1~2次，总计3~6h的强度训练；每星期训练5~6次），导致的额外消耗的能量可达到600~1200kcal/h。

3. 对体形较大的运动员（体重为100~150kg）每日能量需要可在6000~12000kcal之间。

（二）能量代谢的最佳状态是达到能量消耗与能量摄入的平衡

身体健康状况和体能状况的保持与能量平衡之间存在密切关系，能量供应过多、过少均会影响身体机能。

（三）不同职业的劳动强度是影响能量需要量的重要因素

不同职业的活动系数会不同，这必将影响能量需要量及各种营养素的需要量。

（四）不同人群的能量需要量有所不同

年龄、性别、生理状况（生病、应激等）对能量消耗也会产生明显影响，也是需要考虑的因素。

二、膳食能量分配

三大产能营养素在体内都有其特殊的生理功能并彼此相互影响，如碳水化合物与脂肪的相互转化及它们对蛋白质有节约作用。因此，三者在总能量供给中应有一个恰当的比例。根据我国的饮食特点，成年人三大产能营养素供应能量的比例为：

碳水化合物　　55%~65%

脂肪　　20%~30%（其中不饱和脂肪占总能量3%）

蛋白质　　10%~15%

运动员一般也采用这一比例，具体情况根据项目、训练阶段、个人需要进行调整。

三、高能和低能食物

了解食物中所含能量的高低有助于我们在需要时合理选择食物，根据训练负荷量大小在选择食物时有所考虑。大运动量训练时可选择高能食物以满足能量补充，同时减小食物体积，以适应大运动量训练对身体带来的影响。

（一）高能量的食物

高能食物往往脂肪和蛋白质含量较高（表1–7），在选择这类食物的同时，还必须考虑能量分配的平衡问题，即保证碳水化合物的供能比例。

表1–7　含能量高的食物（kcal/100g食物）

食物	含量	食物	含量	食物	含量
辣椒油	900	腊肠	584	豆腐丝（干）	451
色拉油	898	腰果	552	月饼（香油果馅）	449
黄油	888	牛肉干	550	北京烤鸭	436
奶油	879	麻花	524	鸡腿酥	436
松子（生）	640	香肠	508	饼干	433
芝麻酱	618	全脂牛奶粉	478	白砂糖	400
葵花子（炒）	616	奶片	472	油饼	399
马铃薯片（油炸）	612	方便面	472	猪肉（肥瘦）	395
杏仁（过油炸干）	607	春卷	463	玉米片（即食粥）	390
巧克力	586	腐竹	459	油条	386

（二）低能食物

蔬菜、瓜果所含能量往往较低，这类食物含有更多的维生素、纤维素成分，有助于水溶性维生素和一些矿物质的补充（表1–8）。

表1–8 含能量低的食物（kcal/100g食物可食部）

食物	含量	食物	含量	食物	含量
茶水	0	豆腐脑[老豆腐]	15	香菇[香蕈，冬菇]	19
黄河蜜瓜	5	黄瓜[胡瓜]	15	蘑菇（鲜蘑）	20
冬瓜	11	小白菜	15	心里美萝卜	21
油菜（小）	11	绿豆芽	18	茄子	21
生菜（叶用莴苣）	13	西葫芦	18	蒜黄	21
豆浆	14	竹笋	19	大白菜（白梗）	21
萝卜缨（白）	14	番茄[西红柿]	19	茼蒿[蓬蒿菜]	21
芹菜（白茎）	14	苦瓜[凉瓜]	19	白兰瓜	21
莴笋[莴苣]	14	竹笋	19	甜椒（灯笼椒，柿子椒）	22
海带（浸）	14	芦笋[龙须菜]	19	南瓜[倭瓜]	22

四、能量失衡

（一）能量失衡对人体的影响

1. 当能量摄入超过人体的能量消耗时，人体处于能量正平衡（能量过剩）。若人体长期处于能量过剩，过剩的能量则会转化为脂肪在体内贮存，使人发胖，增加患心血管病、糖尿病等疾病的风险，这是当前大部分公共卫生问题的根源。

2. 当能量摄入小于人体的能量消耗，机体能量储备减少，为能量负平衡。若摄入能量不足，机体会调动和利用自身的能量储备，甚至分解自身组织，以维持生命活动的能量需求。

3. 如果儿童长期处于饥饿状态，则生长发育就受到影响甚至停止。

（二）运动员能量失衡

1. 运动员体重和体脂同时增加，表明是运动量不足或摄入能量过多，常见于因发生外伤而不能进行正常训练的情况。体重增加、尤其是体脂增加，不利于灵活、高难动作和耐力运动的完成，对健康也不利。

2. 体重增加而体脂百分比减少或不变时，表明体内瘦体重成分增加、肌肉增长，运动员瘦体重增加的同时，其运动能力也有提高。

3. 当体重和体脂均减少时，应在除外疾病的情况下，分析是否运动量过大、食物能量的摄入量未能满足需要所致。

4. 运动员能量摄入量不足的情况常见于大运动量消耗未能获得适宜的补充，大运动量训练后因疲劳使食欲下降。

5. 运动员采取控制饮食措施来减体重或长期控制体重时，也会造成能量营养不良。长期能量营养不良可引起消瘦、运动无力、免疫机能减弱、各种营养素缺乏，从而损害运动能力和健康，应及时发现、找出原因并纠正。

思考题

1. 运动中能量来源有哪些系统？

2. 三大系统供能有何特点？100m赛跑、100m自由泳、马拉松跑、篮球、足球比赛中对应的主要供能系统是什么？

3. 影响能量有效利用的因素有哪些？为什么？

4. 什么是氧热价，如何计算？

5. 什么是食物特殊动力作用？

6. 如何计算体力活动的能量消耗？

7. 能量消耗的测定方法有哪些？

8. 体力活动由哪两部分组成？

9. 什么是能量负平衡？对机体有什么影响？

10. 从能量平衡的角度来说，体重不变，瘦体重增加提示什么？

11. 膳食中能量物质的合理分配比例是多少？

第二章
运动员膳食营养基础

教学提示

营养素是膳食营养的基础，本章从应用的角度对营养素的相关知识进行讲述，通过表格提供基本数据作为参考，帮助大家了解主要营养素的功用和来源，有助于我们选择食物，为膳食方案设计打下基础。通过本章学习：

- 掌握营养相关的供给量、推荐量等基本概念。
- 掌握宏量营养素的分类、功能和供能特点。
- 了解微量营养素的主要功用及缺乏症的主要表现。
- 了解各种营养素的主要食物来源。
- 掌握水的功能，水缺乏对人体的影响及其与运动的关系。
- 了解膳食纤维的功能、食物来源。

概 述

一、营养素与食物

（一）基本概念

1. 营养素

食物中经过消化、吸收和代谢能够维持生命活动的物质称为营养素（nutrient）。人体需要的营养素可以分为三大类。

（1）宏量营养素：包括蛋白质、脂肪和碳水化合物（也称为糖）。

（2）微量营养素：包括矿物质和维生素。

（3）其他膳食成分：包括水、膳食纤维和其他生物活性物质。

2. 食物

食物是营养素的载体。

（1）食物如果能提供与所食能量成正比的充足维生素和矿物质，称为营养素密集食物，如全谷类食品。

（2）有些食物营养素含量较为单一，除了提供能量外，几乎不含其他营养素，称为非营养素密集食物，如油脂、酒类、精制糖等。

（3）还有一类食物称为宏量营养素代用品，即加入食物中的低能量配料，可能对健康有益：如降低能量、减少龋齿，主要是脂肪和糖的代用品。

（二）功能分类

各种营养素的功能既独立又密切相关，单一食物不能满足人体对各种营养素的需求。

1. 碳水化合物、蛋白质、脂肪是机体的主要结构成分及能量来源。

2. 维生素、矿物质和水对机体物质能量代谢以及内环境的变化有重要影响。

（三）必需营养素

如今已确认的人体必需营养素有42种，包括蛋白质中的9种氨基酸、脂肪中的2种不饱和脂肪酸、1种碳水化合物、7种常量元素、8种微量元素、14种维生素以及水。这42种中的任何一种都不能缺乏，否则会出现相关的营养缺乏病。人体必需的营养素见表2-1。

表2-1　人体必需营养素

氨基酸（9种）	脂肪酸（2种）	碳水化合物（1种）	常量元素（7种）	微量元素（8种）	维生素（14种）	水（1种）
异亮氨酸	亚油酸	葡萄糖	钾	铁	维生素A	水
亮氨酸	α-亚麻酸		钠	锌	维生素D	
赖氨酸			钙	硒	维生素E	
蛋氨酸			镁	碘	维生素K	
苯丙氨酸			硫	铜	维生素B_1	
苏氨酸			磷	钼	维生素B_2	
色氨酸			氯	铬	维生素B_6	
缬氨酸				钴	烟酸	
组氨酸					泛酸	
					叶酸	
					维生素B_{12}	
					生物素	
					胆碱	
					维生素C	

二、膳食营养素供给量

（一）定义

为指导合理营养、平衡膳食，各个国家制定了膳食营养素供给量（recommended dietary allowances，RDAs）。

（二）RDAs的特点

1. RDAs由各国政府部门或营养权威学术团体，根据营养科学发展，结合若干具体情况，向人们提出的社会各人群每日饮食中应含有能量和各种营养素种类、数量的建议。

2. RDAs制定的基础是营养生理需要量，即能保持人体健康，达到应有发育水平和能充分有效地完成各项体力和脑力活动的人体所需要的能量和各种营养素的需要量。

3. RDAs值基本上是根据预防缺乏病提出的参考值，没有考虑预防慢性病，也没有考虑过量的危害。

三、膳食营养素参考摄入量

为帮助个体和人群安全地摄入各种营养素，避免可能产生的营养缺乏或营养过多的危害，在RDAs的基础上，各个国家制定了膳食营养素参考摄入量（dietary reference intakes，DRIs）。DRIs包括平均需要量、推荐摄入量、适宜摄入量、可耐受最高摄入量四项内容。

（一）平均需要量

1. 定义

平均需要量（estimated average requirement，EAR）是某一特定性别、年龄及生理状况群体中对某营养素需要量的平均值。

2. 特点

膳食营养素摄入量达到EAR水平时可以满足群体中50%个体对该营养素的需要。EAR是制定推荐摄入量（RNI）的基础。

（二）推荐摄入量

1. 定义

推荐摄入量（recommended nutrient intake，RNI）相当于传统使用的RDA，可满足某一特定性别、年龄及生理状况的群体中绝大多数（97%~98%）个体的需要。

2. 特点

长期摄入RNI水平，可维持组织中有适当的储备。RNI定为EAR加2个标准差，即RNI=EAR+2SD。如果没有EAR标准差的资料，则RNI=1.2×EAR。RNI的主要用途是作为个体每日摄入该营养素的目标值。

（三）适宜摄入量

1. 特点

在个体需要量的研究资料不足不能计算EAR，因而不能求得RNI时，可设定适宜摄入量（adequate intake，AI）来代替RNI。

2. 特点

AI是通过观察或实验获得的健康人群某种营养素的摄入量。我国制定了推荐的中国运动员膳食营养素AI值。AI的主要用途是作为个体营养素摄入量的目标，但不如RNI准确。

（四）可耐受最高摄入量

1. 定义

可耐受最高摄入量（tolerable upper intake level，UL）是平均每日可以摄入某种营养素的最高量。

2. 特点

这个量对一般人群中的几乎所有个体都不至于损害健康。UL的主要用途是限制饮食和来自强化食品及膳食补充剂的某种营养素的总摄入量，以防止该营养素的不良作用。

第一节　碳水化合物

碳水化合物（carbohydrate，又称为糖），是由碳（C）、氢（H）、氧（O）组成的化合物，基本结构式为（CH_2O）$_n$。

含碳水化合物的食物被消化成单糖后在小肠吸收，进入血液成为血糖。血糖再进入肝脏、肌肉或其他组织后，转变为糖原或其他非糖物质。

一、碳水化合物的功能

（一）储存和供给能量

1. 碳水化合物是人类生存的最基本物质和最重要的能量来源食物，是大脑、肌肉等全身器官活动的主要能量来源，也是最快速、最经济的能源物质。

2. 碳水化合物在运动强度增加时起能量池的作用。糖原储备和血糖水平对运动非常重要，当糖贮量减少时，不仅使机体的耐力下降，而且也影响其速度，使机体的最大输出功率下降。

3. 碳水化合物以糖原的形式储存于肌肉（肌糖原）和肝脏（肝糖原），人体内肌糖原约为300~400g，肝糖原约为80~100g。碳水化合物可转变为甘油和脂肪酸或合成真脂在体内储存，也可转变为氨基酸及其他单糖（如核糖、脱氧核糖或半乳糖)。这些物质是体内许多重要物质的必需原料。

（二）构成机体成分

1. 糖与脂形成的糖脂是细胞膜与神经组织的结构成分之一，对维持神经组织系统的机能活动有重要作用。

2. 糖与蛋白质结合的糖蛋白也是细胞膜的重要结构成分，而且是一些具有重要生理功能的物质（如抗体、酶和激素）的组成成分。

3. 核糖及脱氧核糖则是细胞核内核酸的重要组成成分。

4. 粘多糖广泛存在于细胞间质和结缔组织中，是构成软骨、肌腱和韧带止点的成分。

（三）节约蛋白质作用

1. 摄入足够的碳水化合物，可以防止体内和膳食中的蛋白质通过糖异生作用转变为葡萄糖，减少蛋白质分解供能。

2. 碳水化合物还能促进蛋白质的吸收利用。

（四）抗生酮作用

脂肪在体内彻底被代谢分解需要葡萄糖的协同作用。脂肪酸氧化不彻底会产生酮体（酮血症）。体内充足的碳水化合物具有抗生酮作用，至少需要50~100g碳水化合物才能防止酮血症发生。

（五）其他

食物中的碳水化合物除了提供主要能量营养素外，还能改变食物感官性状、提供膳食纤维、增加胃的充盈感（饱腹感）并增强胃肠功能。

二、碳水化合物的参考摄入量

成年人总碳水化合物的摄入应占总能量的50%~65%，但是添加糖应小于总能量的10%。

三、碳水化合物的食物来源

（一）食物要求

1. 来源应多样化，包括淀粉、抗性淀粉（resistant starch）、非淀粉多糖和低聚糖类等。

2. 应限制纯能量食物，如糖果、饮料等。

3. 摄入碳水化合物应能保障能量充足和营养素的需要、改善胃肠道环境的需要和预防龋齿的需要。

（二）食物来源

食物碳水化合物主要来自谷类、薯类、水果和蔬菜类。

1. 淀粉主要来源于谷类、豆类和根茎类食物。

2. 蔗糖是最普通的食用糖，来自甘蔗、甜菜、蜂蜜。

3. 果糖主要来源于水果、蜂蜜、玉米糖浆。

4. 乳糖来源于奶类。

5. 低聚糖是人工合成糖。

6. 海藻糖主要来源于蘑菇。

表2-2列举了一些含碳水化合物较多的食物。

表2-2　部分碳水化合物含量较高的食物（g/100g食物可食部）

食物	含量	食物	含量	食物	含量
白砂糖	100	杏干	83	荞麦	73
藕粉	93	玉米片（即食粥）	82	饼干	72
苹果脯	85	甘薯片 [白薯干]	81	苹果酱	69
奶糖	85	山楂果丹皮	80	枣（干）	68
蜜枣	84	栗子（干）	78	蛋糕	67
茯苓夹饼	84	稻米	78	燕麦片	67
粉条	84	小米面	78	西式蛋糕	64
煎饼	84	通心面 [通心粉]	76	面条	62
粉丝	84	蜂蜜	76	扁豆	62
葡萄干	83	绿豆糕	73	方便面	62

四、碳水化合物与运动

（一）运动供能的特点

运动时能量物质的消耗取决于运动强度和运动时间、运动员的性别和营养状况。在其他条件相同的情况下，增加运动强度会增加碳水化合物的消耗量。持续运动时，碳水化合物的利用从肌糖原转移到动用循环中的血糖。如果血糖水平无法维持，运动能力会下降。在不同的运动强度下，脂肪以近乎相同的绝对速度被代谢以提供能量。但由于碳水化合物的动用随运动强度增加而增加，脂肪提供能量的比率因而减少。在休息和运动时蛋白质提供能量，但在已进食的人中大概仅提供少于5%的能量。当运动时间增加时，蛋白质可通过肝脏产生糖（糖异生）来维持血糖。

碳水化合物是运动能量的主要来源。短时间、大强度运动的能量绝大部分由碳水化合物供给；而长时间运动时，也首先利用碳水化合物氧化供给能量。可利用的碳水化合物耗竭时，才动用脂肪或蛋白质。与脂肪和蛋白质相比，碳水化合物作为供能物质具有以下特点。（1）产能效率高。在消耗等量氧的条件下，碳水化合物的产能效率比脂肪高4.5%，这一优点在氧不足的情况下更为重要，在比赛时有时可成为决定胜负的因素。（2）碳水化合物氧化的终产物是CO2和水，CO2由呼吸道呼出，水经汗液和尿液排出，对内环境的影响较小，而脂肪氧化产生的酮体、蛋白质氧化生成的氨对身体会产生不利影响。

（二）膳食建议

从膳食中摄入碳水化合物的推荐量因体重和运动水平的差异而有所不同。

进行一般活动的人，按照普通人的膳食摄入推荐标准即可满足宏量营养素的需求。一般建议45%~55%的能量来自碳水化合物（每天3~5g/kg体重）、10%~15%的能量来自蛋白质（每天0.8~1g/kg体重）和25%~30%的能量来自脂肪（每天0.5~1.5g/kg体重）。

进行中等-大量运动的运动员需要从膳食中摄入较多的碳水化合物才能满足需要。每天进行2~3个小时的强度训练，每星期训练5~6次的运动员，需要55%~65%的能量来自碳水化合物（每天5~8g/kg体重；或对于体重为50~150kg的个体，每天250~1200g），以维持肝糖原和肌糖原储备。

进行大量强度运动的运动员则需要从膳食中摄入更多的碳水化合物才能满足需要。每天进行3~6个小时的大量强度训练，每星期训练5~6次的运动员，每天需要摄入碳水化合物8~10g/kg体重（对于体重为50~150kg的个体，每天400~1500g），以维持肝糖原和肌糖原储备。

但是，进行大强度训练的运动员很难通过膳食摄入如此大量的碳水化合物，因此建议运动员额外摄入浓缩的富含碳水化合物的果汁/饮料或高碳水化合物运动营养品，以此达到碳水化合物的需求。

过去曾建议运动员摄取高碳水化合物膳食（即超过60%的能量来自碳水化合物），利用膳食供能比例作为饮食建议可能对最佳营养供应量造成一些误解。当每天能量摄取量是4000~5000kcal时，就算膳食中50%的能量来自碳水化合物，即提供500~600g（对于体重为70kg的个体，每千克体重7~8g），也足以维持每日肌糖原的储备。如果遵循这种膳食建议，即使蛋白质供能比例低至10%，绝对蛋白质摄取量（每天100~125g）也超出建议的蛋白质摄取量（对于体重为70kg的个体，每天每kg体重1.2~1.7g，或总量84~119g）。相反，如果每天能量摄取量少于2000kcal，就算60%的能量来自碳水化合物也未必能提供充够的碳水化合物来维持最佳的糖原储备（对于体重为60kg的个体，每天每千克体重4~5g)。因此，根据运动员性别、体格、体重、体成分目标和运动表现，或许能更有效地制定供能营养素的摄入量和比例的具体建议。对大多数运动员来说，每天摄入7~8g/kg体重的碳水化合物就足够了。值得注意的是，摄入碳水化合物的时间对糖原恢复非常重要。

五、食物血糖指数

食物血糖指数（glycemic index，GI）是衡量碳水化合物食物引起餐后血糖反应程度的生理参数，真实地反映食物经过消化、吸收后引起的血糖变化。摄取含50g碳水化合物的试验食物后2h的血糖应答曲线下增加的面积（IAUC）与摄取等量（50g）碳水化合物参考食物（葡萄糖或白面包）后2h的血糖应答IAUC的比值为该食物的GI值。用公式表示为：

$$被测食物的GI=\frac{被测食物餐后2h的血糖IAUC}{葡萄糖餐后2h的血糖IAUC}\times 100$$

（一）食物血糖指数的测定方法

国际公认的测定GI值的标准方法包括以下步骤：

1. 葡萄糖耐量试验

受试对象为每组10~12人，实验前至少禁食10h。第二天清晨空腹采血（测定基础血糖），然后口服含50g葡萄糖的溶液，记时并分别于15、30、45、60、90和120min时采血测定血糖浓度。

2. 食物血糖应答试验

葡萄糖耐量合格者，至少间隔2天后进行食物试验。实验前至少禁食10h。第二天清晨空腹采血（测定基础血糖），然后食用含50g可利用的碳水化合物的食物，记时并分别在15、30、45、60、90和120min时采血测定血糖浓度。

3. 计算GI值

食物GI值以葡萄糖作为参考食物（葡萄糖的GI=100）。也有以白面包作为参考食物的（白面包的GI=100）。换算关系是将葡萄糖作为参考食物所得的GI值乘以1.43，即可以转化为以白面包作为参考食物的GI值。

（二）影响食物血糖指数的因素

某种食物的GI值在一定范围内可能略有不同。引起GI值变化的因素可来自食物，也可来自人体，还可能受到研究方法的影响。

1. 食物因素

不同的食物形态、保存条件或处理方法，都可影响食物的GI值。碳水化合物的性质（如葡萄糖、半乳糖、果糖、支链淀粉和直链淀粉等的含量和比例）、食物的形式、成熟度、加工及烹调的过程、蛋白质与淀粉的相互作用、脂肪与蛋白质的含量、膳食纤维的类型和含量、抗营养素（如植物凝血素、植酸、皂角苷和酶抑制剂等）的含量等，都是影响食物血糖应答的因素。影响食物的GI值见表2-3。

表2-3　来自食物本身特性的影响GI的因素

影响因素	作用机制
淀粉的糊化程度	糊化程度越低，消化率越低，GI值越低。
食物的物理形式	谷类和豆类的纤维包衣和完整的细胞壁会作为物理屏障，降低消化酶进入淀粉内部的机会，使GI值较低。
食物颗粒的大小	颗粒越细小，越容易消化吸收，GI值越高。
直链淀粉与支链淀粉的比例	直链淀粉含量越高，消化率越低，GI值越低。
膳食纤维的含量	可溶性膳食纤维增加胃肠道内容物的粘性，降低淀粉和消化酶的相互作用，降低GI值。
酸度	酸性物质降低胃排空能力，降低淀粉的消化率，降低GI值。
脂肪和蛋白质	降低胃的排空能力，降低淀粉的消化率，降低GI值。

2. 机体因素

某种食物的GI值与受试者的年龄、性别、体重指数（BMI）、种族、绝对血糖反应和测试时间（早晨或晚上）都不相关。但是，受试者的运动训练状态（长期训练甚至是一次运动）对碳水化合物代谢和胰岛素反应会产生影响，可对GI测定结果产生影响。

以耐力训练者为对象测得的食物GI值低于以非训练者为对象测得的GI值，提示一些复杂食物的GI测定值与受试者的运动训练水平有关。以非训练者为对象测得的GI值明显高于以耐力训练者为对象测得的GI值，而以适度训练者为对象测得的GI值在二者之间，但与其他两组对象测得的GI值无明显差异，提示运动训练状态是影响GI值的受试者因素，这种影响可能超过了食物本身的特性。

3. 研究方法

相同食物GI值的不同测定结果还可能源于测定方法上的差异。目前普遍认为用末梢血测定GI值优于用静脉血。不同的血糖测定方法对GI值的测定结果没有明显影响。

含糖量的确定对食物GI值测定的影响很大。GI值测定要求被测食物与参考食物中含碳水化合物的量相同。碳水化合物含量的计算应去掉不能被吸收的淀粉或纤维素，但这很难做到，因为很难判断哪些碳水化合物能被吸收，即哪些是可利用的碳水化合物。在测定一些水果的GI值时，对其中的纤维素是否要计算为碳水化合物成分有争议，因为这对含纤维素的水果，尤其是高纤维素水果的GI测定值影响很大。

（三）食物血糖指数的意义

1. GI值全面地反映了食物中碳水化合物消化和吸收的速度

高血糖指数（HGI）食物进入胃肠道后，消化快，吸收完全，使碳水化合物迅速进入血液；低血糖指数（LGI）食物在胃肠道中停留时间长，释放缓慢，碳水化合物进入血液后血糖峰值低，下降速度慢。所以，GI值能确切地反映摄入碳水化合物食物后机体的生理状态，是衡量碳水化合物食物引起餐后血糖反应的一个有效指标。

2. 碳水化合物按照GI值的分级

根据GI值的大小可以将碳水化合物食物分为3个等级：GI值≥70为高血糖指数（HGI）食物，GI值在55~70之间为中等血糖指数（MGI）食物，GI值≤55为低血糖指数（LGI）食物。GI值的关键是同时考虑了碳水化合物的含量和种类，用GI值来选择食物，更容易控制血糖。

（四）常见食物的GI值

仅凭食物的组成预测GI值是不可能的。对于食物GI值的测定还在不断进行中。我国营养学家对近200种谷类、薯类、豆类和混合食物的GI值进行了测定。国外营养学家也对各国家和地区的传统食物、包装食品和饮料的GI值进行了测定。这些结果对应用GI值来选择食物起着非常重要的指导作用。表2-4和表2-5分别列举了一些食物的GI值。

表2-4　部分碳水化合物食物的GI值

GI值分级	食物名称	GI_1（葡萄糖GI=100）	GI_2（白面包GI=100）
高GI（HGI） $GI_1 \geq 70$	麦芽糖	105	150
	葡萄糖	100	143
	法国棍子面包	95	136
	烤饼	92	131
	米饭（低直链淀粉）	88	126
	烤土豆	85	121
	玉米片	81	116
	胶质软糖	78	112
	土豆泥	74	105
	西瓜	72	103
	煮小米	71	101
	白面包	70	100
中等GI（MGI） $55 < GI_1 < 70$	蔗糖	68	97
	燕麦面包	65	93
	奶油苏达饼干	65	93
	松饼	62	89
	甜土豆	61	87
	冰激凌	61	87
	米饭（高直链淀粉）	59	84
	黑葡萄	59	84
	菠萝	59	84
	麦片粥	58	83
	可口可乐	58	83
	杏	57	82

续表

GI值分级	食物名称	GI_1（葡萄糖GI=100）	GI_2（白面包GI=100）
低GI（LGI）$GI_1 \leqslant 55$	蜂蜜	55	78
	香蕉	52	74
	胡萝卜	47	68
	牛奶巧克力	43	61
	橙	42	60
	梨	38	54
	苹果	38	52
	全脂牛奶	27	38
	去脂酸奶	27	39
	果糖	19	27
	花生	14	21

表2-5　部分常见食物的GI值

食物类别	食物名称	GI（葡萄糖GI=100）
糖类	绵白糖	84
	方糖	65
谷类及制品	馒头（富强粉）	88
	大米饭	83
	面条（小麦粉、湿）	82
	烙饼	80
	油条	75
	大米粥（普通）	69
	小米粥	62
	荞麦面条	59
	面条（小麦粉、干、扁、粗）	46
	黑米粥	42
薯类、淀粉及制品	炸薯条	60
	甘薯（山芋）	54
	苕粉	35
	藕粉	33
	土豆粉条	14
豆类及豆制品	扁豆	38
	豆腐（炖）	32
	四季豆	27
	绿豆	27
	豆腐（冻）	22
	黄豆（泡、煮）	18
	蚕豆（五香）	17

续表

食物类别	食物名称	GI（葡萄糖GI=100）
水果类及制品	枣	103
	葡萄干	64
	芒果	55
	芭蕉	53
	猕猴桃	52
	杏干	31
	柚子	25
	李子	24
	樱桃	22
乳及乳制品	酸乳酪（普通）	36
	脱脂牛奶	27
	豆奶	19
	低脂奶粉	12
蔬菜类	南瓜	75
	麝香瓜	65
	甜菜	64
	山药（薯蓣）	51
	芋头（蒸）[芋艿、毛芋]	48
	雪魔芋	17
	黄瓜	<15
	西红柿	<15
方便食品	苏打饼干	72
	汉堡包	61
	比萨饼（含乳酪）	60
	脆皮糕点	59
	黑五类粉	58
	爆玉米花	55
	荞麦方便面	53
饮料类	橘汁	52
	葡萄汁	48
	苹果汁	41
	水蜜桃汁	33

续表

食物类别	食物名称	GI（葡萄糖GI=100）
混合膳食	牛肉面	89
	米饭+红烧猪肉	73
	玉米粉+人造黄油（煮）	69
	米饭+蒜苗炒鸡蛋	68
	馒头+黄油	68
	二合面窝头（玉米粉+面粉）	65
	米饭+炒蒜苗	58
	米饭+芹菜炒猪肉	57
	馒头+酱牛肉	49
	馒头+芹菜炒鸡蛋	49
	饼+鸡蛋炒木耳	48
	包子（猪肉芹菜馅）	39
	硬质小麦粉肉馅馄饨	39
	西红柿汤	38
	米饭+鱼	37
	饺子（三鲜馅）	28
	猪肉炖粉条	17

（五）食物血糖指数的应用

1. 健康控制

长期以来，GI值在糖尿病饮食疗法、食欲控制和肥胖控制的临床实践中发挥了重要作用。在碳水化合物含量相同的情况下，降低膳食的GI值有益于糖尿病患者控制血糖和减少高血脂。因为LGI的碳水化合物食物能提高餐后的饱腹感，所以LGI膳食对控制体重和抑制食欲也有益处。GI值已经被公认为是一种有用的营养教育工具，特别是对那些有代谢失调的人来说显得更为重要。

2. 运动食品

近年来，GI值的研究与应用也逐步渗透到运动营养领域，通过控制膳食或食品的GI值来提高运动员的碳水化合物可利用率，为运动员训练和比赛的营养实践提出了新思路。

（六）食物血糖指数与运动营养

1. 食物血糖指数与运动前营养

运动前摄取LGI或MGI食物对随后的运动机体的生理反应基本相似，即血糖和胰岛素反应较低，运动中的血糖较为稳定，碳水化合物氧化减少，脂肪氧化增加（游离脂肪酸和甘油水平增加），运动中呼吸商降低，这对耐力运动项目具有积极意义。

（1）有研究表明，运动前摄取LGI或MGI食物能提高运动耐力。

（2）也有研究表明与HGI食物相比，摄取LGI或MGI食物并未提高随后运动的能力。由于运动前摄取LGI或MGI食物可维持运动中血糖稳定，这可能比摄取HGI食物有益于运动。

运动前食物GI值的应用对运动中血糖水平影响的意义还有待于深入探讨。

2. 食物血糖指数与运动中营养

（1）已有的研究未发现运动中摄取不同碳水化合物GI值食物对长时间耐力运动能力有明显影响。

运动中摄取混合碳水化合物比单一碳水化合物更能提高外源性碳水化合物的氧化速度。这可能是因为不同的碳水化合物在消化道内转运机制相互激活，从而导致从胃肠道摄取的碳水化合物增加。但是增加氧化是否能提高运动能力，还有待于证实。

（2）摄取不同GI值的食物

大多数运动员会选择MGI至HGI的食物，包括运动饮料和能量棒。运动员不选择某些LGI的食物与这些食物可能引起胃肠道不适有关，而不是因为其GI值。

3. 食物血糖指数与运动后营养

HGI食物似乎是适合运动后恢复期摄取，与LGI食物相比，HGI食物可提高肌糖原再合成速率，特别是在运动后早期摄取HGI食物有利于肌糖原恢复。但是，运动后恢复期内摄取不同GI的食物，对随后运动能力的影响还无定论。

六、供能特点

1. 碳水化合物为超过1min以上大强度运动的重要能源，通过无氧酵解供能快，维持时间较长。但是会产生乳酸，积累到一定水平将导致运动能力下降。

2. 长时间、低强度运动时进行有氧氧化，可以高效供能。

第二节 蛋白质

蛋白质（protein）由氨基酸构成，是生命的主要存在形式，也是构成人体的重要生命活性物质，如酶、激素和免疫物质等。

一、蛋白质的组成

（一）蛋白质的元素组成

蛋白质主要由碳（C：50%~55%）、氢（H：6.7%~7.3%）、氧（O：19%~24%）、氮（N：13%~19%）和硫（S：0%~4%）元素组成，此外还含有少量的磷（P）、铁（Fe）、

铜（Cu）、锌（Zn）、锰（Mn）、钴（Co）、钼（Mo）、碘（I）等元素。在不同蛋白质中，其他元素的含量可因结构不同而不同，但氮元素含量在所有蛋白质中基本一致，平均为16%，此特点可用于测定蛋白质的数量。测定食物中氮含量，再乘以氮的蛋白质换算系数（6.25），可得食物蛋白质含量。

（二）氨基酸的分类

蛋白质是生物大分子，分子量约从5000至数百万道尔顿，其基本组成单位是氨基酸（amino acid)，组成人体绝大多数蛋白质的氨基酸只有20种。

在这20种氨基酸中，有一部分可以在体内合成，其余的则不能合成或合成速度不能满足机体需要。不能合成或合成不足的氨基酸，必须由食物供给，称为必需氨基酸。能在体内合成的氨基酸则称为非必需氨基酸。非必需氨基酸并非体内不需要，只是可在体内合成，食物中缺少了也无妨。还有一些氨基酸称为条件必需氨基酸，是指以其他氨基酸为前体、限于某些特定的器官、最大合成速度有限的氨基酸。氨基酸的分类见表2-6。

表2-6 氨基酸的分类

必需氨基酸	非必须氨基酸	条件必需氨基酸
组氨酸（His）	丙氨酸（Ala)	半胱氨酸（Cyc）
异亮氨酸（Ile）	精氨酸（Arg)	酪氨酸（Tyr）
亮氨酸（Leu)	天门冬酰胺（Asn)	
赖氨酸（Lys)	天门冬氨酸（Asp)	
蛋氨酸（Met）	谷氨酰胺（Gln)	
苯丙氨酸（Phe)	谷氨酸（Glu)	
苏氨酸（Thr)	甘氨酸（Gly)	
色氨酸（Trp)	脯氨酸（Pro)	
缬氨酸（Val)	丝氨酸（Ser)	

（三）蛋白质的营养分类

食物蛋白质的营养价值取决于所含氨基酸的种类和数量，根据食物蛋白质的氨基酸组成，分为完全蛋白质、半完全蛋白质和不完全蛋白质三类。

1. 完全蛋白质

所含必需氨基酸种类齐全、数量充足、比例适当，不但能维持成年人的健康，并能促进儿童生长发育，如奶类中的酪蛋白、乳清蛋白、蛋类中的卵白蛋白、卵黄蛋白，肉类中的白蛋白、肌蛋白，豆类中的大豆蛋白，小麦中的麦谷蛋白，玉米中的谷蛋白等。

2. 半完全蛋白质

所含必需氨基酸种类齐全，但有的数量不足，比例不适当，可以维持生命，但不能促进生长发育，如小麦种的麦胶蛋白等。

3. 不完全蛋白质

所含必需氨基酸种类不全，既不能维持生命，也不能促进生长发育，如玉米中的玉米胶蛋白，动物结缔组织和肉皮中的胶质蛋白，豌豆中的豆球蛋白等。

（四）蛋白质互补作用

1. 氨基酸模式

（1）定义

某种蛋白质中各种必需氨基酸的构成比例称为氨基酸模式。即根据蛋白质中必需氨基酸含量，以含量最少的色氨酸为1计算出的其他氨基酸的相应比值。

（2）意义

食物中蛋白质氨基酸模式与人体蛋白质越接近，食物蛋白被机体利用程度越高，其营养价值也相对越高，这些蛋白质统称为优质蛋白，包括动物性蛋白质中的蛋类、奶类、肉类、鱼类等及大豆蛋白质，其中鸡蛋蛋白质的氨基酸模式与人体蛋白质氨基酸模式最为接近。

食物蛋白质中一种或几种必需氨基酸含量较低或过多，可导致其他必需氨基酸在体内不能充分利用而使蛋白质营养价值降低，在植物蛋白质中，赖氨酸、蛋氨酸、苏氨酸和色氨酸含量相对较低，所以营养价值也相对较低。

2. 蛋白质互补作用

为提高植物性蛋白质的营养价值，常将两种或两种以上的食物按一定比例混合食用，通过食物蛋白质中氨基酸的互相补充，提高蛋白质的营养价值。这种通过食物中蛋白质所含氨基酸之间取长补短、互相补充的作用，称为蛋白质互补作用。

如将大豆或其制品与米、面同时食用，大豆蛋白中的赖氨酸可以补充米、面蛋白质赖氨酸的不足；而米、面蛋白质中的蛋氨酸在一定程度上可以补充大豆蛋白质中蛋氨酸的不足。

二、蛋白质的功能

（一）构成和修复组织

蛋白质是构成细胞、组织和器官的主要成分，除水分外，蛋白质约占细胞内物质的80%。蛋白质占成人体重16%~19%。体内细胞生长、增殖与组织修复等都需要新的蛋白质合成。

（二）调节生理机能

人体内的各种功能性蛋白质是调节人体生理机能的重要物质，主要包括蛋白类激素、酶、血红蛋白、肌红蛋白、肌纤蛋白、抗体、血浆蛋白、神经介质、细胞膜和细胞器膜上的各类蛋白质等。

（三）供给能量

蛋白质是机体三大供能物质之一，1g蛋白质供能4kcal（16.7kJ）。但是能量供给不是蛋白质的主要功能，在运动中供能比例较小，只有当机体摄入碳水化合物不足且体内储存的脂肪也不足时，如在饥饿或较大强度、长时间运动时，机体才分解自身蛋白质供能。

（四）维持酸碱平衡

血浆蛋白通过与氢离子的结合，使血液的酸碱度维持在恒定的弱碱性（pH7.35~7.45），具有调节酸碱平衡的作用。

三、蛋白质的需要量和参考摄入量

（一）影响蛋白质需要量的因素

1. 身体每日消耗

体内的蛋白质每天有3%需要更新，营养充分时蛋白质在体内储存量也很少（约1%）。每天必须摄入一定量的蛋白质，才能满足机体需要。

蛋白质摄入量必需满足氮平衡，即每日摄入蛋白质的含氮量与机体排出的氮量相等。

2. 生理状态

蛋白质的摄入量受生理状态的影响，如生长发育期、妊娠期、哺乳期、伤病康复、重体力劳动等，会使机体对蛋白质的需要量增加。

3. 食物质量

食物蛋白质的质量也是决定蛋白质摄入量的因素，摄入蛋白质为完全蛋白，需要量较小，反之则需要量较多。

（二）蛋白质参考摄入量

1. 普通人

成年人蛋白质的RNI：男性为65g，女性为55g。供给量为每天0.8~1.0g/kg体重，蛋白质供给的能量应占一日膳食总能量的11%~12%。

2. 经常运动者

经常从事体育运动的人群，蛋白质消耗增多，其摄入量也要增加。儿童少年新陈代谢旺盛，加上经常运动，蛋白质的需要量明显增加，按每千克体重计算约为成年人的1.5倍，蛋白质供给的能量约占总能量的13%~14%。

优质蛋白质摄入应占蛋白质总摄入量的1/3以上。摄入优质蛋白质既能满足机体生长发育，又能促进机体运动后的恢复，加快疲劳的消除，提高身体机能。

四、蛋白质的食物来源

食物蛋白质来源可分为植物性蛋白质和动物性蛋白质两大类。表2-7列举了一些含蛋白质较多的食物。

表2-7　部分蛋白质含量较高的食物（g/100g食物可食部）

食物	含量	食物	含量	食物	含量
墨鱼（干）	65	黄豆 [大豆]	35	香肠	24
豆腐丝（干）	58	青豆 [青大豆]	35	葵花子（生）	24
奶豆腐（鲜）	46	酱牛肉	31	鸡爪	24
鱼片干	46	扒鸡	30	猪蹄	23
牛肉干	46	蝎子	26	杏仁	23
豆腐皮	45	羊肉串（烤）	26	全脂加糖奶粉	23
腐竹	45	奶酪 [干酪]	26	腊肉（培根）	22
猪肝	44	扁豆	25	乌骨鸡	22
虾米 [海米，虾仁]	44	花生仁（生）	25	牛肉（里脊）	22
口蘑（白蘑）	39	千张 [百页]	25	绿豆	22

（一）植物性蛋白质

1. 谷类食物中的蛋白质含量为10%左右，但赖氨酸含量较低，是我国居民蛋白质的主要来源。

2. 豆类食物中的蛋白质含量约为36%~40%，其氨基酸组成比较合理，利用率较高，蛋白质的营养价值高于谷类蛋白质，是植物性食物中优质蛋白质的来源。

3. 其他植物性食物（薯类、菌类、水果、蔬菜等）的蛋白质含量很低。

（二）动物性蛋白质

1. 肉类食物（畜、禽、鱼类）的蛋白质含量约为15%~22%，是人体蛋白质的重要来源，营养价值优于植物性蛋白质。

2. 奶类的蛋白质含量约为3%~3.5%，人体利用率高，是优质蛋白质的重要来源，也是婴幼儿蛋白质的最佳来源。

3. 蛋类的蛋白质含量为11%~14%，是优质蛋白质的重要来源。

五、蛋白质营养失调

（一）蛋白质缺乏

蛋白质缺乏主要表现为生理功能下降，抵抗力降低，消化功能障碍，伤口愈合缓慢，精神不振，贫血，脂肪肝，酶活力降低，浮肿，甚至导致死亡。儿童蛋白质缺乏还表现为水肿，虚弱，发育不良，生长滞缓，智力障碍，消瘦，甚至死亡。引起蛋白质缺乏的主要原因包括食物来源不足、疾病和营养不当。

（二）蛋白质摄入过多

动物性蛋白摄入过多，同时会摄入较多脂肪和胆固醇，导致体脂增加，引起肥胖。过多的蛋白质代谢会加重肝、肾负担。摄入过多的动物性蛋白质导致含硫氨基酸摄入过多，会加速骨钙流失，引起骨质疏松。蛋白质摄入过多还会造成脱水、痛风、结石和便秘。

六、运动员的蛋白质需要量

（一）运动员的需要量多于普通人

进行大强度训练的运动员为维持蛋白质平衡，需从膳食中摄入蛋白质的量是RDA的两倍（每天1.5~2.0g/kg体重）。如果运动员膳食摄入蛋白质不足，会出现负氮平衡，导致蛋白质分解代谢增加并减慢恢复。最终导致肌肉消耗和对训练承受能力下降。建议：

1. 进行中等量及强度训练的运动员每天摄入1.0~1.5g/kg体重的蛋白质。

2. 进行大量强度训练的运动员每天摄入1.5~2.0g/kg体重的蛋白质。

3. 尽管少数运动员能通过膳食摄入这些量，但多数的运动员很难通过膳食摄入这么多的蛋白质，要注意蛋白质摄入不足。

4. 有些项目的运动员容易发生蛋白质营养不良，如长跑、自行车、游泳、铁人三项、体操、滑冰、摔跤、拳击等。

为维持氮平衡，需注意确保运动员膳食摄入足够量的优质蛋白质。

（二）不同人群的需要量

进行一般体育活动的人的蛋白质需要量通常为每天摄入0.8~1.0g/kg体重。

年长者为预防衰老过程中肌肉组织的丢失，每天可增加蛋白质的摄入量至1.0~1.2g/kg

体重。

（三）影响蛋白质利用的因素

1. 蛋白质来源、氨基酸含量、分离加工方法

蛋白质来源、氨基酸含量及加工方法的差异会影响具有生物活性（如α-乳蛋白、β-乳球蛋白、免疫球蛋白、乳过氧化物酶、乳铁蛋白等）的氨基酸和肽的可利用率。

2. 蛋白质吸收和消化的速度以及蛋白质代谢活性

不同类型的蛋白质（如酪蛋白和乳清蛋白）的消化速度不同，直接影响全身的分解代谢与合成代谢。

3. 蛋白质质量

（1）最好的低脂肪优质蛋白质是去皮鸡肉、鱼、蛋清和脱脂奶。

（2）最好的含优质蛋白质的营养补充品是乳清蛋白、初乳、酪蛋白、牛奶蛋白和鸡蛋蛋白。

（3）豆腐、豆子、坚果和种子等植物性食物也能提供优质蛋白质。

七、供能特点

1. 总量上可提供的能量远小于碳水化合物和脂肪。

2. 供能不经济，产生的代谢产物多，正常情况下不能作为主要能源。

第三节　脂　类

脂类（lipids）是人体必需营养素之一，与蛋白质、碳水化合物并称供能的三大营养素，在供给能量方面起重要作用。

一、脂类的分类

脂类由脂肪（fat）和类脂（lipoids）两大类构成，参与供能是脂肪，类脂主要参与机体构成。

（一）脂肪

1. 分类

脂肪又称甘油三酯，是由1分子甘油与3分子脂肪酸结合而成。组成脂肪的脂肪酸种类很多，所以由不同脂肪酸组成的脂肪对人体的作用也有所不同。

按照脂肪酸链的长短，碳原子数2~6为短链脂肪酸，8~12为中链脂肪酸，14~26为长链脂肪酸。人体血液和组织中的脂肪酸大多是各种长链脂肪酸。

脂肪酸从结构形式上可分为饱和脂肪酸和不饱和脂肪酸，不饱和脂肪酸又分为单不饱和脂肪酸和多不饱和脂肪酸。不饱和脂肪酸按ω编号系统又分为4类（ω-3、ω-6、ω-7和ω-9）。一般植物和鱼类的脂肪含多不饱和脂肪酸比畜、禽类高。

脂肪酸的命名是根据碳的数目：不饱和键（双键）的数目，如C18：1。脂肪酸链的长短、饱和程度和空间结构不同，使脂肪呈现不同的特性和功能。食物中的脂肪酸以含18个碳为主。

2. 必需脂肪酸

人体不能合成，必须从食物中获得的脂肪酸称为必需脂肪酸，包括亚麻酸和亚油酸。亚麻酸和亚油酸是维持人体健康所必需的，必须通过食物供给人体。表2-8和表2-9分别列举了一些含必需脂肪酸的食用油和食物。

表2-8　部分含必需脂肪酸的食用油（g/100g食物可食部）

食用油	亚油酸	食用油	亚麻酸
豆油	49	胡麻油	34
芝麻油	44	菜籽油	8
大麻油	43	色拉油	7
棉籽油	42	豆油	6
葵花籽油	38	混合油（菜籽油+棕榈油）	6
花生油	36	葵花籽油	4
胡麻油	36	酥油	4
色拉油	33	奶油	3
玉米油	30	羊油	2
辣椒油	25	黄油	1

表2-9　部分含必需脂肪酸的食物（g/100g食物可食部）

食物	亚油酸	食物	亚麻酸
葵花子仁	39	松子仁	7
核桃（干）	36	核桃（干）	7
西瓜子仁	34	腐竹	2
榛子（炒）	24	黄豆粉	2
芝麻酱	24	榛子（炒）	2
松子仁	23	豆腐皮	1
芝麻籽（黑）	21	千张（百页）	1
南瓜子（炒）	20	黄豆（大豆）	1
花生仁（生）	16	素鸡	1
腐竹	10	油豆腐	1

3. 饱和脂肪酸

动物脂肪主要由饱和脂肪酸组成，常温下呈固态者称为脂。饱和脂肪酸主要包括月桂酸、肉豆蔻酸、棕榈酸和硬脂酸。

饱和脂肪酸的优点是不易被氧化产生有害的氧化物和过氧化物，缺点是会与胆固醇形成复合物酯，容易沉积在动脉内膜，形成动脉硬化（表2-10）。

表2-10　部分饱和脂肪酸含量较高的食物（g/100g食物可食部）

食物	含量	食物	含量	食物	含量
牛油	54	鸭油（炼）	28	豆油	15
黄油	52	棉籽油	23	鸭皮	15
酥油	49	猪肉（肋条肉）	21	香肠	15
羊油	48	猪肉（猪脖）	20	全脂羊乳粉	14
白脱[牛油，黄油]	47	山羊肉（冻）	20	大麻油	14
奶油	43	混合油（菜籽油+棕榈油）	19	酱汁肉	14
棕榈油	42	羊肉（冻）	19	玉米油	14
猪油（炼）	41	腊肠	18	鸡蛋黄粉	14
牛肉干	38	酸酪蛋	18	色拉油	14
辣椒油	37	花生油	18	广东香肠	14

4. 单不饱和脂肪酸

单不饱和脂肪酸主要为油酸，主要来源有茶油、橄榄油和棕榈油，具有降低胆固醇的作用（表2-11）。

表2-11　部分单不饱和脂肪酸含量较高的食物（g/100g食物可食部）

食物	含量	食物	含量	食物	含量
茶油	75	山核桃（熟）[小核桃]	36	白脱[牛油，黄油]	27
菜籽油[青油]	56	黄油	34	玉米油	26
鸭油（炼）	53	辣椒油	33	棉籽油	26
混合油（菜+棕）	53	奶油	31	猪肉（肋条肉）	26
猪油（炼）	46	猪肉（猪脖）	31	酱汁肉	25
色拉油	43	羊油	30	豆油	24
棕榈油	42	酥油	30	腊肠	23
大麻油	39	牛油	30	松子（炒）	22
花生油	39	鸭皮	28	母麻鸭	21
芝麻油[香油]	38	松子仁	27	猪头皮	21

5. 多不饱和脂肪酸

含2个或2个以上双键的脂肪酸为多不饱和脂肪酸，ω-3、ω-6和ω-9系统都有多不饱和脂肪酸，但有重要生物学意义的是ω-3和ω-6多不饱和脂肪酸。多不饱和脂肪酸除对细胞膜功能、基因表达、心血管疾病有影响外，对生长发育也起重要作用。ω-3多不饱和脂肪酸由寒冷地区的水生植物合成，以这些食物为生的鱼类组织中含有大量的ω-3多不饱和脂肪酸，如鲱鱼油和鲑鱼油。ω-3多不饱和脂肪酸有降血脂和预防血栓形成的作用（表2-12）。

表2-12　部分多不饱和脂肪酸含量较高的食物（g/100g食物可食部）

食物	含量	食物	含量	食物	含量
胡麻油	70	花生油	37	奶油	17
葵花籽油	65	西瓜子仁	34	鸡蛋黄粉	13
豆油	56	松子仁	32	腐竹	12
玉米油	54	榛子（炒）	26	棕榈油	12
芝麻油 [香油]	44	辣椒油	25	黄豆粉	11
大麻油	43	芝麻酱	24	鲮鱼（罐头）	11
核桃（干）[胡桃]	43	菜籽油 [青油]	24	茶油	11
棉籽油	43	芝麻籽(黑)	21	油豆腐	10
葵花子仁	39	南瓜子（炒）[白瓜子]	20	酥油	10
色拉油	39	花生（炒）	18	豆腐皮	10

6. 反式脂肪酸

反式脂肪酸不是天然产物，是氢化脂肪（如人造黄油）产生的。在氢化过程中，某些天然存在的顺式双键转变为反式结构。反式脂肪酸摄入量多会增加冠心病的风险。

（二）类脂

1. 磷脂

含磷酸的脂类为磷脂，主要包括卵磷脂、脑磷脂和神经磷脂。磷脂是生物膜重要的构成成分，而且对脂肪（特别是不饱和脂肪酸）的吸收、运转和储存起重要作用。

含磷脂丰富的食物有蛋黄、瘦肉、脑、肝、肾等动物内脏，尤其是蛋黄含卵磷脂最多，达9.4%。

除动物性食物外，植物性食物以大豆含量最多，磷脂含量可达1.5%~3%，其他植物种子如葵花籽、亚麻籽、芝麻籽等也含有一定量。大豆磷脂在保护细胞膜、延缓衰老、降血脂、防治脂肪肝等方面具有良好效果。

2. 胆固醇

胆固醇是生物膜的重要构成成分，也是重要活性物质（胆汁、性激素、肾上腺激素、维生素D）的合成材料，还是血浆脂蛋白的组成部分。

胆固醇可以在人体肝脏和肠道合成。食物中的胆固醇主要来自动物性食物，以动物内脏，尤其是脑中含量高，蛋类和鱼子、蟹子含量也高，其次为蛤贝类，鱼类和奶类含量较低（表2-13）。

表2-13　部分胆固醇含量较高的食物（mg/100g食物可食部）

食物	含量	食物	含量	食物	含量
猪脑	2571	鹌鹑蛋	515	火鸡肫	342
牛脑	2447	贻贝（干）	493	鸭肝	341
羊脑	2004	鸡肝	476	羊肺	319
鸭蛋黄	1576	蛏干	469	墨鱼（干）	316
鸡蛋黄	1510	虾皮	428	鱼片干	307
鱿鱼（干）	871	丁香鱼（干）	379	牛肺	306
咸鸭蛋	647	银鱼	361	牛肝	297
松花蛋	608	猪肾	354	黄油	296
鸡蛋	585	羊肝	349	牛肾	295
虾米	525	扇贝（干）	348	火鸡肝	294

健康成人血浆胆固醇水平一般情况下比较稳定（3.1~5.7mmol/L），受膳食胆固醇影响较小。高胆固醇血症（>5.7mmol/L）患者血浆胆固醇水平升高，动脉硬化的危险程度随之升高，治疗中除应用药物抑制体内胆固醇的合成外，还要限制饮食中胆固醇、总脂肪和饱和脂肪的摄入。富含饱和脂肪酸的食物，多数胆固醇含量也高，在限制总脂肪摄入基础上，适当降低动物脂肪（除鱼油外）比例，提高植物脂肪比例。

二、脂肪的功能

1. 脂肪是机体三大供能物质之一，具有储存和供给能量的功能，1g脂肪供能9kcal（37.6kJ），除了自身提供能量外，脂肪还能帮助机体利用碳水化合物和节约蛋白质作用。

2. 脂肪是生物膜的重要机构成分，还具有维持体温、保护器官的作用。

3. 脂肪是脂溶性维生素重要的食物来源，能促进脂溶性维生素的吸收。

4. 膳食中的脂肪还可以增加饱腹感、改善食物感官性状、增加食欲。

三、脂肪的参考摄入量

1. 成年人总脂肪的摄入应占总能量的20%~30%。

2. 亚油酸摄入占总能量的4%，亚麻酸摄入占总能量的0.6%。

3. 饱和脂肪酸摄入应低于总能量的10%。

4. 胆固醇摄入每天不超过300mg。

寒冷环境下脂肪供给量可适当增加，但也不宜超过总能量的35%。婴幼儿的脂肪摄入比例要高。超重和肥胖者，应通过限制总能量摄入，减少脂肪摄入量。

四、脂肪的食物来源

膳食脂肪主要来源于两类：动物性食物和植物性食物。

1. 动物性食物

包括动物油（如猪油、牛油、羊油、鸡油、鱼油、蚝油、奶油）、骨髓、肉类和蛋黄中的脂肪。

2. 植物性食物

包括植物油（如豆油、花生油、芝麻油、菜籽油、棉籽油、橄榄油）、坚果和种子（如花生、核桃、榛子、松子、杏仁、葵花子、西瓜子、芝麻和大豆）等含脂肪丰富的食物（表2–14）。

表2–14　部分脂肪含量较高的食物（g/100g食物可食部）

食物	含量	食物	含量	食物	含量
辣椒油	100	腊肉（生）	49	猪肉（肥瘦）	37
色拉油	100	马铃薯片（油炸）	48	腰果	37
黄油	98	腊肠	48	咸肉	36
奶油	97	花生（炒）	48	鸭蛋黄	34
松子仁	71	杏仁	45	春卷	34
核桃（干）[胡桃]	59	奶皮子	43	起酥	32
葵花子仁	53	香肠	41	曲奇饼	32
芝麻酱	53	巧克力	40	麻花	32
鸭皮	50	牛肉干	40	火腿	27
葵花子（生）	50	北京烤鸭	38	奶酪[干酪]	24

3. 饱和脂肪酸

主要存在于黄油、棕榈油、椰子油、牛油、羊油、猪油、鸡油和可可油等。

4. 单不饱和脂肪酸

主要是油酸，含油酸高的油脂有橄榄油、花生油、低芥酸菜子油、米糠油和葵花子油等。

5. 多不饱和脂肪酸

主要是亚油酸（存在于植物油中）和亚麻酸（主要存在于深海鱼油中）。

五、脂肪营养失调

（一）脂肪摄入过多与心血管疾病

脂肪（尤其是饱和脂肪酸）摄入过多是导致血胆固醇、甘油三酯和低密度脂蛋白胆固醇升高的主要原因，会导致动脉粥样硬化、冠心病、高血压等心血管疾病。不饱和脂肪酸可降低胆固醇和低密度脂蛋白胆固醇。膳食胆固醇摄入过多也会引起动脉粥样硬化、冠心病。低密度脂蛋白氧化也是引起动脉粥样硬化的原因，抗氧化剂维生素E、维生素C、β-胡萝卜素等起预防作用。

（二）脂肪摄入过多与癌症

脂肪摄入总量增加，某些癌症（乳腺癌、结肠癌、直肠癌）的发生也增加。摄入高脂肪膳食产生乳腺癌与高能量有关。膳食脂肪增加，提高了肠道胆汁酸的浓度而促进癌的发展。

（三）脂肪摄入过多与免疫反应

高脂肪摄入和肥胖导致免疫应答下降。多不饱和脂肪酸对免疫功能有明显影响。脂肪酸过度不饱和，产生脂质过氧化作用，使免疫细胞膜的结构和功能受损，细胞免疫抑制。

（四）脂肪摄入过多与肥胖

肥胖是甘油三酯在脂肪组织内堆积所致。引起肥胖的根本原因是摄入的能量超过了消耗的能量，多余的能量转化为脂肪储存体内。肥胖是导致一些慢性病（如冠心病、脑卒中、糖尿病）的重要危险因素。

六、脂肪与运动

（一）普通人

对普通人来说，脂肪提供的能量大约为20%~30%。为维持健康，不建议将脂肪的供能比例降到15 %以下。

（二）运动员

1. 脂肪摄入推荐量与普通人相似或稍高一些。在维持能量平衡的情况下，运动员有时需要增加脂肪摄入量以补充肌肉内甘油三酯储备和提供适量的必需脂肪酸。这有赖于运动员的训练安排和目标。例如，高脂膳食比低脂膳食能更好维持血液中的睾酮浓度。

2. 通常建议运动员适量摄入脂肪（大约占每天能量摄入的30%），当运动员有规律地进行大运动量训练时，脂肪摄入量增加至每天能量摄入的50%是安全的。如果运动员需要减少体脂，建议每天摄入0.5~1g/kg体重的脂肪。一些减体重的研究发现，那些成功减去体重并能维持体重的人每天摄入脂肪的量少于40g，尽管这并非普遍情况。

3. 膳食脂肪的类型（如：ω-6/ω-3，饱和程度）是脂肪发挥作用的重要因素。一般建议脂肪酸供能的比例为饱和脂肪：多不饱和脂肪：单不饱和脂肪=1：1：1。运动员和健身人群应减少摄入饱和脂肪，主要摄入单不饱和脂肪（如橄榄油、葵花子油）和多不饱和脂肪（一些蔬菜油、鱼油）。

七、供能特点

1. 脂肪是高能量营养素，每克脂肪在体内氧化可供给9kcal能量。
2. 肌肉内有肌内甘油三酯，是身体长时间运动的能量来源。
3. 脂肪是高能能量物质，为低强度运动提供能量，在缺氧情况下不能供能。

第四节　维生素

维生素是一组维持人体正常生理功能和健康所必需的有机化合物，只需少量即能维持正常生理功能的需要，但缺乏又会引起生理功能障碍和缺乏病。维生素的主要功能为调节机体代谢、能量代谢、维持神经功能及细胞完整。

维生素的共同特点包括以下几方面：

（1）以其本体形式或可被机体利用的前体形式存在于天然食物中。

（2）大多数维生素不能在体内合成，也不能大量储存于组织中，必须经常由食物供给。

（3）不参与构成组织，也不供给能量。

（4）每日生理需要量很少，调节物质代谢过程。

（5）常以辅酶或辅基形式影响酶的功能。

（6）许多维生素具有几种结构相近、生物活性相同的化合物。

一、维生素的分类

（一）根据溶解性质分类

1. 水溶性维生素

水溶性维生素包括维生素B_1（硫胺素）、维生素B_2（核黄素）、维生素B_6（吡哆醛）、维生素B_{12}（钴氨素）、泛酸（维生素B_3）、叶酸（维生素B_{11}）、烟酸（维生素B_5）、生物素（维生素B_7）和维生素C（抗坏血酸）。

水溶性维生素有两个主要特点：

（1）在体内不储存，必需经常摄取。当体内这些维生素充裕时，多余部分可通过尿液排出；过量摄取，一般不引起中毒，少数例外，如维生素B_6，大量摄入会引起外周神经损伤；摄取不足时，缺乏症状出现较快。

（2）构成机体多种酶系的重要辅基或辅酶，参与糖、蛋白质和脂肪等多种代谢过程。

2. 脂溶性维生素

脂溶性维生素包括维生素A（视黄醇）、维生素D（钙化醇）、维生素E（生育酚）和维生素K（叶绿醌）。

脂溶性维生素的特点是：

（1）仅溶于脂肪和脂溶剂。

（2）在肠道随脂肪经淋巴系统吸收，大部分储存在脂肪组织，由胆汁少量排出。

（3）可在肝脏等器官蓄积，排泄慢，过量可引起中毒；当膳食中短期摄入不足或缺乏时，可动员储存的维生素来维持正常功能的需要。

（二）根据对人体代谢与功能分类

1. 作为能量辅助因子的维生素

主要包括维生素B_1、维生素B_2、维生素B_6、泛酸和烟酸。

2. 影响具有神经系统功能的维生素

主要包括维生素B_1、维生素B_2、维生素B_6、维生素B_{12}、叶酸和烟酸。

3. 影响血红蛋白合成的维生素

主要包括维生素B_2、维生素B_6、维生素B_{12}、叶酸和维生素C。

4. 影响免疫功能的维生素

主要包括维生素A、维生素E、维生素C和维生素B_6。

5. 影响抗氧化作用维生素

主要包括维生素A、维生素E和维生素C。

6. 影响骨代谢的维生素

主要是维生素D。

二、维生素A

维生素A包括两类。一类是已形成的维生素A，存在于动物性食物中，具有视黄醇生物活性功能，包括视黄醇、视黄醛和视黄酸。另一类是维生素A原（类胡萝卜素），存在于植物中，在人体内可转变成维生素A，包括α-胡萝卜素、β-胡萝卜素和γ-胡萝卜素。

（一）维生素A的功能

1. 维生素A能促进视觉细胞内感光物质合成与再生，影响视觉。

2. 维持上皮（眼结膜、呼吸道、皮肤、泌尿道）的正常生长与分化。

3. 促进胚胎发育和儿童少年生长发育。

4. 抑制肿瘤。

5. 维持免疫功能。

（二）维生素A缺乏

1. 维生素A缺乏最早表现为暗适应能力下降（夜盲症）；最明显的症状是干眼病，表现为眼睛干燥、怕光、流泪、发炎、疼痛、甚至失明。

2. 维生素A缺乏能导致组织上皮干燥、增生及角化。

3. 使儿童生长发育迟缓，免疫功能低下。

（三）维生素A过多（中毒）

除非大量食用维生素A含量很高的食物和维生素A补充品，普通膳食不会发生维生素A过多症。

1. 短时间内超大量摄入维生素A（成年人超过RNI 100倍，儿童超过RNI 20倍）会引起急性中毒，表现为恶心、呕吐、头痛、晕眩、视觉模糊、肌肉失调、囟门突起、嗜睡、厌食、少动、甚至导致死亡。

2. 长期大量摄入维生素A（超过RNI 10倍）会引起慢性中毒，表现为头痛、脱发、肝大、骨痛、肌肉僵硬、皮肤瘙痒。

（四）维生素A的参考摄入量

维生素A的参考摄入量以视黄醇当量（RE）表示，RE指的是食物中全部具有视黄醇活性的物质。总视黄醇当量（μgRE）=视黄醇（μg）+0.167×β-类胡萝卜素（μg）+0.084×其他维生素A原类胡萝卜素（μg）。

成年人维生素A的RNI：男性为800μgRE，女性为700μgRE。运动员维生素A的AI为1500μgRE。成年人维生素A的可耐受最高摄入量（UL）为3000μgRE。

（五）维生素A的食物来源

维生素A主要来源于动物肝脏、鱼肝油、鱼卵、全奶、奶油、禽蛋。维生素A原主要来源于深色蔬菜、水果。表2-15、表2-16和表2-17分别列举了一些含视黄醇、总胡萝卜素和维生素A较多的食物。

表2-15　部分视黄醇含量较高的食物（μg/100g食物可食部）

食物	含量	食物	含量	食物	含量
羊肝	20972	鸡蛋黄	438	奶酪[干酪]	152
牛肝	20220	酥油	426	羊肾	126
鸡肝	10414	河蟹	389	鲮鱼[雪鲮]	125

续表

食物	含量	食物	含量	食物	含量
鹅肝	6100	鹌鹑蛋	337	梭子蟹	121
猪肝	4972	鸭蛋	261	鲑鱼籽酱	111
鸭蛋黄	1980	河蚌	243	鸭血	110
鹅蛋黄	1977	鸡蛋	234	腊肉（生）	96
鸭肝	1040	肉鸡（肥）	226	奶片	75
鸡心	910	鳟鱼	206	鸡翅	68
黄油	534	鹅蛋	192	鸡血	56

表2–16　部分总胡萝卜素含量较高的食物（μg/100g食物）

食物	含量	食物	含量	食物	含量
枸杞子	9750	生菜	1790	紫菜（干）	1370
西兰花	7210	芥菜[盖菜]	1700	香菜	1160
胡萝卜（红）	4130	小白菜	1680	杏脯	940
芥蓝	3450	蜜桔	1660	哈蜜瓜	920
芹菜叶	2930	蘑菇（干）	1640	芒果	897
菠菜	2920	茼蒿	1510	南瓜[倭瓜]	890
刺梨	2900	苋菜（紫）	1490	柑桔	890
豌豆尖	2710	油菜（小）	1460	木瓜	870
豌豆苗	2667	韭菜	1410	小葱	840
金针菜	1840	辣椒（红，小）	1390	青豆	790

表2–17　部分维生素A含量较高的食物（μgRE/100g食物）

食物	含量	食物	含量	食物	含量
羊肝	20972	鸡心	910	河蟹	389
牛肝	20220	胡萝卜（红）	688	鹌鹑蛋	337
鸡肝	10414	芥蓝	575	金针菜	307
鹅肝	6100	黄油	534	生菜	298
猪肝	4972	菠菜	487	小白菜	280
鸭蛋黄	1980	刺梨	483	蜜桔	277
鹅蛋黄	1977	豌豆尖	452	蘑菇（干）	273
枸杞子	1625	豌豆苗	445	鸭蛋	261
西兰花	1202	鸡蛋黄	438	茼蒿	252
鸭肝	1040	酥油	426	苋菜（紫）	248

（六）维生素A与运动

1. 维生素A作为视紫质的组成部分与夜视力有关。但无研究表明补充维生素A能提高运动能力。视力紧张运动项目（如射击、射箭、摩托车）的运动员可适当增加维生素A摄入。

2. 维生素A原（β-胡萝卜素）作为抗氧化剂，理论上有助于减少运动引起的脂质过氧化反应和肌肉损伤。单独补充β-胡萝卜素或与其他抗氧化剂合用，有助于减少运动引起的过氧化反应。但补充抗氧化剂能否提高运动能力尚不清楚。

三、维生素D

维生素D包括维生素D_2（麦角钙化醇）和维生素D_3（胆钙化醇），其中维生素D_3是最重要的维生素D，来源于动物性食物。人皮肤中的7-脱氢胆固醇经紫外线照射后也可转变成维生素D_3，因此需要强调多进行户外活动，婴幼儿每天至少2h，青少年每天至少1h。

（一）维生素D的功能

1. 维持细胞内、外钙浓度。

2. 调节钙磷代谢的功能是通过维生素D_3在小肠、骨、肾等器官实现的，包括促进小肠钙吸收，促进肾小球对钙、磷重吸收。

3. 调节血钙平衡。

（二）维生素D缺乏

膳食中缺乏维生素D和日光照射不足，导致肠吸收钙和磷减少，肾小管对钙和磷重吸收减少，影响骨钙化，造成骨骼和牙齿矿化异常。

1. 婴儿缺乏维生素D可发生佝偻病；成年人（特别是孕妇、乳母、老人）缺乏维生素D可引起软骨病。

2. 老年人缺乏维生素D可导致骨质疏松症。

3. 缺乏维生素D引起血清钙浓度降低，可导致手足痉挛。

（三）维生素D过多

除非大量摄入维生素D制剂，普通膳食不会发生维生素D过多症和维生素D中毒。维生素D过多轻度可表现为食欲不振、体重减轻、恶心、呕吐、腹泻、头痛、多尿、烦渴、发热；重度则引起血清钙磷增加，发生高钙血症、高尿钙症，可发展为动脉、心肌、肺、肾、气管等组织转移性钙化、肾结石，肌肉乏力、关节疼痛、定向能力障碍，严重时死亡。

（四）维生素D的参考摄入量

成年人维生素D的RNI为10μg。运动员维生素D的AI为10~12.5μg。成年人维生素D的UL为50μg。

（五）维生素D的食物来源

鱼肝油及其制剂含有大量的维生素D，海鱼和鱼卵的维生素D含量也很高，动物肝脏、蛋黄、奶油和奶酪的维生素D含量较高，瘦肉、奶和坚果的维生素D含量较低，蔬菜、谷类和水果几乎不含维生素D（表2-18）。

表2-18　部分维生素D含量较高的食物（μg/100g食物可食部）

食物	含量	食物	含量
鱼肝油	212.5	奶油（脂肪含量31.3%）	1.3
鲑鱼和虹鳟鱼罐头	12.5	鸡蛋（煎、煮、荷包）	1.2
金枪鱼罐头（油浸）	5.8	牛奶（脂肪含量1%~3.7%）	1.0
奶油（脂肪含量37.6%）	2.5	烤羊肝	0.6
脱脂牛奶	2.2	煎牛肝	0.5
炖鸡肝	1.7	鲜碎肝午餐肉	0.4
人造黄油煎猪肝	1.3	煎小牛肝	0.4

（六）维生素D与运动

1. 与钙一起补充可能有助于预防骨质疏松人群的骨丢失，也可能有助于预防易患骨质疏松的运动员的骨丢失，但不能提高运动能力。

2. 室内训练的运动员应适当增加维生素D的摄入。

四、维生素E

维生素E是具有α-生育酚生物活性物质的统称，包括生育酚（α、β、γ和δ-生育酚）和生育三烯酚（α、β、γ和δ-生育三烯酚），其中α-生育酚是最重要的维生素E，为黄色油状液体。人体内维生素E在肾上腺、脑垂体、睾丸和血小板、红细胞膜、线粒体内膜中含量最高，脂肪组织、肝及肌肉为维生素E最大的储存场所。

（一）维生素E的功能

1. 具有强抗氧化作用。

2. 促进蛋白质更新合成，可以预防衰老。

3. 具有调节血小板粘附力和聚集作用。

（二）维生素E缺乏

1. 人类维生素E缺乏很罕见，症状主要表现在中枢和外周神经系统。

2. 脂肪吸收不良、肝胆疾病和脂肪转运异常，可引起维生素E缺乏。

儿童发育中的神经系统对维生素E缺乏更为敏感，症状出现的早。成人脂肪吸收不良可持续5~10年才出现轻微的维生素E缺乏症状（主要是神经症状）。

（三）维生素E过多

在脂溶性维生素中，维生素E毒性相对较小。长期每天大剂量摄入维生素E（600mg以上），有可能中毒，出现视觉模糊、头痛和极度疲乏等。

（四）维生素E的参考摄入量

膳食总维生素E活性以α-生育酚当量（mgα-TEs）表示。

1. 成年人维生素E的AI为14 mgα-TEs。
2. 运动员维生素E的AI为15~20mgα-TEs。
3. 维生素E的UL为700mgα-TEs。

（五）维生素E的食物来源

植物油、麦胚、坚果、种子类、豆类和谷类维生素E含量丰富，蛋类和绿叶蔬菜维生素E含量较多，肉类、鱼类、水果和其他蔬菜维生素E含量很少。表2-19和表2-20分别列举了一些含总维生素E和α-生育酚较多的食物。

表2-19　部分总维生素E含量较高的食物（mg/100g食物可食部）

食物	含量	食物	含量	食物	含量
胡麻油	390	玉米油	51	松子仁	33
鹅蛋黄	96	芝麻籽（黑）	50	桑葚（干）	33
豆油	93	核桃（干）[胡桃]	43	羊肝	30
辣椒油	87	花生油	42	茶油	28
棉籽油	86	核桃（鲜）	41	腐竹	28
葵花子仁	79	芝麻籽（白）	38	素鸡丝卷	28
芝麻油 [香油]	69	榛子（干）	36	豆腐卷	28
山核桃（干）	66	芝麻酱	35	西瓜子仁	27
菜籽油 [青油]	61	葵花子（生）	35	南瓜子（炒）	27
葵花籽油	55	松子（生）	34	松子（炒）	25

表2-20　部分α-生育酚含量较高的食物（mg/100g食物可食部）

食物	含量	食物	含量	食物	含量
葵花子仁	75	松子（炒）	14	鱿鱼（干）[台湾枪乌贼]	10
葵花籽油	38	红螺	14	贻贝（鲜）[淡菜，壳菜]	10
榛子（干）	29	五香豆豉	13	芝麻酱	10
葵花子（炒）	25	棕榈油	13	色拉油	9
小麦胚粉	21	油饼	12	乌鱼蛋	9

续表

食物	含量	食物	含量	食物	含量
棉籽油	19	菜籽油[青油]	11	花生牛轧糖	9
松子仁	18	江虾[沼虾]	11	芝麻桃酥	8
花生油	17	辣椒油	10	墨鱼（干）[曼氏无针乌贼]	7
玉米油	14	花生（炒）	10	辣椒（红，尖，干）	6
榛子（炒）	14	花生仁（生）	10	郫县辣酱	6

（六）维生素E与运动

作为抗氧化剂，维生素E有助于预防大强度训练时自由基的生成并预防红细胞的破坏，提高或维持运动时氧向肌肉的释放。

维生素E不能提高在平原的运动能力，但能提高在高原的运动能力。长期补充维生素E是否对运动员耐受训练有益还有待进一步研究。

五、维生素K

维生素K是对形成凝血酶原等凝血有关的蛋白质必需的物质，并在骨钙代谢中起重要作用。维生素K广泛分布于动物性和植物性食物中，食物来源广泛。

（一）维生素K的功能

人体内4种凝血因子是维生素K依赖的，具有调节凝血蛋白合成的功能。维生素K通过调节骨钙代谢，影响骨矿物质密度；参与氧化还原反应；还能增强胃肠蠕动和消化液分泌。

（二）维生素K缺乏

维生素K缺乏会引起凝血功能异常和出血性疾患，还影响骨矿物质密度，这在健康人中不常见。

（三）维生素K过多

天然形式的维生素K不产生毒性。服用人工合成的维生素K可能会中毒，使红细胞破裂释放血红蛋白，使皮肤变黄；引起肝脏释放细胞色素进入血液，形成黄疸。

（四）维生素K的参考摄入量

成年人维生素K的AI为80μg。维生素K的UL未制定。

（五）维生素K的食物来源

绿叶蔬菜是维生素K最好的来源，每100g绿叶蔬菜可提供50～800μg维生素K。牛奶、奶制品、肉类、蛋类、谷类、水果和其他蔬菜也含有较少量的维生素K（1～50μg/100g食物）。表2-21列举了一些含维生素K的食物。

表2-21 部分含维生素K的食物（μg/100g食物可食部）

食物	含量	食物	含量	食物	含量
无头甘蓝	726	干黄豆	47	芹菜	5
羽衣甘蓝	440	绿青豆	33	番茄	5
菠菜	415	豆角	33	梨	4
汤菜	250	黄油	30	干酪	3
豆油	198	豌豆	24	牛肝	3
花椰菜	147	干扁豆	22	玉米油	3
卷心菜	110	黄瓜	20	面包	3
生菜	75	鸡蛋	11	桃	3
芦笋	70	胡萝卜	10	碎牛肉	2
橄榄油	56	小羊排	5	燕麦片	2

（六）维生素K与运动

维生素K促进血液凝固，影响绝经期妇女的骨代谢。优秀女运动员补充维生素K（10mg/d）能提高骨钙蛋白结合钙的能力，提高骨生成指标（15%~20%）并降低骨重吸收指标（20%～25%），提示维生素K促进骨生成和重吸收的平衡。

六、维生素B_1

维生素B_1在人体内主要以硫胺素焦磷酸盐（TPP）的形式存在，约占硫胺素总量的80%。正常成年人体内维生素B_1的含量约25~30mg，其中约50%在肌肉中，心脏、肝脏、肾脏、脑组织中含量较高。人工合成的维生素B_1主要包括硫胺素盐酸盐和硫胺素硝酸盐。

（一）维生素B_1的功能

1. 作为一种辅酶参与机体能量代谢，如参与α-酮酸氧化脱羧反应，促进线粒体生物氧化。
2. 维持神经系统、肌肉（特别是心肌）的正常功能。
3. 影响正常食欲、胃肠蠕动和消化分泌等功能。

（二）维生素B_1缺乏

维生素B_1缺乏症又称为脚气病，主要损害神经血管系统和循环系统，多见于以大米为主食的地区。

1. 早期表现包括疲倦、烦躁、头痛、食欲不振、便秘、工作能力下降。

2. 对神经系统的损害包括对称性周围神经炎、运动及感觉障碍、踝及足麻木和烧灼感、跟腱和膝反射异常。肌肉萎缩、共济失调，异常步态。

3. 对循环系统的损害包括心悸、气促、心动过速、水肿、嘴唇发绀、心界扩大、心电图可见低电压。

（三）维生素B_1过多

摄入过量的硫胺素很容易从肾脏排出。

硫胺素的毒性很低，没有硫胺素经口服给药中毒的证据，长期口服硫胺素也不引起毒副反应。

（四）维生素B_1的参考摄入量

成年人维生素B_1的RNI：男性为1.4mg，女性为1.2mg。运动员维生素B_1的AI：训练期为3~5mg，比赛期为5~10mg。维生素B_1的UL未制定。

（五）维生素B_1的食物来源

维生素B_1主要来源于未精制的谷类食物；瘦肉及内脏、豆类、种子和坚果是维生素B_1的良好来源；蔬菜维生素B_1含量较少。注意：谷类食物随碾磨加工程度而使维生素B_1含量逐渐减少；加工和烹饪可减少食物中硫胺素，损失率为30%~40%。表2-22列举了一些含维生素B_1较多的食物。

表2-22　部分维生素B_1含量较高的食物（mg/100g食物可食部）

食物	含量	食物	含量	食物	含量
酵母（干）	6.6	香肠	0.5	玉米面（白）	0.3
小麦胚粉	3.5	绿豆面	0.5	青稞	0.3
葵花子仁	1.9	大麦[元麦]	0.4	粳米（标三）	0.3
腊肉（培根）	0.9	黄豆[大豆]	0.4	黑米	0.3
花生仁（生）	0.7	青豆[青大豆]	0.4	小米	0.3
芝麻籽（黑）	0.7	松子（生）	0.4	扁豆（白）	0.3
榛子（干）	0.6	小麦	0.4	鸡蛋黄	0.3
猪肉（瘦）	0.5	莜麦面	0.4	鲑鱼籽酱	0.3
辣椒（红，干）	0.5	蚕豆	0.4	黄豆粉	0.3
豌豆	0.5	面条（标准粉，切面）	0.4	豆腐皮	0.3

（六）维生素B_1与运动

维生素B_1作为辅酶（TTP）参与三羧酸循环和丙酮酸转变为乙酰辅酶A的脱羧反应。

1. 理论上讲，补充维生素B_1能提高无氧阈和CO_2运输。缺乏维生素B_1会降低能量系统的效率。

2. 正常饮食，从膳食中摄入的维生素B_1不影响运动能力。

七、维生素B_2

膳食中的大部分维生素B_2是以黄素腺嘌呤二核苷酸（FAD）和黄素单核苷酸（FMN）的形式与蛋白质结合。

（一）维生素B_2的功能

1. 维生素B_2以FAD和FMN的形式作为多种黄素类辅酶，在体内催化广泛的氧化-还原反应，参与供能。

2. FAD作为谷胱甘肽还原酶的辅酶，参与抗氧化。

3. 维生素B_2能提高机体对环境的适应能力，促进铁的吸收。

4. 与维生素A配合保护眼睛、皮肤、口舌和神经系统，参与蛋白质、脂肪和糖的代谢。

（二）维生素B_2缺乏

1. 早期表现包括疲倦、乏力、口腔疼痛、眼睛瘙痒和烧灼感。

2. 可引起口腔生殖系综合征，主要症状为唇炎、口角炎、舌炎、皮炎、阴囊炎、角膜血管增生。

3. 长期缺乏会导致儿童生长迟缓、轻中度缺铁性贫血。

（三）维生素B_2过多

目前尚无维生素B_2毒性的报道。维生素B_2吸收有上限，大剂量摄入并不能无限增加吸收。肾脏对维生素B_2的重吸收也有一定阈值，超过阈值，将大量排出体外。

维生素B_2溶解性差，不可能一次静脉注射大剂量。

（四）维生素B_2的参考摄入量

成年人维生素B_2的RNI：男性为1.4mg，女性为1.2mg。运动员维生素B_2的AI为2.0~2.5mg。维生素B_2的UL未制定。

（五）维生素B_2的食物来源

动物性食物是维生素B_2的良好来源，以肝、肾、心、蛋黄、乳类尤为丰富。植物性食物中含维生素B_2量较高的有绿叶蔬菜和豆类，而粮谷类（尤其是过于精制的）的维生素B_2含量较低（表2-23）。

表2-23 部分维生素B_2含量较高的食物（mg/100g食物可食部）

食物	含量	食物	含量	食物	含量
酵母（干）	3.4	鸡肝	1.1	猪肾（腰子）	0.7
蚕蛹	2.2	蝎子	1.1	奶豆腐（鲜）	0.7
猪肝	2.1	鸭肝	1.1	桑葚（干）	0.6
羊肾	2.0	桂圆肉	1.0	豆腐丝（干）	0.6
杏仁（大）	1.8	紫菜（干）	1.0	金丝小枣	0.5
羊肝	1.8	黄鳝[鳝鱼]	1.0	鹌鹑蛋	0.5
牛肝	1.3	奶酪[干酪]	0.9	猪心	0.5
香菇（干）	1.3	鸭心	0.9	枸杞子	0.5
火鸡肝	1.2	牛肾	0.9	扁豆	0.5
猪肾	1.1	小麦胚粉	0.8	木耳（干）	0.4

（六）维生素B_2与运动

1. 维生素B_2参与能量代谢，理论上能在氧化代谢时提高能量的可利用率。
2. 正常饮食，从膳食中摄入的维生素B_2不影响运动能力。

八、维生素B_6

维生素B_6包括吡哆醇、吡哆醛和吡哆胺，都具有维生素B_6的活性。

（一）维生素B_6的功能

维生素B_6参与近百种酶反应。

1. 作为转氨酶、脱羧酶、消旋酶、脱水酶的辅酶，参与氨基酸代谢。
2. 作为糖原磷酸化酶的辅酶，参与糖原代谢。
3. 参与脂肪酸合成。
4. 参与烟酸的形成。
5. 维持免疫功能。

（二）维生素B_6缺乏

严重的维生素B_6缺乏症罕见，临界轻度缺乏多见。

1. 维生素B_6缺乏临床可见口炎、口唇干裂、舌炎、易激惹、抑郁及性格改变。

2. 免疫功能受损。

3. 偶见小细胞性贫血。

维生素B_6缺乏对幼儿的影响大，表现为烦躁、肌肉抽搐、惊厥、呕吐、体重下降和脑电图异常。

（三）维生素B_6过多

经食物摄入大量维生素B_6没有副作用。

服用大剂量维生素B_6补充品会引起严重副作用，表现为感觉神经疾患和皮肤损伤，包括进行性感觉性共济失调及下肢定位和振动感严重受损，触觉、温度觉及痛觉很少受影响，运动和中枢神经系统不受损害。停止服用后恢复甚慢，有些人只能部分恢复。

（四）维生素B_6的参考摄入量

成年人维生素B_6的RNI为1.4mg。成年人维生素B_6的UL为60mg。

（五）维生素B_6的食物来源

维生素B_6的食物来源广泛，但含量都不高。动物性食物维生素B_6（以吡哆醛为主）含量最高的是白色肉类（鸡肉、鱼肉），其次是肝脏、蛋类，奶类含量少。植物性食物维生素B_6（以吡哆醇和吡哆胺为主）豆类含量最高，非柠檬类水果和蔬菜含量也较多（表2-24）。

表2-24　部分维生素B_6含量较高的食物（mg/100g食物可食部）

食物	含量	食物	含量	食物	含量
圆酵母	3.0	低脂豆粉	0.7	甜玉米（生）	0.5
啤酒酵母	2.5	鲐鱼（烧煮）	0.7	牛肾（生）	0.4
米糠	2.5	豆麦混合物	0.7	金枪鱼罐头	0.4
焙烤用酵母	2.0	熟糙米	0.6	鸡肉（炸、烤、煎）	0.4
金枪鱼	0.9	鸡内脏（油煎）	0.6	油炸花生（加盐）	0.4
牛肝	0.8	全麦片粥	0.5	硬粒小麦面粉	0.3
脱脂大豆粉	0.7	黄香蕉（生）	0.5		

（六）维生素B_6与运动

1. 作为运动营养品，维生素B_6能增加肌肉质量、力量和有氧能力。

2. 还具有平静作用，与提高精神力有关。

营养状况良好的运动员，维生素B_6不能提高有氧能力和减少乳酸堆积，但与维生素B_1和维生素B_{12}合用，能增加5-羟色胺（5-HT）水平并提高精细运动的熟练性，这对一些项目如射击、射箭会有益。

九、烟酸

烟酸又称为盐酸、维生素PP或抗赖皮病因子，是吡啶-3-羧酸及衍生物的总称，主要包括烟酸和烟酸胺。

（一）烟酸的功能

1. 烟酸作为脱氢酶的辅酶，参与呼吸链组成，参与生物氧化反应。
2. 以辅酶Ⅰ的形式参与蛋白质核糖基化过程，与DNA复制、修复和细胞分化有关。
3. 作为葡萄糖耐受因子的组分，促进胰岛素反应（游离烟酸无此作用）。
4. 大剂量服用烟酸具有降低血胆固醇、甘油三酯和α-脂蛋白浓度及扩张血管的作用。

（二）烟酸缺乏

烟酸缺乏时引起癞皮病，典型症状为皮炎（denmtitis）、腹泻（diarrhea）和痴呆（demantia），即“三D症”。

1. 皮肤症状为对称性皮炎，表现为急性红斑、急性褶烂、慢性肥厚、慢性萎缩和色素沉着。
2. 胃肠症状包括舌炎、口角炎、恶心、呕吐、慢性胃炎、便秘或腹泻。
3. 神经症状包括神经错乱、神志不清和痴呆。

烟酸缺乏通常发生在以玉米为主食的地区，存在于玉米中的结合型烟酸不能在肠道内吸收，氨基酸不平衡可能也诱导烟酸缺乏。

（三）烟酸过多

没有食物中烟酸过量引起中毒的报道，主要是临床上大剂量烟酸治疗高血脂时所出现的副反应，包括血管扩张引起皮肤发红、头昏眼花、皮肤瘙痒；胃肠道非特异性反应（恶心、呕吐）；肝功能异常引起黄疸、转氨酶升高，严重时发生暴发性肝炎、肝性脑昏迷、脂肪肝；其他副反应包括高血糖和视觉模糊。

（四）烟酸的参考摄入量

烟酸的参考摄入量以烟酸当量（NE）表示，因为一部分色氨酸可在体内转化为烟酸。

烟酸当量（NE）=食物中烟酸+色氨酸/60（mg）

成年人烟酸的RNI：男性为14mgNE，女性为12mgNE。成年人烟酸的UL为35mgNE。

（五）烟酸的食物来源

动物性食物（尤其内脏）烟酸的含量很高；植物性食物：蔬菜烟酸含量较多，谷类烟酸含量也不少（表2-25）。

表2–25 部分烟酸含量较高的食物（mg/100g食物可食部）

食物	含量	食物	含量	食物	含量
酵母（干）	45	风干肠	13	火腿	9
口蘑（白蘑）	44	麸皮	13	羊肾	8
火鸡肝	43	牛肝	12	猪肾 [猪腰子]	8
羊肝	22	鸡肝	12	鸭心	8
香菇（干）	21	鸡心	12	黑米	8
花生仁（生）	18	鸡胸脯肉	11	牛肾	8
火鸡胸脯肉	16	榛子（炒）	10	紫菜（干）	7
牛肉干	15	扒鸡	9	牛肉（里脊）	7
猪肝	15	田鸡 [青蛙]	9	鲍鱼（干）	7
肉鸡（肥）	13	鲐鱼	9	乌骨鸡	7

（六）烟酸与运动

烟酸作为能量代谢的辅酶的组成部分，理论上能减弱运动时游离脂肪酸的增加、降低胆固醇、提高体温调节能力、增加氧化代谢时能量的可利用率。

运动时补充烟酸（280mg）由于钝化了脂肪酸动员而降低运动能力。

十、维生素B_{12}

维生素B_{12}又称为钴胺素、氰钴胺，是所有呈现氰钴胺素生物活性的类咕啉的总称。

（一）维生素B_{12}的功能

1. 以辅酶的形式参与生化反应，与神经髓鞘物质代谢密切相关。
2. 参与细胞的核酸代谢，协同叶酸参与血红蛋白合成。

（二）维生素B_{12}缺乏

1. 影响四氢叶酸合成，使红细胞DNA合成障碍，导致巨幼红细胞贫血。
2. 使神经脱髓鞘，导致精神抑郁、记忆力下降、四肢震颤，损害神经系统。

（三）维生素B_{12}过多

未见维生素B_{12}过多发生明显的毒副反应。

（四）维生素B_{12}的参考摄入量

成年人维生素B_{12}的RNI为2.4μg。维生素B_{12}的UL未制定。

（五）维生素B_{12}的食物来源

维生素B_{12}主要来源于肉类、动物内脏、鱼、禽、贝类及蛋类等动物性食物。乳类及其制品中含有少量维生素B_{12}。植物性食物中基本不含维生素B_{12}（表2-26）。

表2-26　部分含维生素B_{12}的食物（μg/100g食物可食部）

食物	含量	食物	含量	食物	含量
烤小牛肝	87.0	熏大马哈鱼	7.0	墨鱼干	1.8
焙羊肝	81.1	鸭蛋	5.4	牛肉	1.8
焖鸡肝	49.0	脱脂奶粉	4.0	鸡蛋	1.6
猪肝	26.0	鸡蛋黄	3.8	鸡肉	1.1
生蛤肉	19.1	金枪鱼	3.0	煎杂鱼	0.9
沙丁鱼罐头	10.0	猪肉	3.0	全脂奶	0.4
蒸海蟹	10.0	羊肉	2.2	奶油	0.2

（六）维生素B_{12}与运动

1. 维生素B_{12}是生成DNA和5-羟色胺（5-HT）的辅酶。DNA对蛋白质和红细胞的合成很重要。理论上，维生素B_{12}能增加肌肉质量、血液携氧能力和减轻焦虑。

2. 对营养状况良好的运动员，维生素B_{12}不能提高运动能力。

与维生素B_1、维生素B_6合用，则能提高射击运动的能力。这可能是因为增加了5-HT水平。5-HT是脑内的一种神经递质，能减轻焦虑。

十一、维生素C

维生素C又称为抗坏血酸，人体内还原型的抗坏血酸与氧化型的脱氢抗坏血酸的比例大约为15∶1，这两种抗坏血酸可以通过氧化还原互相转变，均具有生理活性。

（一）维生素C的功能

1. 作为羟化过程底物和酶的辅助因子，参与胶原、去甲肾上腺素、5-HT、肾上腺皮质激素、儿茶酚胺的生物合成，促进血红蛋白合成。

2. 一个重要功能是抗氧化、清除自由基。

3. 通过保持铁的二价状态而增加铁的吸收。

4. 提高免疫机能，提高白细胞吞噬功能，可能与其抗氧化功能有关。

（二）维生素C缺乏

1. 缺乏的原因

（1）摄入不足：由于偏食、食物供给不足。

（2）消耗增加：由于训练、疾病导致需要量增加。

（3）吸收障碍：由于消化系统疾病导致消化液不足、胃肠道功能紊乱等。

2. 维生素C缺乏症

最早的症状为轻度疲劳，早期体征包括小瘀斑和瘀点、囊性角化过度，多见于臀部和下肢，特异体征为毛囊过度角化带有出血性晕轮。

严重的维生素C缺乏可引起坏血病，即胶原损害合并毛细血管广泛性出血。

坏血病的体征包括牙龈肿胀出血、球结膜出血、毛囊角化、皮下瘀斑、紫癜和关节疼痛，严重时会疲惫无力、活动后呼吸困难、牙龈溃烂出血、呼吸有臭味、关节细碎响声、走路困难、有时腿肿、皮肤黄紫色瘀斑、面色苍白、全身疼痛，晚期会因发热、痢疾、水肿、麻痹或肠坏疽而死亡。

（三）维生素C过多

很少引起明显的毒性或只有轻微不良反应。

1. 一次口服数克维生素C会发生腹泻和腹胀，可发生一过性高尿酸尿症。

2. 维生素C过多可能使某些病人草酸盐排泄增加，形成泌尿系结石。

（四）维生素C的参考摄入量

成年人维生素C的RNI为100mg。运动员维生素C的AI：训练期为140mg，比赛期为200mg。成年人维生素C的UL为2000mg。

（五）维生素C的食物来源

新鲜蔬菜和水果，如彩椒、菠菜、西红柿、韭菜、塌棵菜、柑橘、红果、柚子、草莓和橙子，是维生素C的主要来源。某些野生植物，如苜蓿、苋菜、刺梨、沙棘、猕猴桃和酸枣，也含有大量维生素C。动物性食物仅肝脏和肾脏含有少量维生素C，肉、禽、鱼、蛋和牛奶维生素C含量较少（表2-27）。

表2-27　部分维生素C含量较高的食物（mg/100g食物可食部）

食物	含量	食物	含量	食物	含量
刺梨	2585	甜椒[柿子椒]	72	苋菜（绿）	47
酸枣	900	芥菜[盖菜]	72	草莓	47
枣（鲜）	243	豌豆苗	67	水萝卜	45
沙棘	204	辣椒（青，尖）	62	芦笋	45
黑醋栗[黑加仑]	181	猕猴桃	62	藕[莲藕]	44
野苋菜	153	菜花[花椰菜]	61	荠菜[蓟菜]	43
辣椒（红，小）	144	苦瓜[凉瓜]	56	桂圆	43
苜蓿	118	红果[山里红]	53	木瓜[番木瓜]	43

续表

食物	含量	食物	含量	食物	含量
蜜枣（无核）	104	西兰花[绿菜花]	51	苤蓝	41
芥蓝	76	大白菜	47	荔枝	41

（六）维生素C与运动

1. 维生素C参与体内很多不同的代谢过程，包括合成去甲肾上腺素、铁吸收和抗氧化。理论上讲，维生素C通过促进运动时的代谢对运动能力有益。

2. 维生素C可提高免疫机能，减少运动员感染机会。

3. 对于营养状况良好的运动员，补充维生素C不能提高运动能力。但一些证据表明，大强度运动后补充维生素C（500mg/d）能降低上呼吸道感染的发生率。

第五节　矿物质

概　述

人体内除碳（C）、氢（H）、氧（O）、氮（N）外的元素统称矿物质。根据人体的含量和日需要量可分为宏量元素和微量元素。

总量超过体重0.01%、日需要量大于100mg的元素为宏量元素，有钠（Na）、钾（K）、钙（Ca）、镁（Mg）、氯（Cl）、磷（P）、硫（S）。总量低于体重的0.01%、日需要量在100mg以下的元素为微量元素。

目前认为人体必需的微量元素有8种，包括铁（Fe）、锌（Zn）、硒（Se）、铜（Cu）、铬（Cr）、钼（Mo）、钴（Co）、碘（I）。人体可能必需的元素有5种，包括镍（Ni）、钒（V）、硅（Si）、锰（Mn）、硼（B）。具有潜在毒性、但在人体可能必需小剂量的元素共有7种，包括锡（Sn）、氟（F）、铅（Pb）、镉（Cd）、汞（Hg）、砷（As）、铝（Al）。

这些宏量或微量元素为机体所必需，在组织中含量恒定；如果缺乏，机体将出现相应的异常和特殊的生理、生化和临床改变，一旦得到纠正，异常现象消失，机体将恢复正常。

（一）常量元素的功能

1. 常量元素是构成人体组织的重要成分，如钙和镁是骨骼和牙齿的成分、钾是肌肉的成分、铁是红细胞的成分、碘是甲状腺的成分、钴是骨髓的成分。

2. 在细胞内外液中与蛋白质共同调节细胞膜的通透性、控制水分、维持正常的渗透压和酸碱平衡，维持神经肌肉兴奋性，酸性元素包括磷、氯和硫，碱性元素包括钠、钾、镁和钙。

3. 微量元素是构成酶的成分或激活酶的活性，参加物质代谢。

（二）微量元素的功能

1. 微量元素是酶和维生素必需的活性因子：许多金属酶均含有微量元素。

2. 构成某些激素或激素影响的作用，如甲状腺素（碘）、胰岛素（锌）、肾上腺类固醇（铜）、葡萄糖耐量因子（铬）。

3. 参与核酸代谢，核酸含有多种微量元素，需要铬、锰、钴、铜、锌维持功能。

4. 还协助常量元素和宏量营养素发挥作用。

（三）矿物质与运动

有报道发现运动员可能缺乏某些矿物质，或在训练和长时间运动时，导致某些矿物质缺乏。运动员缺乏矿物质会降低运动能力。缺乏矿物质的运动员服用矿物质补充品能提高运动能力。另外，不缺乏矿物质的运动员服用矿物质补充品也能影响运动能力。

有些矿物质对特定条件下的运动员具有促进健康和增进机能的价值。如素食、偏食这类易患骨质疏松症的运动员服用钙补充品有助于维持骨量。最近还发现，服用钙补充品有助于控制体成分。有缺铁或贫血倾向的运动员服用铁补充品能提高运动能力。磷酸钠负荷能提高最大摄氧能力、无氧阈，并增加8%~10%的耐力运动能力。在热环境中训练的最初几天增加盐（氯化钠）的摄入有助于维持液体平衡并预防脱水。在训练期间服用锌补充品能减少运动引起的免疫功能的变化。

因此，与维生素不同，在特定条件下，一些矿物质能提高运动员的运动能力或训练适应性。但是，其他一些矿物质，如硼、铬、镁、钒，在健康个体正常膳食的情况下，对运动能力或训练适应性的影响很小。

一、钙

钙是人体内含量最多的无机元素，成年人体内含钙约850~1200g，占人体重量的1.5%~2.0%。钙99%存在于骨骼和牙齿中；其余1%的钙中的50%与柠檬酸螯合或与蛋白质结合，另外50%以离子状态存在于软组织、血液和细胞外液中，组成混溶钙池。

（一）钙的功能

1. 钙是构成骨骼和牙齿的重要成分，骨骼中的钙为羟磷灰石，牙齿的钙为磷酸钙。

2. 在维持神经和肌肉活动中发挥重要作用，维持神经肌肉兴奋、神经冲动传导、心脏正常搏动。

3. 促进某些酶（三磷酸腺苷酶、琥珀酸脱氢酶、脂肪酶、蛋白分解酶）的活性。

4. 参与凝血过程、维持体液酸碱平衡和细胞内胶质的稳定性。

（二）钙缺乏

1. 钙缺乏可引起神经肌肉的兴奋性增高，肌肉容易痉挛。

2. 缺钙与缺维生素D双重因素可使儿童少年发生佝偻病，成人发生软骨病。钙缺乏还可引起骨质疏松和骨质增生，特别是老年人（绝经期妇女）。

3. 钙缺乏还与高血压、男性不育和精子质量下降、结肠癌有关。

（三）钙过多

钙摄入过多无明显毒作用，但会增加肾结石的危险性，对其他矿物质也有干扰作用，如抑制铁吸收、降低锌的生物利用率、对镁代谢有副作用以及减少磷的吸收。

（四）钙的参考摄入量

成年人钙的RNI为800mg。运动员钙的AI为1000~1200mg。

成年人钙的UL为2000mg。

（五）钙的食物来源

奶和奶制品是钙的主要来源，可连骨带壳一起吃的小鱼小虾、一些坚果含钙也较多，豆类和绿色蔬菜是钙较好的来源，硬水中也含有相当量的钙（表2-28）。

表2-28 部分钙含量较高的食物（mg/100g食物可食部）

食物	含量	食物	含量	食物	含量
石螺	2458	榛子（炒）	815	虾米[海米，虾仁]	555
芥菜干	1542	奶酪[干酪]	799	酸枣	435
芝麻酱	1170	芝麻籽（黑）	780	铁观音茶	416
发菜（干）	1048	豆腐干（臭干）	720	塘水虾[草虾]	403
田螺	1030	虾脑酱	667	甲级龙井	402
豆腐干	1019	桑葚（干）	622	西瓜子（话梅）	392
婴儿奶粉	998	鲮鱼（罐头）	598	芸豆（杂，带皮）	349
虾皮	991	奶豆腐（鲜）	597	海带（干）	348
奶皮子	818	丁香鱼（干）	590	河虾	325
酱油（味精）	589	千张[百页]	313		

（六）钙与运动

1. 应从膳食中摄入足够的钙，特别是儿童、青少年、女运动员和绝经期妇女。

2. 钙补充品对易患骨质疏松症的人群有一定益处。

3. 钙补充品能促进脂肪代谢，帮助控制体成分。

4. 钙补充品对运动能力没有作用。

二、磷

磷是人体内含量较多的无机元素，成年人体内含磷约600~900g，占体重的1%左右。85%~90%的磷存在于骨骼和牙齿中；其余10%~15%的磷与蛋白质、脂肪、糖和其他有机物结合，分布于几乎所有组织细胞中，其中50%在肌肉中。

软组织和细胞膜的磷，大部分为有机磷。体液中的磷都是以磷酸盐形式存在。

（一）磷的功能

1. 磷是构成骨骼、牙齿和软组织的重要成分，骨骼中的磷为羟磷灰石，牙齿的磷为磷酸钙。

2. 磷通过三磷酸腺苷和磷酸肌酸调节能量释放，是化学能的主要来源。

3. 磷是很多重要生命物质的成分，如磷脂、磷蛋白、第二信使（cAMP/cGMP）、核酸、2,3–二磷酸甘油都含有磷。

4. 磷还是酶（辅酶、辅基）的重要成分，如焦磷酸维生素硫胺素、磷酸吡哆醛、辅酶Ⅰ、辅酶Ⅱ。

5. 磷还参与物质代谢中的磷酸化反应。

6. 磷以酸式磷酸盐与碱式磷酸盐形式存在，维持血液的酸碱平衡，是重要的缓冲体系。

（二）磷缺乏

1. 一般不会由于膳食原因而引起磷缺乏。

2. 仅以母乳（含磷量较低）喂养的早产儿可能因为磷缺乏而出现佝偻病样骨骼异常。

3. 使用静脉营养过度而未补充磷的病人，严重磷缺乏或磷耗竭时，可发生低磷血症，表现为厌食、贫血、肌无力、骨痛、佝偻病和骨软化、全身虚弱、对传染病易感性增加、感觉异常、共济失调、精神错乱，严重时导致死亡。

（三）磷过多

1. 摄入磷过多，细胞外液磷浓度过高，可引起高磷血症，发生肾性骨萎缩。

2. 出现转移性钙化作用，使非骨组织钙化。

3. 急性毒性时产生肝毒性，可引起肝组织坏死和脂肪肝。

（四）磷的参考摄入量

成年人磷的RNI为720mg。成年人磷的UL为3500mg。

（五）磷的食物来源

食物中的磷分布很广，动物性食物和植物性食物均含有磷，磷是与蛋白质并存的。瘦肉、蛋、奶、肝和肾的磷含量很高。海带、紫菜、芝麻酱、花生、干豆类、坚果和粗粮的磷含量也较高。粮谷类的磷为植磷酸，不经加工处理，吸收利用率低。表2-29列举了一些含磷较多的食物。

表2-29 部分磷含量较高的食物（mg/100g食物可食部）

食物	含量	食物	含量	食物	含量
酵母（干）	1893	麸皮	682	羊肉干	546
口蘑（白蘑）	1655	虾米 [海米]	666	山核桃（干）	521
小麦胚粉	1168	奶豆腐（鲜）	657	芝麻籽（黑）	516
南瓜子仁	1159	芝麻酱	626	扇贝（干）	504
丁香鱼（干）	914	可可粉	623	黑豆 [黑大豆]	500
西瓜子仁	818	松子（生）	620	鲚鱼（大）	498
蛏干 [蛏青子]	791	葵花子仁	604	桑葚（干）	486
荆豆	785	虾皮	582	杏仁（原味）	474
鲮鱼（罐头）	750	松子仁	569	火鸡腿	470
奶疙瘩 [奶酪干]	689	莲子（干）	550	黄豆 [大豆]	465

（六）磷与运动

有一些关于磷酸盐提高三大能量系统，主要是有氧系统能力的研究。最近的研究表明，补充磷酸钠（每天4g）3天能提高耐力运动时的有氧系统功能。

其他形式的磷酸盐（如磷酸钙、磷酸钾）提高机能的作用似乎很小。有关机理还需进一步研究。

三、钾

钾是人体内重要的阳离子之一，成年人体内含钾约50mmol/kg体重。98%的钾存在于细胞内，肌肉占70%、皮肤占10%、红细胞占6%~7%、骨占6%、脑占4.5%、肝占4%。其余2%的钾存在于细胞外，血浆中钾的浓度为3.5~5.3mmol/L，为细胞内钾浓度的4%。

（一）钾的功能

1. 维持碳水化合物和蛋白质的正常代谢。

2. 维持细胞内正常渗透压。

3. 维持神经肌肉的应激性和正常功能。

4. 维持心肌的正常功能。

5. 维持细胞内外正常的酸碱平衡和电离子平衡，降低血压。

（二）钾缺乏

1. 钾缺乏影响神经肌肉系统，造成肌无力和瘫痪。

2. 影响心血管系统，造成心律失常。

3. 严重缺钾可引起横纹肌肉裂解症。

4. 长期缺钾可引起肾功能障碍。

（三）钾过多

1. 钾过多可引起高血钾症，使细胞外钾离子升高，静息电位下降，心肌自律性、传导性和兴奋性受抑制。

2. 导致细胞内碱中毒和细胞外酸中毒，症状主要表现在神经肌肉功能障碍和心血管功能异常。

（四）钾的参考摄入量

成年人钾的AI为2000mg。运动员钾的AI为3000~4000mg。钾的UL未制定。

（五）钾的食物来源

食物中的钾分布很广，动物性食物和植物性食物均含有钾，蔬菜和水果是钾最好的来源。

每100g食物含钾的量：谷类为100~200mg、豆类为500~600mg、蔬菜和水果为200~500mg、肉类为150~300mg、鱼类为200~300mg（表2-30）。

表2-30　部分钾含量较高的食物（mg/100g食物可食部）

食物	含量	食物	含量	食物	含量
口蘑（白蘑）	3106	榛子（干）	1244	葡萄干	995
红茶	1934	蘑菇（干）	1225	番茄酱	989
紫菜（干）	1796	芸豆（红）	1215	扇贝（干）	969
白笋（干）	1754	鱿鱼（干）	1131	麸皮	862
银耳（干）	1588	蚕豆	1117	赤小豆	860
小麦胚粉	1523	辣椒（红，尖，干）	1085	酱油（一级）	848
黄豆[大豆]	1503	扁豆（白）	1070	莲子（干）	846
黑豆[黑大豆]	1377	奶油	1064	豌豆	823
桂圆（干）	1348	绿豆面	1055	芸豆（虎皮）	809
墨鱼（干）	1261	西瓜脯	1040	蚕豆（去皮）	801

（六）钾与运动

1. 钾作为电解质帮助调节液体平衡、神经传导和酸碱平衡。有观点认为过度增加钾或缺钾都可能使运动员发生肌肉痉挛。

2. 尽管有人认为在炎热环境中进行剧烈运动，从汗液丢失钾与肌肉痉挛有关，但肌肉痉挛的原因尚不清楚。运动员补充钾是否能减少肌肉痉挛的发生率也不清楚。

3. 还没有补充钾提高运动能力的报道。

四、钠

钠是人体内重要的无机元素之一，成年人体内含钠约6.2~6.9g，占体重的0.15%。细胞外液的钠占总钠的44%~50%，骨骼中的钠占总钠的40%~47%，细胞内液的钠占总钠的9%~10%。血浆钠的浓度为136~146mmol/L。

（一）钠的功能

1. 钠参与构成细胞外液渗透压，调节和维持体内水量的恒定。
2. 钠离子与氢离子交换，可清除体内酸性代谢产物（如CO_2），保持体液酸碱平衡。
3. 钠泵可维持细胞内外液的渗透压平衡。
4. 钠还能维持血压正常，增强神经肌肉兴奋性。

（二）钠缺乏

一般不会由于膳食原因而引起钠缺乏。在有些情况下可能发生钠缺乏，如禁食、少食、膳食钠限制过严；高温、重体力劳动、过量出汗、胃肠疾病、反复呕吐、腹泻；其他情况还包括胃肠外营养缺钠、使用利尿剂。

血浆钠浓度低于135mmol/L称为低钠血症，早期症状包括血钠过低、渗透压下降、细胞肿胀，严重时发生恶心、呕吐、视力模糊、心率加速、脉搏细弱、血压下降、肌肉痉挛、疼痛反射消失，最后可导致淡漠、木僵、昏迷、循环衰竭、休克、急性肾功能衰竭、甚至死亡。

（三）钠过多

1. 正常情况下，钠摄入过多不蓄积。但某些情况下，如影响肾功能而易发生钠过多，引起毒性。

2. 血浆钠浓度高于150mmol/L成为高钠血症，症状为口渴、面部潮红、软弱无力、烦躁不安、精神恍惚、谵妄、昏迷、血压下降，甚至死亡。

3. 长期大量摄入较高量的食盐，与发生高血压有关，还可能增加胃癌的发生率。

（四）钠的参考摄入量

成年人钠的AI为1500mg。运动员钠的AI为小于5000mg。钠的UL未制定。

（五）钠的食物来源

钠主要来源于食盐、酱油、盐渍、腌制肉或烟熏食物、酱咸菜类、咸味零食（表2-31）。

表2-31 部分钠含量较高的食物（mg/100g食物可食部）

食物	含量	食物	含量	食物	含量
精盐	39311	腌韭菜花	5184	腌雪里红	3304
鱼露[虾油]	9350	虾皮	5058	腐乳（红）	3091
味精	8160	海参（干）	4968	咸鸭蛋	2706
辣椒酱[辣椒糊]	8028	苔菜（干）	4955	花生酱	2340
腌芥菜头	7251	虾米[海米]	4892	鱼片干	2321
冬菜	7229	丁香鱼（干）	4375	鲍鱼（干）	2316
酱萝卜	6881	榨菜	4253	香肠	2309
豆瓣酱	6012	萝卜干	4203	甜面酱	2097
酱油（均值）	5757	黄酱[大酱]	3606	虾脑酱	1790
鲅鱼（咸）	5350	芥菜干	3333	墨鱼（干）	1744

（六）钠与运动

1. 钠作为电解质帮助调节液体平衡、神经传导和酸碱平衡。
2. 过度缺钠可能使运动员容易发生肌肉痉挛和低血钠症。
3. 在热环境进行大强度训练的最初几天，从汗液丢失大量的钠。
4. 长时间耐力运动能降低钠水平，导致低钠血症。
5. 在热环境中进行艰苦训练时增加盐的摄入量有助于维持液体平衡和预防低钠血症。

五、镁

镁是人体细胞内的主要阳离子，成年人体内含镁约20~28g。60%~65%的镁存在于骨骼和牙齿，27%的镁存在于软组织中。镁主要分布于细胞内，细胞外液不超过1%。

（一）镁的功能

1. 能激活多种酶的活性，是氧化磷酸化的重要辅助因子，与能量代谢关系密切。
2. 对钾、钙通道有抑制作用。
3. 维持骨细胞结构和功能及神经肌肉兴奋性。

4. 胞浆游离镁有调节心肌细胞的功能。

（二）镁缺乏

1. 低钙血症患者常有显著的镁缺乏表现，镁缺乏也可导致低钙血症。

2. 镁缺乏导致神经肌肉兴奋性亢进，表现为肌肉震颤、手足搐溺、反射亢进、共济失调，有时出现听觉过敏和幻觉，严重时出现谵妄、精神错乱、定向力失常，甚至惊厥、昏迷。

3. 镁缺乏对血管功能可能有潜在影响，如心脏早搏、房颤和室颤、高血压、动脉粥样硬化。镁缺乏可能是绝经期后骨质疏松症的一种危险因素。

4. 镁缺乏可导致胰岛素抵抗及胰岛素分泌受损，发生糖尿病。

（三）镁过多

一般不易发生镁中毒，但肾功能不全、糖尿病酮症、肾上腺功能不全、偶尔大量注射或口服镁盐可引起高镁血症。

在消化系统表现为腹泻、恶心、胃肠痉挛，在神经系统表现为嗜睡、肌无力、膝腱反射弱、肌麻痹，在心血管系统表现为低血压、心脏传导阻滞或停跳。

（四）镁的参考摄入量

成年人镁的RNI为330mg。镁的UL未制定。

（五）镁的食物来源

绿叶蔬菜富含镁，粗粮、坚果含有丰富的镁，肉类、淀粉类食物及牛奶中的镁含量中等，饮水中可以获得少量镁（表2-32）。

表2-32 部分镁含量较高的食物（mg/100g食物可食部）

食物	含量	食物	含量	食物	含量
苔菜（干）	1257	虾皮	265	燕麦片	177
海参（干）	1047	葵花子（生）	264	口蘑（白蘑）	167
松子（生）	567	芥菜干	263	芸豆（红）	164
榛子（炒）	502	荞麦	258	扁豆（白）	163
西瓜子（炒）	448	莲子（干）	242	腰果	153
南瓜子（炒）	376	芝麻酱	238	木耳（干）	152
墨鱼（干）	359	虾米 [海米]	236	莜麦面	146
桑葚（干）	332	黄豆 [大豆]	199	辣椒（红，尖，干）	131
山核桃（干）	306	鱿鱼（干）	192	海带（干）	129
芝麻籽（黑）	290	杏仁	178	青豆 [青大豆]	128

（六）镁与运动

1. 镁能激活参与蛋白质合成的酶，还参与ATP反应。

2. 运动使血清镁降低。有人认为，镁补充品可促进能量代谢 / ATP的可利用性。

3. 大多数的研究表明，镁补充品（每天500mg）未影响运动能力，除非运动员镁缺乏。

六、氯

人体内含氯量为1.17g/kg体重，约80~100g，主要是氯化钠和氯化钾。氯化钠主要在细胞外液中，氯化钾主要在细胞内液中。血浆氯的浓度为96~106mmol/L，汗液氯化钠的浓度为0.2%。

（一）氯的功能

1. 氯离子和钠离子共同维持细胞外液的容量与渗透压。

2. 作为细胞外液的主要阴离子，氯离子维持体液酸碱平衡。

3. 氯离子还参与胃酸形成，稳定神经细胞电位。

（二）氯缺乏

膳食引起的氯缺乏很少见。

1. 大量出汗丢失氯化钠、慢性腹泻、肾功能改变时，可造成氯缺乏。

2. 氯缺乏常伴有钠缺乏。

3. 氯缺乏表现为低氯性代谢碱中毒，主要症状为肌肉收缩不良、消化道受损、易掉头发和牙齿。

（三）氯过多

氯摄入过多引起的毒性不多见，仅见于严重失水、持续摄入高氯化钠或过多氯化铵而引起高氯血症，可导致敏感个体血压升高。

（四）氯的参考摄入量

成年人氯的AI为2300mg。氯的UL未制定。

（五）氯的食物来源

膳食氯几乎完全来源于氯化钠，仅有少量来自氯化钾。因此食盐及其加工食品酱油、盐渍、腌制或烟熏食品、酱咸菜以及咸味食品都富含氯化物。

一般天然食品中氯的含量差异较大，天然水中也几乎都含有氯，估计日常饮水每天提供40mg左右，与从食盐来源的氯的量相比并不重要。含氯量较多的食物可参见表2-31（部分钠含量较高的食物）。

七、铁

铁是人体含量最多的必需微量元素，人体内铁的总量约3~5g。人体内铁有两类存在形式：

（1）功能性铁：与蛋白质结合，是铁的主要存在形式，占体内总铁量的75%左右，包括血红蛋白（占70%）、肌红蛋白（占3%~4%）、含铁酶类（如细胞色素、细胞色素氧化酶、过氧化物酶，占1%）。

（2）储存铁：以铁蛋白和含铁黄素蛋白的形式存在于肝、脾、骨髓和血液中，占体内总铁量的25%左右。

（一）铁的功能

1. 铁作为血红蛋白的重要组成成分，可以与氧结合而不被氧化，在从肺输送氧到组织的过程中起关键作用。

2. 肌红蛋白中的铁在肌肉中转运和储存氧。

3. 细胞色素中的铁对呼吸和能量代谢起重要作用。

4. 其他含铁酶参与能量代谢和体温调节。

（二）铁缺乏及缺铁性贫血

铁缺乏可划分为三个阶段。

（1）铁减少期：储备铁耗竭，血清铁蛋白浓度下降。

（2）红细胞生成缺铁期：血清铁下降，铁结合力上升（运铁蛋白饱和度下降），游离原卟啉浓度上升。

（3）贫血期：血红蛋白和红细胞比积下降。

（三）铁过多

膳食不会造成铁过多，口服铁剂和输血可使铁摄入过多。

1. 急性铁中毒的局部影响包括胃肠道出血性坏死、呕吐、血性腹泻，全身影响为凝血不良、代谢性酸中毒、休克。

2. 慢性铁中毒的症状为色素沉着症，造成肝、胰、心脏、关节等器官纤维化。

3. 铁负荷过度则表现为身体的铁含量增加而无器官损害。

（四）铁的参考摄入量

成年人铁的RNI：男性为12mg，女性为20mg。

成年人铁的UL为42mg。运动员铁的AI为20~25mg。

（五）铁的食物来源

1. 食物中铁的种类

食物中的铁吸收率整体较低。食物中铁有血红素型铁（来源于动物性食物）和非血红素型铁（离子铁，来源于植物性食物）。

(1)血红素型铁，吸收率较高，铁缺乏时，吸收率高达40%。不缺乏时，吸收率为10%。膳食中含有动物蛋白时，平均吸收率为23%。

(2)非血红素型铁是存在于食物中的三价铁，需还原成二价铁才能吸收，吸收率为3%~5%。

2. 影响铁吸收的因素

（1）促进铁吸收的因素包括维生素C、维生素B_2、半胱氨酸、胃酸、有机酸、肉类食物和某些单糖。

（2）抑制铁吸收的因素包括食物钙含量、大豆蛋白、植酸、酚类化合物、高磷蛋白、锌、铜、钴、锰、镉和碱性药物。

动物血、肝脏、鸡胗、牛肾、大豆、黑木耳和芝麻酱是铁的丰富来源。瘦肉、红糖、蛋黄、猪肾、羊肾和干果是铁的良好来源。鱼、谷类、菠菜、扁豆、豌豆和芥菜叶是铁的一般来源。奶制品、蔬菜和水果是铁的微量来源。表2-33列举了一些含铁较多的食物。

表2-33　部分铁含量较高的食物（mg/100g食物可食部）

食物	含量	食物	含量	食物	含量
苔菜（干）	284	鸡血	25	酵母（干）	18
木耳（干）	97	墨鱼（干）	24	藕粉	18
蛏干	89	鸭肝	23	腐竹	17
紫菜（干）	55	芝麻籽（黑）	23	毛蛤蜊	15
蘑菇（干）	51	猪肝	23	豆腐皮	14
芝麻酱	50	火鸡肝	21	山羊肉（冻）	14
桑葚（干）	43	田螺	20	莜麦面	14
芥菜干	39	扁豆	19	海参	13
鸭血（白鸭）	31	奶疙瘩[奶酪干]	19	贻贝（干）[淡菜]	13
河蚌	27	羊血	18	鸡肝	12

（六）铁与运动

1. 运动会增加铁的需要量

原因主要有以下几个方面。

（1）铁代谢加快、储备铁含量降低。

（2）红细胞代谢周转率加快，对红细胞有破坏作用。

（3）肌肉增大，肌肉中含铁酶的含量增加。

（4）从汗液丢失的铁增加。

（5）对铁吸收有影响。

2. 容易发生铁缺乏的运动员

主要包括女运动员（尤其是处于青春期的女运动员）、需要控制体重项目的运动员、素食运动员和高原低氧条件下训练的运动员。

铁是氧的载体，是红细胞内的血红蛋白的组分，铁补充品常被用来提高有氧能力，但大多数研究表明，补充铁不能提高有氧能力，除非运动员铁缺乏或贫血。

八、锌

人体内含锌量为1.5~2.5g，主要存在于肌肉（占57%）、骨骼（占29%）、皮肤（占6%）和肝脏（占5%）。血液中的锌不足总量的0.5%，分布于红细胞（75%~88%）、血浆（12%~23%）、白细胞和血小板（3%）。

（一）锌的功能

1. 锌组成酶成分或酶激活剂，含锌的酶有200多种。
2. 锌能促进生长发育与组织再生、维持生物膜结构和功能、维持肌肉的正常代谢和功能。
3. 影响味觉和食欲。
4. 锌参与雄激素的合成，与生殖功能有关。
5. 锌还参与免疫功能，并与自由基清除有关。

（二）锌缺乏

1. 锌缺乏可表现为味觉减退、厌食、食欲不振或异食癖。
2. 锌缺乏可使雄激素水平降低、精子活力降低、性器官发育不良、性功能低下、第二性征发育不全，影响生殖功能。
3. 儿童少年锌缺乏会使生长发育缓慢、可出现智力低下。
4. 锌缺乏使T细胞功能降低、影响免疫功能，易发生感染性疾病。
5. 锌缺乏还能使伤口愈合缓慢、伤口易感染。

（三）锌过多

膳食不会造成锌过多，一般不易发生锌中毒。

1. 成人一次性摄入2g以上的锌可导致锌中毒，表现为上腹疼痛、腹泻、恶心和呕吐。

2. 长期补充大量的锌（100mg/d）可导致贫血、免疫功能降低、高密度脂蛋白胆固醇降低、乳酸脱氢酶失活等。

3. 锌的毒性与其盐的形式有关，硫酸锌和氧化锌相对无毒，氯化锌则对细胞有较强的刺激作用。

（四）锌的参考摄入量

成年人锌的RNI：男性为12.5mg，女性为7.5mg。成年人锌的UL为40mg。运动员锌的AI为20~25mg。

（五）锌的食物来源

贝壳类海产品、红色肉类、动物内脏、干果类、谷类胚芽和麦麸是锌的极好来源。干酪、虾、燕麦、花生酱和花生是锌的良好来源。普通饮料、动物脂肪、植物油、水果、蔬菜、奶糖和白面包是锌的微量来源（表2-34）。

表2-34　部分锌含量较高的食物（mg/100g食物可食部）

食物	含量	食物	含量	食物	含量
生蚝	71	牡蛎 [海蛎子]	9	奶酪 [干酪]	7
蝎子	27	火鸡腿	9	鸭肝（母麻鸭）	7
小麦胚粉	23	口蘑（白蘑）	9	榛蘑（干）	7
蛏干	14	松子（生）	9	西瓜子（炒）	7
扇贝（鲜）	12	香菇（干）	9	贻贝（干）	7
泥蚶	12	辣椒（红，尖，干）	8	双孢蘑菇	7
赤贝	12	乌梅	8	山核桃（干）	6
鱿鱼（干）	11	牛肉（前腱）	8	蘑菇（干）	6
山羊肉	10	黑笋（干）	8	河蚌	6
墨鱼（干）	10	南瓜子（炒）	7	松蘑（干）	6

（六）锌与运动

锌参与消化酶的构成，与免疫力有关，理论上能减少运动员大运动量训练时的上呼吸道感染的发生率。研究表明，训练时补充锌（25mg/d）能减少运动引起的免疫机能的变化。

九、硒

人体内的硒含量为14~20mg，肝、胰、肾、心、脾、牙釉质和指甲的硒浓度较高，肌肉中硒含量最多，占总硒量的50%左右。膳食硒的主要形式为硒半胱氨酸和硒蛋氨酸，常用的补硒形式有硒酸盐和亚硒酸盐。

（一）硒的功能

硒与蛋白质结合形成硒蛋白来发挥生物功能。

1. 参与构成谷胱甘肽过氧化物酶发挥抗氧化功能。
2. 具有增强免疫、保护心血管、维护心肌健康、促进生长、保护视觉器官及抗肿瘤的功能。
3. 能拮抗重金属的毒性，具有解毒作用。
4. 能调节甲状腺激素，影响全身的代谢。
5. 还能维持正常的生育功能。

（二）硒缺乏

硒缺乏主要发生在低硒地区（东北和西南某些地区）。

1. 硒缺乏是克山病的重要原因，克山病是一种多发性灶状心肌坏死为主要病变的地方性心肌病。

2. 低硒还是大骨节病发生的环境因素之一，大骨节病是一种地方性、多发性、变形性骨关节病。

（三）硒过多

硒过多主要发生在高硒地区（湖北恩施、陕西紫阳），主要原因是水土中含硒量高，主要症状包括恶心、呕吐、烦躁、疲乏、头发和指甲脱落、皮肤损伤及神经系统异常，如肢端麻木、抽搐等，严重可致死亡。另外，过量补充含硒营养品也可能造成硒过多。

（四）硒的参考摄入量

成年人硒的RNI为60μg。成年人硒的UL为400μg。运动员硒的AI为50~150μg。

（五）硒的食物来源

影响植物性食物硒含量的主要因素是水土中的含硒量。动物性食物硒含量也受产地影响，但没有植物性食物那么大。

不宜用食物成分表中的硒含量来计算膳食硒摄入量，但可以用来比较不同食物间硒含量的高低。食物中的含硒量：动物内脏和海产品>肌肉>谷物>奶制品>水果蔬菜（表2-35）。

表2-35 部分硒含量较高的食物（μg/100g食物可食部）

食物	含量	食物	含量	食物	含量
魔芋精粉	350	牡蛎[海蛎子]	87	羊肾	59
鲑鱼籽酱	203	香海螺	79	鲐鱼	58
猪肾（腰子）	157	珍珠白蘑（干）	79	鲜贝	57
鱿鱼（干）	156	扇贝（干）	76	鸭肝	57
海参（干）	150	虾米[海米]	75	鲨鱼	57
蛏干	121	虾皮	74	河蟹	57
贻贝（干）[淡菜]	120	牛肾	70	海虾	56
墨鱼（干）	104	鲍鱼（干）	67	红茶	56
松蘑（干）	98	小麦胚粉	65	黄鱼	55
梭子蟹	91	赤贝	60	蛤蜊	54

（六）硒与运动

硒被作为运动营养品来提高有氧运动能力。与维生素E和谷胱甘肽过氧化物酶（一种抗氧化剂）一起，硒能减少有氧运动时脂类生成有害的自由基。尽管硒能减少有氧运动时的脂质过氧化反应，但未证实硒能提高有氧运动能力。

十、碘

人体内碘含量约20~50mg，相当于0.5mg/kg体重。甲状腺含碘最多，其次是肌肉，其他器官也可摄取或浓集碘。碘没有独立作用，仅在甲状腺才能合成甲状腺激素，其生理功能是通过甲状腺激素完成的。血液里的碘主要为蛋白结合碘，也有甲状腺激素。

（一）碘的功能

碘通过甲状腺激素发挥生理功能。

1. 在能量代谢方面，甲状腺激素促进物质分解代谢、增加氧耗量、产生能量、维持基本生命活动、保持体温，这个生理作用是终生的。

2. 甲状腺激素支持和保证垂体的正常生理功能。

3. 甲状腺激素促进身体发育，包括身高、体重、骨骼、肌肉和性发育，这仅在发育期起作用。

4. 在脑发育临界期内（从妊娠开始至出生后2岁），神经系统的发育依赖于甲状腺激素的存在。

（二）碘缺乏

环境缺碘是碘缺乏病的主要原因。成年人碘缺乏表现为地方性甲状腺肿，胎儿和新生儿碘缺乏表现为克汀病（呆小症）。

（三）碘过多

长期摄入含碘量高的食物，在治疗甲状腺肿等疾病中使用过量的碘剂可造成高碘性甲状腺肿。

（四）碘的参考摄入量

成年人碘的RNI为120μg。成年人碘的UL为600μg。

（五）碘的食物来源

海产品的碘含量大于陆地食物。海带、紫菜、鲜海鱼、蚶干、蛤干、干贝、淡菜、海参、海蛰和龙虾的含碘量很高，其中海带含碘量最高。动物性食物的碘含量大于植物性食物。蛋、奶含碘量较高，其次为肉类，再次为淡水鱼。植物的含碘量最低，特别是蔬菜和水果。食盐中含碘量极微，越是精制盐含碘量越低（表2-36）。

表2-36　部分碘含量较高的食物（μg/100g食物可食部）

食物	含量	食物	含量	食物	含量
海带（干）	36240	虾米[海米，虾仁]	83	羊肝（卤）	19
紫菜	4323	豆腐干	46	猪肝（卤）	16
海参（干）	600	肉松	38	墨鱼[曼氏无针乌贼]	14
海盐	500	鹌鹑蛋	38	松子仁	12
贻贝（淡菜）	346	鸡蛋	27	鸡肉	12
海杂鱼（咸）	296	鸡精粉	27	红豆粉	11
强力碘面	277	营养豆粉	25	小白菜	10
虾皮	265	菠菜（脱水）	24	核桃	10
海带（鲜）	114	豆豉鱼（罐头）	24	开心果	10
小香肠（广式）	92	虾酱	21	牛肉（瘦）	10

十一、铜

人体内含量为50~120mg，肝、肾、心、头发和脑中含量最高，其次为脾、肺、肌肉和骨骼，腺体中含量最低。肌肉和骨骼中含铜占总铜量的50%~70%，肝脏占20%，血液占5%~10%。

（一）铜的功能

铜作为许多蛋白质（包括多种酶）的一部分发挥重要的生理功能。

1. 通过参与铁代谢和红细胞生成，维持正常造血机能。

2. 促进结缔组织形成，维护中枢神经系统的健康。

3. 促进正常黑色素形成及维护毛发正常结构，保护机体细胞免受超氧阴离子的损害。

4. 与胆固醇代谢、心脏功能、免疫功能、激素分泌有关。

（二）铜缺乏

铜缺乏不多见。

1. 铜缺乏会造成缺铜性贫血，大多为低血色素小细胞性贫血。

2. 铜缺乏造成含铜蛋白和酶活性下降，如血浆铜蓝蛋白、赖氨酰氧化酶活力。

3. 铜缺乏还会引起关节炎、色素消失、神经改变、糖耐量下降、血清胆固醇增加、心律不齐。

（三）铜过多

铜过多会出现中毒症状，包括恶心、呕吐、上腹部痛、腹泻、头痛、晕眩及口中有金属味。严重者出现黄疸、溶血性贫血、尿血、尿毒症、甚至死亡。

铜过多的主要原因为误食铜盐，以及食用与铜容器接触的酸性食物或饮料。

（四）铜的参考摄入量

成年人铜的RNI为0.8mg。成年人铜的UL为8mg。

（五）铜的食物来源

牡蛎、贝类和坚果是铜的良好来源，其次为动物肝脏、肾脏，谷类胚芽和豆类。牛奶含铜量很低、人奶含铜量较高。蔬菜含铜量最低（表2-37）。

表2-37　部分铜含量较高的食物（mg/100g食物可食部）

食物	含量	食物	含量	食物	含量
酵母（鲜）	20	口蘑（白蘑）	6	库尔勒梨	3
荞麦（带皮）	14	豆奶[豆乳]	6	葵花子（生）	3
蝎子	14	羊肝	5	虾米[海米]	2
生蚝	12	酸梨	5	山核桃（干）	2
南瓜果脯	10	墨鱼（干）	4	鸡肫[鸡胗]	2
松蘑（干）	10	江虾[沼虾]	3	豇豆	2
章鱼[真蛸]	9	榛子（干）	3	蛏干	2
牡蛎[海蛎子]	8	河蟹	3	塘水虾[草虾]	2
鹅肝	8	松子（生）	3	麸皮	2
杏干	8	红茶	3	猕猴桃	2

十二、铬

人体内铬含量为5~10mg，肺、脾、肝、肾和心脏中含量较高。人体内的铬主要是三价铬，金属铬、二价铬和三价铬毒性很小，六价铬毒性较大。

（一）铬的功能

1. 铬作为葡萄糖耐量因子的组成成分，具有加强胰岛素的作用。
2. 铬能预防动脉粥样硬化，对血清胆固醇的内环境稳定有作用。
3. 铬促进蛋白质代谢和生长发育。
4. 铬对免疫系统反应的影响包括减少应激状态下的血清皮质醇，增加免疫球蛋白。
5. 铬对核酸的作用包括增加核酸的合成，调节细胞的生长。

（二）铬缺乏

铬缺乏多见于老年人、糖尿病患者、营养不良的婴儿及完全肠外营养的病人，主要表现为生长停滞、血脂增高、葡萄糖耐量异常，并伴有高血糖及尿糖等症状。

（三）铬过多

铬过多是指六价铬的毒性。口服铬酸盐的致死剂量约为3g，急性中毒可见胃粘膜充血溃烂、肾组织坏死、脑水肿、内脏器官出血。长期饮用含铬较高的水，有害作用不明显。接触铬酸盐的工人患肺癌的危险性较高。

（四）铬的参考摄入量

成年人铬的AI为30μg。铬的UL未制定。

（五）铬的食物来源

铬以小剂量广泛分布在食物中。铬主要来源于鱼贝类、乳类、谷类、豆类、肉类。加工过的肉类铬的含量较高。全谷类含的铬高于蔬菜和水果。精制糖和面粉中的铬低于未加工过的农产品。酸性食物在和不锈钢接触时能溶取铬（表2-38）。

表2-38　部分含铬的食物（μg/100g食物可食部）

食物	含量	食物	含量
海产品	46	蛋类	18
坚果	43	薯类	14
奶类	39	蔬菜	14
谷类	35	根菜	8

续表

食物	含量	食物	含量
豆类	27	调味品	8
肉类	19	油脂	8

（六）铬与运动

市场上常见的甲基吡啶铬声称能增加瘦体重和减少脂肪水平，人体实验并不支持这一结果，补充铬（200~800μg/d）不能增加瘦体重和减少脂肪水平。

十三、锰

人体内锰含量为10~20mg。骨、肝、胰和肾中锰浓度较高，脑、心脏、肺和肌肉中锰浓度较低。人体内的锰主要有两种形式：二价锰为含锰酶和一些需要锰激活的酶，三价锰为锰超氧化物歧化酶（MnSOD）。

（一）锰的功能

锰作为金属酶的一部分或酶激活剂参与脂类、碳水化合物的代谢，也是蛋白质和核酸合成所必需的。锰作为MnSOD的重要组分，参与超氧阴离子的转化。

（二）锰缺乏

锰缺乏很少见。

锰缺乏可导致伤口愈合缓慢、智力发育、骨骼畸形、生殖功能紊乱、抽搐和运动失调等及严重的低胆固醇血症、体重减轻、头发和指甲生长缓慢等。

（三）锰过多

从食物中一般不会造成锰中毒，主要是因为接触锰含量过高的空气所致。锰中毒引起中枢神经系统异常，严重时发生重度精神病症状，包括高激惹性、暴力行为和幻觉（锰狂症），进一步发展可引起椎体外系永久损伤。

（四）锰的参考摄入量

成年人锰的AI为4.5mg。成年人锰的UL为11mg。

（五）锰的食物来源

锰主要来源于植物性食物，锰含量较高的有坚果、原粮、叶菜类和鲜豆类，茶叶中锰含量很高。肉类、蛋类、奶类和鱼类中锰含量较低（表2-39）。

表2-39 部分锰含量较高的食物（mg/100g食物可食部）

食物	含量	食物	含量	食物	含量
茶砖（小）	126	辣椒（红，尖，干）	12	蛏干	8
珠茶	63	麸皮	11	香菇（干）	5
河蚌	60	松子（生）	10	紫菜（干）	4
红茶	50	芥菜干	9	莜麦面	4
绿茶	33	木耳（干）	9	南瓜子（炒）	4
榛子（炒）	18	黄鳝丝	8	桑葚（干）	4
芝麻籽（黑）	18	莲子（干）	8	豆腐皮	4
小麦胚粉	17	山核桃（干）	8	燕麦片	3
花茶	17	甲级龙井	8	籼稻谷（红）	3
铁观音茶	14	陈醋	8	小麦	3

十四、氟

人体内氟含量约为2.6g，主要存在于骨骼和牙齿（牙釉质）中，少量分布于毛发、指（趾）甲及其他组织。

（一）氟的功能

1. 氟具有防治龋齿的功能。氟被牙釉质中的羟磷灰石吸附后，在牙齿表面形成一层抗酸性腐蚀的、坚硬的氟磷灰石保护层。

2. 氟还能防治骨质疏松。氟磷灰石使骨质坚硬。适量的氟有利于钙和磷的利用及在骨骼中沉积，可加速骨骼成长，促进生长，并维护骨骼的健康。

（二）氟缺乏

氟缺乏导致牙齿发育不全，增加龋齿的发生率，还影响骨的形成，可导致老年人骨质疏松症发病增加。

（三）氟过多

1. 氟急性毒性多见于特殊职业接触，表现为恶心、呕吐、腹泻、腹痛、心功能不全、惊厥、麻痹、昏厥。

2. 氟慢性毒性主要是因为高氟地区居民长期摄入含氟高的水。长期高剂量摄入氟可引起氟骨症，表现为腰腿及关节疼痛、脊柱畸形、骨软化或骨质增生。长期低剂量摄入氟可引起氟斑牙，使牙齿失去光泽，出现白垩色、黄色、棕褐色或黑色斑点，牙面凹陷剥落，牙齿变脆，易于破碎。

（四）氟的参考摄入量

成年人氟的AI为1.5mg。成年人氟的UL为3.5mg。

（五）氟的食物来源

动物性食物氟含量高于植物性食物。海洋动物氟含量高于淡水及陆地食物。茶叶、海鱼、海带、紫菜含氟量较高。食物中含氟量往往受土壤含氟量的影响。

第六节　水

水是一种很重要的营养素，是生命必需的物质和主要构成物质。水不仅为各种物质的溶媒，而且参与细胞的构成，同时也是细胞外的依存环境，并从这个环境中取得营养物质。

一、水在体内的分布

（一）人体水的含量

水是人体含量最多的物质，约占成年人总体重的50%~60%。人体含水量因年龄、性别而异。随年龄的增长，体内的水分减少，新生儿约含75%~80%，远高于成年人体内的含水量。男性含水量多于女性，成年男子约含60%，而成年女子仅为50%。

（二）人体水的分布

人体内的水大多分布于细胞内，约占总水量的2/3，其余1/3分布于细胞外。

不同组织器官的含水量不同，血液中含水最多，约占血液总量的83%；肌肉、肝、脑、肾等含水70%~80%；皮肤含水60%~70%；骨骼含水12%~15%；脂肪中含水最少，约占10%。

（三）水的存在形式

身体内的大部分水为结合水，与蛋白质、粘多糖、磷脂等大分子结合，均匀分布在体液中，发挥生理功能。小部分为游离水。

二、水的平衡

（一）普通（正常）人的水平衡

普通（正常人）每天水的摄入与排出处于动态平衡。成年人一日水平衡见表2-40。

表2-40　成年人一日水平衡

摄水量（ml）		排水量（ml）	
饮水	1200	尿	1500
食物水	1000	皮肤蒸发	500
内生水	300	呼气	350
		粪便	150
合计	2500	合计	2500

（二）水平衡的调节

1. 口渴中枢

血浆渗透压过高时，引起口渴中枢神经核兴奋，激发饮水行为。

2. 抗利尿激素

通过改变肾脏远端小管和集合小管对水的通透性影响水的重吸收、调节水的排出量。

3. 肾脏

机体失水时，肾脏排出浓缩性尿，使水保留在体内。体内水过多时，肾脏则排尿增加，减少体内水量。

三、水的功能

（一）构成机体的主要成分

水是保持每个细胞外形及构成每一种体液所必需的物质。各组织器官的水含量相差很大，以血液中最多，脂肪组织中较少。肥胖者体内脂肪较多，故含水量略低。

（二）营养物质的载体

摄入机体的各种营养物质，都必须通过水运输到机体各部位进行代谢，发挥作用。

（三）代谢产物溶剂

体内物质代谢产生的各种物质，通过水运送到相关部位进一步代谢转化，或通过尿液、粪便、汗液及呼吸等途径排出体外。

（四）直接参与物质代谢

水能促进各种生理生化反应，直接参与物质代谢，如水解反应、加水反应及脱氢反应等。

（五）调节体温

水是体内体温调节的必需物质。

1. 水的比热大，能吸收较多能量而本身的温度升高并不多。
2. 水的蒸发热大，蒸发少量的水就可以散发大量的能量，在高温环境或体内产热过多时尤为重要。
3. 水的流动性大，能随血液循环迅速分布全身，使代谢中产生的能量在体内迅速分布均匀，从而保持体温恒定。

水是良好的体温调节剂，使机体不至于因内、外环境温度的改变而明显改变。

（六）润滑组织

水是一种天然的润滑剂，有利于体内各种生理活动。

1. 泪液润滑眼球，防止眼球干燥。
2. 唾液有利于吞咽和咽部湿润。
3. 关节液有利于关节腔内骨骼的活动。
4. 胸腹膜腔浆液有利于脏器活动。

四、水缺乏

（一）原因

水摄入不足或水丢失过多，可引起体内失水，重度缺水可使细胞外液电解质浓度增加，形成高渗；细胞内水分外流，引起脱水。

（二）脱水的程度

1. 轻度脱水

失水量占体重的2%~4%为轻度脱水，可表现为口渴、尿少。

2. 中度脱水

失水量占体重的4%~6%为中度脱水，可出现脱水综合征，表现为严重的口渴感、烦躁不安、精神不集中、软弱无力、皮肤粘膜干燥、体温升高、心率增快。

3. 重度脱水

失水量占体重的6%以上为重度脱水，表现为皮肤弹性降低、眼球内陷、呼吸加快、容易激怒、恶心呕吐、肌肉抽搐、神志不清、昏迷。失水量超过体重的20%时，可发生体位性低血压、休克、循环衰竭、甚至死亡。

体内失水导致的体重下降百分比与相应症状见表2-41。

表2-41　体内失水导致的体重下降百分比与相应症状

体重下降（%）	症状
1	开始感到口渴，影响体温调节功能，并开始对体能发生影响
2	重度口渴，轻度不适，压抑感，食欲减退
3	口干，血液浓缩，排尿量减少
4	体能减少20%~30%
5	难以集中精力，头痛，烦躁，困乏
6	严重的体温控制失调，并发生过度呼吸导致的肢体末端麻木和麻刺感
7	热天运动可能发生晕厥

五、水过多及中毒

（一）原因

水摄入量超过肾脏排出能力，可引起体内水过多或引起水中毒。正常人极少见水中毒。

水中毒多见于患有肾脏疾病、肝脏疾病、充血性心力衰竭时，偶见于用甘油作为水保护剂时。

（二）水中毒的临床表现

水中毒临床表现为渐进性精神迟钝、恍惚、昏迷、惊厥等，严重者可引起死亡。

六、水的需要量

（一）膳食水的适宜摄入量（AI）

成年人饮水量AI：男性为1.7L，女性为1.5L。上述AI是指温和气候条件下，轻体力活动水平的饮水量。如果在高温或进行中等水平以上身体活动时，应适当增加水摄入量。

成年人水总摄入量AI：男性为3.0L，女性为2.7L。总摄入量包括食物中的水以及饮水中的水。

（二）饮水的时间和方式

饮水时间应分配在一天中任何时刻，少量多次，每次200ml左右。一次性大量饮水会加重胃肠负担，使胃液稀释，既降低胃酸的杀菌作用，又妨碍对食物的消化。

清晨空腹喝一杯水可降低血液粘度。睡觉前喝一杯水可预防夜间血液粘度增加。运动补水最好含有电解质。

七、水的来源

（一）饮用水的分类

自来水是最普遍的生活饮用水。

1. 白开水是最符合人体需要的饮用水，为首选饮用水。
2. 纯净水去除了有害物质，也去除了人体需要的矿物质。
3. 饮用矿物质水是人为添加矿物质，作用还需进一步研究。
4. 矿泉水是天然的饮用水，其中的矿物质多呈离子状态，容易被人体吸收。

（二）不宜饮用生水、蒸锅水

生水是未经消毒过滤处理的水，如河水、溪水、井水，可能含有害的微生物及人畜共患的寄生虫，可导致急性胃肠炎、伤寒、痢疾、寄生虫感染。

蒸锅水，特别是多次反复使用的蒸锅水含有重金属和亚硝酸盐，对身体会产生危害。

（三）饮茶与健康

1. 经常适量饮茶，对人体健康有益。茶叶中含有茶多酚、儿茶素等活性物质，能使血管保持弹性，消除动脉血管痉挛，防止血管破裂。

2. 茶叶中含有丰富的微量元素，但茶叶本身为非可食部分，由于使用量少及元素溶出率有限，饮茶不是补充这些元素的良好食物来源。

3. 长期大量饮用浓茶会影响消化功能，茶叶中的鞣酸阻碍铁的吸收。

八、水与运动

良好的水合状态对理想的运动能力很重要。因为脱水可增加潜在的威胁生命的热伤害，如中暑的风险。脱水（丢失量>2 %体重）会损害有氧运动能力，特别是在炎热气候下，并可能损害精神 / 认知能力。所以运动员应努力在运动前、运动中和运动后保持正常水合状态。

（一）运动性脱水的原因

1. 运动时出汗速率大、出汗量大，出汗集中于运动期间。
2. 运动时呼吸道排水量大，可达平时的10~20倍。

3. 运动中补水不合理，采用限制饮水的方式控制体重和降体重，都会造成运动性脱水。

（二）脱水与运动能力

1. 脱水可影响运动能力，使最大摄氧量减少，维持最大摄氧量的时间缩短。

2. 脱水对运动能力的影响与运动员的训练水平有关。训练水平一般的运动员失水2%~3%时，即可影响运动能力和最大摄氧量。训练水平高的运动员失水5%时，对运动能力也无明显影响。

（三）运动性脱水的处理

1. 发生运动性脱水，最主要的处理措施是及时补充丢失的体液。补液量为丢失1kg体重，补液1000~1500ml。

2. 脱水初期补水或5%的葡萄糖液，待血钠回降、尿比重降低后，可适当补充含电解质的溶液。

3. 脱水程度较轻者可通过胃肠道补液，严重者则需要通过静脉补液。

4. 补液的速度应先快后慢，当日先补一半，余下次日再补，48h内完成。补液过快可引起短暂的水中毒和抽搐。

（四）运动性脱水的预防

1. 应提高对运动性脱水的耐受性，长期在热环境中运动可产生一定的适应性或耐受性。

2. 补液防止和纠正脱水，关键在于及时补充水分，使机体水分达到平衡。

3. 尽量避免采用限制饮水的方式控制体重和降体重。

第七节　膳食纤维

膳食纤维是指不能被人体小肠消化吸收，但能被大肠内的某些微生物部分或全部发酵的可食用的碳水化合物的总称。

膳食纤维具有润肠通便、调节控制血糖浓度、降血脂等多种生理功能，对人体健康有良好的防护作用。

一、膳食纤维的分类

根据在水中溶解性质的不同，膳食纤维可分为不溶性膳食纤维和可溶性膳食纤维。

（一）不溶性膳食纤维

不溶性膳食纤维是指不溶于水的膳食纤维，一般不能被肠内微生物分解，不能被人体胃肠内的酶消化。

包括纤维素、部分半纤维素、木质素等物质，主要存在于谷皮、豆类的外皮和植物的茎、叶，是膳食纤维的主要部分。

（二）可溶性膳食纤维

可溶性膳食纤维是指既可溶解于水，又可以吸水膨胀，并能被大肠中微生物酵解的一类膳食纤维。

主要包括果胶、树胶、海藻多糖。果胶来源于水果，树胶来自豆类种子，海藻多糖来源于海带、食品加工的果冻。

二、膳食纤维的功能

膳食纤维主要通过物理性状影响胃肠功能和营养素的吸收速率和吸收部位。

（一）改善血糖生成反应

膳食纤维通过延缓胃排空速率、延缓淀粉在小肠内的消化、减慢葡萄糖在小肠的吸收，改善血糖生成反应，预防糖尿病，降低餐后血糖生成和胰岛素升高的反应。

（二）降低胆固醇，预防心血管病

大多数可溶性膳食纤维能降低血浆胆固醇，主要是低密度脂蛋白胆固醇。不溶性膳食纤维很少能改变血浆胆固醇水平。可能的机理包括：吸附胆汁酸和脂肪，使其吸收率下降，达到降血脂的作用；被细菌代谢产生短链脂肪酸（如乙酸、丙酸、丁酸），这些短链脂肪酸进入肝脏，也可减弱肝中胆固醇的合成。

（三）增强肠蠕动功能，有利于排便

膳食纤维能促进肠蠕动，使肠道保持健康和张力，使粪便含水较多而体积增大和变软，有利于粪便排出。便秘者易患肠憩室病和痔疮，膳食纤维有助于预防。

（四）控制体重和减肥

膳食纤维能减缓食物由胃进入肠道的速度，其较强的吸水性使食物体积增加，产生饱腹感而减少能量摄入，达到控制体重和减肥的作用。

（五）预防结肠癌的作用

多糖成分在肠道发酵，降低pH值，有益于减少毒素和致癌物产生。膳食纤维还具有稀释致癌物的作用。

（六）降低营养素的利用率

1. 膳食纤维能抑制胰酶的活性，延缓胃肠道对食物的消化作用。

2. 膳食纤维还形成消化作用的物理屏障。膳食纤维抑制对某些元素的吸收，可能与植酸有关。

3. 膳食纤维对维生素吸收影响不大。

三、膳食纤维的参考摄入量

成年人膳食纤维的AI为25g。膳食纤维的UL未制定。

四、膳食纤维的食物来源

食物中的膳食纤维来源于植物性食物，如水果、蔬菜、豆类、坚果和谷类，由于蔬菜和水果中的水分含量较高，所以膳食纤维含量较少。因此，膳食中膳食纤维的主要来源是谷物；全谷粒和麦麸等富含膳食纤维，而精加工的谷类食物则含量较少。全谷粒和干豆类，干的蔬菜和坚果是不溶性膳食纤维的好来源，可溶性膳食纤维富含于燕麦、大麦、水果和一些豆类中（表2-42）。

表2-42　部分膳食纤维含量较高的食物（g/100g食物可食部）

食物	含量	食物	含量	食物	含量
茯苓	81	木耳（干）	30	青豆	13
魔芋精粉	74	桑葚（干）	29	松子（生）	12
红果（干）	50	桃仁	29	杏仁（原味）	12
松蘑（干）	48	芥菜干	27	蚕豆（带皮）	11
白笋（干）	43	紫菜（干）	22	小麦	11
罗汉果	39	杏仁（大）	19	酸枣	11
乌梅	34	黄豆[大豆]	16	芸豆	11
香菇（干）	32	扁豆（白）	13	豌豆	10
麸皮	31	荞麦（带皮）	13	黑豆	10
银耳（干）	30	西瓜子（话梅）	13	松子仁	10

五、膳食纤维摄入过多的副作用

膳食纤维摄入过多会影响蛋白质及其他营养素的消化吸收，引起腹部不适感，增加肠道的蠕动和产气量。

思考题

1. 营养相关的基本概念有哪些？每日摄入量、参考摄入量、推荐供给量、最大摄入量之间有何不同或者关系？

2. 什么是宏量营养素、微量营养素、常量元素、微量元素？

3. 运动员的膳食和营养素摄入量与普通人有哪些不同？

4. 碳水化合物的主要功能、供能特点是什么？

5. 什么是血糖指数，对运动员膳食有何意义？

6. 蛋白质的主要功能、供能特点是什么？

7. 脂肪的主要功能、供能特点是什么？

8. 维生素是如何分类的？

9. 与能量代谢有关的维生素、矿物质包括那些？

10. 与抗氧化有关的维生素和矿物质有哪些？

11. 与骨代谢有关的维生素和矿物质有哪些？

12. 与蛋白质合成有关的维生素和矿物质有哪些？

13. 影响肌肉兴奋性有关的维生素和矿物质有哪些？

14. 水的主要功能是什么？

15. 缺水或者水中毒会对运动能力带来什么影响？

16. 水的来源有哪些？

17. 膳食纤维的种类及其功能是什么?摄入过多有什么副作用？

18. 膳食纤维的主要食物来源是什么？

第三章
运动员膳食营养实践

教学提示

运动员由于训练会导致对膳食营养的需求明显不同于常人，项目不同、训练阶段不同将导致能量消耗、物质代谢的改变，这同时也对其他营养素的需要、机体消化吸收功能产生明显影响，所以运动员膳食具有其明显的特殊性，通过本章学习：

- 掌握运动员膳食营养的特点及其基本要求。
- 掌握运动员膳食指南所包含的内容。
- 了解特殊环境下的膳食需要特点及其补充原则。
- 了解运动营养品的定义及划分。
- 掌握运动员膳食计划制定的原则及方法。

第一节　运动员合理膳食的原则

运动员的营养主要是通过改善能量储备、水合状态、减轻疲劳、促进运动后恢复、改善体成分、免疫系统功能和健康状况，从而改善运动能力。膳食的主要作用在于对运动员每日训练、比赛后的恢复提供支持。

一、运动员合理膳食的意义

（一）提供充分合理的能量，保证能源物质的利用

1. 摄入适宜的能量使运动员获得合理的体重和体脂含量。

2. 摄取碳水化合物丰富的食物来保证体内有充足的肌糖原和肝糖原储备，以满足高强度运动中ATP再合成的需要。

3. 许多维生素和微量元素是参与能量生成的催化酶的辅酶或激活剂，充足的微量营养素可促进能量代谢，同时满足运动对电解质的生理需要。

（二）预防运动损伤的发生

肌糖原的水平与运动损伤的发生有直接关系。当肌糖原耗尽时，人体控制运动的能力受到影响，出现运动损伤的机会增多。所以，体内糖原储备充足，有利于预防损伤。

（三）有助于剧烈运动后的恢复

1. 能量供应和储备的恢复主要是肌糖原、肝糖原储备的恢复。

2. 代谢能力的恢复包括酶活性的恢复、各种结构性和功能性蛋白质的恢复、各器官组织和细胞的修复与机能提高等。

3. 体液的恢复包括血容量和体液循环容量的恢复。

4. 元素平衡及细胞膜完整性的恢复：主要是电解质平衡，包括钠、氯、钾、钙、锌、镁、铁等的恢复。

这些恢复主要靠合理的营养措施来实现。为加速运动后体内能量、水、电解质、酶活性的恢复，应供给能量充足，蛋白质、无机盐和维生素丰富，高碳水化合物低脂肪的平衡膳食。

（四）延缓运动性疲劳的发生或减轻其程度

与营养相关的引起运动能力下降的主要原因包括：

1. 脱水引起体温调节障碍所致的体温升高、代谢障碍，大量出汗使电解质平衡失调造成的代谢紊乱。

2. 酸性代谢产物堆积，使体液pH值降低，进而抑制肌细胞能量生成、抑制肌细胞收缩。

3. 能源物质主要是糖原的极度消耗，造成能量生成不足及低血糖等问题。

4. 免疫机能降低，造成易受感染，影响训练和比赛。

5. 微量营养素不足或缺乏影响人体的代谢和内环境稳定。

合理的营养措施，使训练期和比赛过程中的饮食安排和补液合理，可使运动员保持良好的机能状态，延缓疲劳的发生或减轻疲劳的程度。

（五）有助于解决运动训练中的特殊医学问题

1. 不少项目（如举重、摔跤、柔道、赛艇等）的运动员常因比赛时参加某一级别的需要而快速减重。

2. 体操、跳水和艺术体操等项目的运动员需要保持体型或完成高难度动作而长期控制体重和体脂水平。

3. 采取饥饿、半饥饿、限制饮水、高温发汗、加大运动量引起出汗等措施来降体重，可引起营养缺乏、脱水等问题。

4. 运动员在冷、热环境中训练会有一些特殊的营养需要。

5. 长期耐力训练的运动员可能出现低血红蛋白的问题。

这些都需要科学合理的营养监督和搭配，保证运动员训练和良好的健康水平。

二、运动员合理膳食的基本要求

（一）食物的数量和质量应满足需要

1. 食物的数量应满足运动训练或比赛能量消耗的需要，使运动员保持适宜的体重和体脂。

2. 食物的质量应保证全面营养素需要和适宜的比例。

（二）食物应当营养平衡和多样化

在保证满足各种营养素补充的前提下，使食物种类尽可能多样化。以能量消耗为3500~4400kcal的运动员一日基本食物为例，主食（包括米、面和适量的粗杂粮和薯类）需要300~400g，肉类（包括畜肉、禽肉、水产和蛋类）需要300~400g，牛奶或酸奶需要250~500g，蔬菜需要500g以上，水果需要300~500g，豆制品需要少量。能量不足或过多时，可用主食、油脂或甜食进行调整。

（三）食物应当浓缩、体积重量小

一天食物的总重量不宜超过2.5kg。训练后机体消化能力会下降，体积过大的食物排空时间长会影响运动能力。有身体接触的运动项目更应注意食物的体积。

（四）一日三餐食物能量的分配

应根据训练或比赛的任务来安排一日三餐的能量分配。上午训练时，早餐应有较高的能量，并含有丰富的蛋白质、无机盐和维生素的食物。下午训练时，午餐应适当加强，但要注意避免胃肠道负担过重。晚餐的能量不宜过多，以免影响睡眠。大运动量训练时可考虑增加零食或加餐。

（五）进餐的时间

进餐的时间安排应考虑消化机能和运动员的饮食习惯。大运动量训练或比赛前一餐一般应在3h以前完成。进餐和训练的时间间隔太近，不仅影响消化，也影响运动。运动后不宜立即进食，需要休息至少40min以后再进食。

三、运动员平衡膳食营养指南

（一）食物多样，谷类为主，营养平衡。
（二）食量和运动量平衡，保持适宜体重和体脂。
（三）多吃蔬菜、水果、薯类、豆类及其制品。
（四）每天喝牛奶或酸奶。
（五）肉类食物要适量，经常吃水产品。
（六）注重早餐和必要的加餐。
（七）重视补液和补糖。
（八）在医学指导下合理使用营养素补充品。

第二节　运动员营养的时间安排

有研究表明，摄入碳水化合物、蛋白质和脂肪的时间安排对运动的适应性反应影响明显。与没有计划或传统的营养摄入策略相比，适当的能量和特定宏量营养素摄入的时间和比例，能促进大运动量训练的恢复和组织的修复，增加肌肉蛋白质的合成，并改善运动员的心境，使运动员达到理想的健康和运动表现的目标。

运动时食物和液体的摄入取决于个人需要，并与运动员的消化道反应与运动强度有一定关系。例如，运动员在低强度运动前1h可能会摄入一份牛奶和三明治，但如果在非常艰苦的运动前进食同样的食物则会感到不适。运动员在艰苦训练或每天有几个时段进行运动时，可能需要摄取3次以上的正餐，并在每个可能进食的场合摄取零食。例如，在运动结束前进食、下午多次进食零食或在睡前进食一顿丰富的零食。

一、运动前的营养

传统的研究多集中在运动前摄取碳水化合物，目的是使内源性糖原储备最大化并维持耐力运动中的血糖水平。近年来，研究开始关注抗阻运动前摄取碳水化合物、氨基酸、蛋白质和肌酸对提高训练适应性和减少运动性肌肉损伤的作用。

运动前膳食要遵循以下一些通用指南：摄入足够的液体以保持水合；食物应是相对低脂肪和低纤维的，以便于胃排空并减少胃肠道不适；高碳水化合物以维持血糖和使糖原储备最大化；适量的蛋白质；摄入运动员熟悉的食物。

尽管上述指南是合理有效的，但必须强调运动员的个性化需要。一些运动员喜欢在运动或赛前2~4h摄入大量膳食（如薄饼、果汁和炒鸡蛋）；而另一些运动员摄入如此大量的膳食后会感觉胃肠道严重不适，需要依赖液体膳食。在尝试新食物或饮料时，要确保其能发挥最佳效果，并事先计划以确保在适当的时间摄入这些食物。

（一）运动前摄入碳水化合物

身体的糖原储备是有限的，在中等-大强度（65%~85%VO_2max）运动时仅能维持几小时。当糖原水平降低时，运动强度、速度和做功都降低，且会增加肌肉组织降解并引起免疫抑制。

“糖原负荷”的概念可能是最早的营养时间安排的实践。推荐每天摄入高碳水化合物（能量比例达65%）膳食以维持肌糖原，在临近比赛的5~7天里将摄入碳水化合物的比例增加至70%，作为使肌糖原和肝糖原储备最大化的方法并维持运动中的血糖水平。传统的糖原负荷方法是在摄入高碳水化合物膳食之前3~6天使糖原耗竭，然后在摄入高碳水化合物膳食的同时减少运动量，1~3天后就能使糖原储备达到最大水平。

与空腹状态相反，运动前进食能提高运动能力。运动员在比赛或大强度训练前，应准备膳食或零食，一方面是为迎接即将到来的活动，另一方面要使运动员既不感觉饥饿又不使胃里有未被消化的食物。

运动前膳食的数量和时间是相互关联的。因为大多数运动员不喜欢在运动前吃得很饱，在临近比赛时考虑到胃的排空，应摄入较少量的膳食。而当运动或比赛前时间比较充裕时，可摄入较大量的膳食。在运动前3~4h摄入大约200~300g碳水化合物能提高运动能力。在运动前1h进食碳水化合物类的建议存在争议。早期的研究认为，此模式会导致低血糖和过早疲劳；但最近有研究显示运动前进食对运动能力的益处或没有负面影响。但也有一些研究认为运动前膳食对提高运动能力没有效果或无有益的效果。

（二）运动前摄入氨基酸和蛋白质

抗阻运动前摄入氨基酸加碳水化合物，或乳清蛋白能最大限度地刺激运动后的蛋白质合成。在长时间有规律的抗阻训练期间，常会发生急性运动引起的肌肉损伤。血清肌酸激酶（CK）活力是肌肉损伤的一个指标。离心运动后CK活力增加，肌肉最大力量下降。但运动前、运动后补充碳水化合物-蛋白质并不改变这些肌肉损伤的指标。与单纯摄入碳水化合物相比，运动前摄入多种营养素（碳水化合物、蛋白质、脂肪）能明显提高纵跳能力和重复做功（80%1RM）的次数，并明显增加运动中和运动后的血清生长激素、游离睾酮和总睾酮水平，提示创造了良好的激素环境。抗阻运动前摄入乳清蛋白和亮氨酸能明显增加力量。

在长期抗阻训练期间，运动前、运动后摄入蛋白质加碳水化合物能明显增加力量、体重和瘦体重，血清胰岛素样生长因子-I（IGF-I）和肌肉IGF-I mRNA的水平，肌球蛋白重链I和IIa的表达，以及肌纤维蛋白质的含量。运动前、运动后摄入蛋白质加肌酸加碳水化合物能明显增加瘦体重、1RM力量、II型肌纤维横截面积，肌肉中的肌酸和糖原水平也较高。

（三）运动前的营养小结

1. 糖原储备有限，在很大程度上依赖于运动员的营养状态、运动强度和训练水平。在中等-大强度（65%~85%VO_2max）运动时，内源性糖原储备仅能维持90min ~3h。

2. 糖原水平降低时，运动强度、速度和做功都降低。糖原耗竭与肌肉组织降解增加和免疫系统抑制联系在一起。

3. 高血糖指数（HGI）的高碳水化合物膳食（600~1000g或8~10g/kg体重/d）能促进最大内源性糖原储备。

4. 运动前膳食的理想碳水化合物和蛋白质含量依赖于一些因素，包括运动持续时间和健康水平，但通常的指南推荐在比赛前3~4h摄入1~2g/kg体重的碳水化合物和0.15~0.25g/kg体重的蛋白质。

5. 运动前单独摄入必需氨基酸或蛋白质能增加肌肉蛋白质合成。另外，运动前摄入蛋白质加碳水化合物能进一步增加肌肉蛋白质合成。

6. 有规律地摄入不同来源的蛋白质结合碳水化合物比单独摄入碳水化合物更能刺激力量增加并改善体成分。

二、运动中的营养

与运动前膳食补充相似，运动中营养补充的研究也主要集中在对有氧能力的影响，较少强调抗阻运动中的营养补充。

（一）耐力运动中摄入碳水化合物

最初的有关运动中营养补充的研究集中在摄入碳水化合物对维持血糖水平的效果。在运动中提供外源性碳水化合物有助于维持血糖水平并提高运动能力。在运动员没有实施糖原负荷、运动前未进食或因控体重而限制能量摄入的情况下，运动中摄入碳水化合物更加重要。

当耐力运动持续不超过1h，补充碳水化合物（6%~8%的运动饮料）是否有益于提高运动能力，还存在争议。现在的研究认为，补充碳水化合物有益于提高运动能力，特别是运动员在早上空腹、肝糖原水平降低时运动。在这种情况下，外源性碳水化合物有助于维持血糖水平和提高运动能力。而在非空腹状态下完成短时间的运动，补充碳水化合物的好处并不明显。

对于较长时间（超过1h）的运动，补充碳水化合物0.7g/kg体重/h（大约30~60g/h）可明确延长耐力运动能力。运动中补充碳水化合物能将运动（70%VO_2max）至力竭的时间延长30%。在糖原水平较高的情况下，运动中摄入外源性碳水化合物并不重要，但如果糖原水平较低，在耐力运动中摄入碳水化合物可能提高运动能力。对大强度间歇性耐力运动的研究也表明，运动时补充碳水化合物能维持血糖水平并有助于提高运动能力。

有研究认为，只有当运动中持续摄入碳水化合物时，运动前摄入碳水化合物才能提高运动能力；而运动（2h）中摄入碳水化合物能延长运动时间。另有研究认为，在运动2h后摄入一定量的碳水化合物的效果不如将这些量的碳水化合物在2h运动期间每隔15~20min摄入一次的效果好。运动中摄入碳水化合物间隔较短（每隔30min摄入10.75g碳水化合物）与间隔较长（每隔60min摄入碳水化合物86g）相比，在4h的运动中均能维持血糖水平和胰岛素活性，但间隔较短的补充能明显延长冲刺至力竭的时间。因此，碳水化合物摄入应在运动开始后的短时间内进行，并在运动中比较频繁地摄入。

上述研究表明，在耐力运动中摄入碳水化合物能维持血糖水平、节约糖原、并可能提高运动能力。最近的研究还发现，不同形式的碳水化合物混合在一起摄入，能明显提高长时间运动时碳水化合物的氧化水平。

通常碳水化合物的氧化速度峰值大约为1g/min（60g/h）。外源性碳水化合物可利用率及随后氧化的增加，能促进维持血糖水平并减少对肝糖原和肌糖原储备的依赖。例如，在长时间运动（60%~65%VO_2max）时，将葡萄糖与果糖混合摄入，能将碳水化合物氧化速度提高到1.2g/min（提高21%）；将麦芽糊精与果糖混合摄入，能将碳水化合物氧化速度提高到1.5g/min（提高40%）；将其他碳水化合物混合摄入，能将碳水化合物氧化速度提高到1.75g/min。在运动能力方面，在运动中将葡萄糖与果糖混合摄入，能延长120min运动（55%最大功率）后的运动时间（增加8%）。需要注意的是，一般不单独摄入果糖，因为果糖可能引起胃肠道不适。尽管葡萄糖和果糖混合物、其他简单糖和麦芽糊精好像有效，但摄入的碳水化合物应以葡萄糖为主。

如果摄入相同量的碳水化合物和液体，碳水化合物的形式看起来无关紧要。一些运动员喜欢用运动饮料，而其他运动员则可能喜欢将碳水化合物零食或运动果冻与水一起摄入。摄入足够的液体对保持耐力运动能力也是必需的。

（二）耐力运动中摄入碳水化合物加蛋白质或氨基酸

与单纯摄入碳水化合物相比，长时间耐力运动时补充碳水化合物加蛋白质，能更明显延长运动至力竭的时间，并有助于长时间力竭性运动造成的肌肉损伤。通过对超长耐力运动后蛋白质转换和6h恢复的研究，发现单纯摄入碳水化合物时的蛋白质处于负平衡，而在碳水化合物中加入蛋白质能部分抵消蛋白质负平衡（使蛋白质负平衡程度减轻）。

（三）抗阻运动中摄入蛋白质、氨基酸和碳水化合物

在抗阻运动前和运动中摄入碳水化合物能维持肌糖原储备并增强训练效果。与单纯摄入碳水化合物相比，在急性大强度抗阻运动前、运动中和运动后时摄入碳水化合物加蛋白质，运动后某些时间点的合成激素（胰岛素）水平明显较高，而分解激素（皮质醇）水平明显较低；运动后即刻的血清肌红蛋白水平较低，运动后24h的CK活力也明显较低；但运动能力无变化。抗阻运动中摄入碳水化合物加必需氨基酸能明显减少血清皮质醇升高的幅度，并明显减少尿3-甲基组氨酸（肌肉蛋白质降解指标）的升高幅度，有助于促进肌肉蛋白质的增加。

长期抗阻训练期间摄入碳水化合物加必需氨基酸，能降低蛋白质分解指标，增加I型、IIa型和IIb型肌纤维横截面积，增加合成反应和减轻分解反应而增加肌肉合成代谢。

总之，在抗阻训练时摄入营养物质，如单独摄入碳水化合物或摄入碳水化合物加蛋白质，有助于促进维持较高的肌糖原水平、增加肌肉横截面积并减少肌肉降解。

（四）运动中的营养小结

1. 运动中碳水化合物的可利用率和肌糖原水平是运动耐力的主要决定因素。当运动开始肌糖原水平降低时，补充碳水化合物变得更加重要。

2. 当运动时间增加超过60min时，外源性碳水化合物对维持血糖和肌糖原储备很重要。每10~15min摄入6%~8%的碳水化合物饮料240~480ml可摄入30~60g/h的碳水化合物。

3. 将不同的碳水化合物混合摄入能将肌肉碳水化合物氧化速度从1.0g/min提高到1.2~1.75g/min，这与延长耐力运动时间有关系。

4. 葡萄糖、果糖、蔗糖和麦芽糊精可联合使用，但不推荐使用大量的果糖，因为很可能

引起胃肠道问题。

5. 在碳水化合物中加入蛋白质（碳水化合物:蛋白质=3~4:1）能提高急性运动和随后的耐力运动的能力。

6. 在抗阻运动时单独摄入碳水化合物或与蛋白质联合摄入，能增加肌糖原储备，抵消肌肉损伤，促进急性和长时间抗阻运动后的适应性。

三、运动后（恢复）的营养

有很多营养干预手段用于促进运动后恢复。无论是耐力训练还是抗阻训练，合理的运动后营养都能提高运动能力。运动后营养补充的价值在于促进肌糖原的恢复、对急性氨基酸动力学变化提供正向刺激并促进蛋白质平衡，以及增强抗阻训练的适应性。

（一）肌糖原再合成最大化

比赛或运动后摄入膳食或零食的时间和成分取决于运动的持续时间和强度（如是否发生糖原耗竭）以及下一次强度运动开始的时间。例如，大多数运动员在完成马拉松跑时糖原储备已经耗竭，而在90min跑步训练后糖原消耗明显少一些。因为参加马拉松比赛的运动员不像其他运动员会在同一天还参加其他比赛或艰苦训练，对这些运动员来说，运动后膳食的时间和成分不是很关键。与此相反，铁人三项运动员在上午完成90min跑步后，下午还要进行3h的自行车训练，需要在训练之间得到最大限度的恢复。为达到这一目标，训练后膳食显得相当重要。

运动后摄入碳水化合物的时间在短时间内影响糖原合成。与运动后2h才摄入碳水化合物相比，运动员在运动后30min内摄入1.5g/kg体重的碳水化合物，肌糖原再合成的速度更快，主要是因为此时肌肉对胰岛素的敏感性更高。延迟2h摄入碳水化合物，肌糖原再合成的速度降低50%。如果运动后糖原耗竭，运动后的第一个30min内摄入0.3~0.5g/kg体重的碳水化合物，随后每2h摄入1.2~2.0g/kg体重的碳水化合物，直到4~6h，能使糖原储备恢复。与此类似，每隔15~30min摄入1.2g/kg体重/h的碳水化合物也能使糖原再合成速度达到最大。因此，推荐在运动后4~6h内频繁摄入大量碳水化合物以确保肌糖原和肝糖原的恢复。

另外的研究还发现，如果摄入碳水化合物能达到理想水平（8g/kg体重/d），而且糖原消耗不太严重的话，24h内可使糖原水平得到恢复。如果运动员连续几天参加大强度比赛，建议摄入9~10g/kg体重/d的碳水化合物。

对于那些在强度训练课之间休息一天以上的运动员来说，营养的时间安排不是必需的，在运动后24h内摄入足够的碳水化合物，基本上能使糖原恢复。然而，在运动后尽快摄入膳食或零食对运动员达到每日碳水化合物和能量目标可能是重要的。

摄入碳水化合物的形式也影响运动后糖原合成。无论是液体还是固体形式，碳水化合物促进肌糖原再合成的水平是相似的。不同形式的碳水化合物对胰岛素水平的影响不同。将简单糖作比较，同样在2h内摄入1.0~1.5g/kg体重，葡萄糖和蔗糖的效果差不多，而单独摄入果糖效果差一些。对于完整的食物来说，与含碳水化合物量相等的低血糖指数（LGI）的食物相比，摄入高血糖指数（HGI）的碳水化合物食物，糖原耗竭运动后24h的肌糖原水平要高。

在运动后摄入的碳水化合物中加入蛋白质有助于肌糖原恢复得更好并减轻肌肉损伤。另外，在运动后摄入的碳水化合物中加入必需氨基酸，特别是支链氨基酸有助于达到理想的蛋白质再合成以及肌糖原再合成的速度。

（二）氨基酸动力学的急性变化和蛋白质平衡

一次抗阻训练能适度刺激蛋白质合成，但也进一步刺激蛋白质降解，导致运动后总体上处于蛋白质负平衡；随着训练状态的持续，这种蛋白质平衡的变化趋于中性。注入或摄入氨基酸能提高安静或抗阻训练后的氨基酸水平。另外，在运动前和运动后即刻混合摄入氨基酸和碳水化合物，能进一步增加氨基酸的可利用率和运动后蛋白质的合成。因此，在进行抗阻训练时想要促进增加瘦组织和改善体成分，提高血中氨基酸的浓度和可利用率是重点要考虑的。

当处于蛋白质负平衡时，在抗阻运动后1h内单独大量摄入碳水化合物（100g）对增加总体蛋白质合成的作用不大。尽管没有发现碳水化合物的不利影响，但它不是抗阻运动后的理想营养素（孤立地看）。但是，就刺激糖原再合成和增加可口性而言，碳水化合物的成分是很重要的。必需氨基酸（10~40g）对促进肌肉蛋白质合成起主要作用，而加入碳水化合物能增强这种效果。

在抗阻运动后很多时间点摄入氨基酸都表现出刺激肌肉蛋白质再合成、减少蛋白质降解、增加总体蛋白质平衡的作用。但理想的摄入时间点尚未被证明。理想的量以及必需氨基酸/碳水化合物比例也不清楚。目前常用的补充方法是：碳水化合物:蛋白质=3:1或4:1，即在运动后30min内摄入1.2~1.5g/kg体重的简单碳水化合物（如葡萄糖、蔗糖）和0.3~0.5g/kg体重的含必需氨基酸的优质蛋白质。

（三）促进训练适应性的运动后营养补充

运动后摄入碳水化合物和蛋白质有利于进一步增加力量和改善体成分。摄入蛋白质的来源也是值得重视的。与酪蛋白相比，乳清蛋白消化速度较快，这是摄入乳清蛋白增加蛋白质合成而对蛋白质降解影响很小或无影响的原因。而酪蛋白从消化道释放氨基酸的速度较慢，摄入酪蛋白对蛋白质合成的作用较小，但对减少蛋白质降解作用很大。从整体上看，酪蛋白促进蛋白质平衡的效果优于乳清蛋白。目前普遍认为，在完成繁重的抗阻训练后摄入蛋白质（20~75g）加碳水化合物（50~75g）有利于增加瘦体重并改善体成分。

（四）在碳水化合物和蛋白质中加入肌酸

肌酸是一种广泛使用的运动营养品，具有提高运动能力和促进训练适应性的作用。在运动后摄入的碳水化合物和蛋白质中加入肌酸可能有助于改善抗阻训练期间的体成分，如增加体重、瘦体重和力量。

（五）运动后（恢复）的营养小结

1、运动后30min内大量摄入碳水化合物（8~10g/kg体重/d）能刺激肌糖原再合成。

2、在碳水化合物中加入蛋白质（0.2~0.5g/kg体重/d），碳水化合物:蛋白质=3:1，能进一步刺激肌糖原再合成。

3、运动后（运动后即刻~3h）摄入氨基酸，主要是必需氨基酸，能刺激增加肌肉蛋白质合成；加入碳水化合物能进一步增加蛋白质合成。

4、长时间抗阻训练后摄入碳水化合物加蛋白质能刺激增加力量和改善体成分。

5、在碳水化合物加蛋白质补充品中加入肌酸（0.1g/kg体重/d）有利于提高抗阻训练的适应性。

四、运动员营养的时间安排总结

（一）长时间（>60~90min）的中等-大强度运动使内在的能量储备耗竭，合理的营养时间选择有助于抵消这些变化。

（二）在大强度运动中，定时摄入6%~8%的碳水化合物/电解质饮料，每15~20min摄入300~450ml，以维持血糖水平。

（三）葡萄糖、果糖、蔗糖和其他高血糖指数（HGI）的碳水化合物容易被消化，但应减少摄入果糖，因为果糖吸收慢且可能引起胃肠道问题。

（四）在任何时间（特别是运动后）摄入加有蛋白质（0.15~0.25g/kg体重/d）的碳水化合物是可接受的，并能更好地促进肌糖原恢复。

（五）在运动后3h内和运动前即刻摄入6~20g必需氨基酸和30~40g高血糖指数（HGI）的碳水化合物，能明显刺激肌肉蛋白质合成。

（六）在有规律的抗阻训练期间，每天运动后摄入碳水化合物加蛋白质补充品能更好促进增加力量并改善瘦体重和体脂百分数。

（七）来源于奶制品的蛋白质（如乳清蛋白和酪蛋白）吸收动力学不同，可导致其支持训练适应性上的差异。

（八）在碳水化合物加蛋白质补充品中加入肌酸并结合有规律的抗阻训练，与不加肌酸相比，更有利于改善力量和体成分。

（九）膳食的焦点应集中在适量的碳水化合物和蛋白质的供应和可利用率上，但包含少量脂肪并无害处并有助于控制运动中的血糖反应。

（十）不考虑时间安排，有规律地摄入含碳水化合物和蛋白质（碳水化合物:蛋白质=3:1）的零食或膳食有助于促进恢复和肌糖原的补充。

第三节　特殊环境下运动员的膳食策略

一、高原训练的膳食策略

高原训练作为一种在特殊环境条件下进行的强化训练手段，可使运动员承受平原难以达到的训练强度，使机体更加接近极限负荷，从而提高运动员的氧摄取、携带、释放的能力，提高运动员耐缺氧和抗乳酸能力，增加呼吸系统和心血管系统功能。运动员对高原训练这些生理机能方面的适应，能更大限度地挖掘人体机能的潜力。运动员回到平原后，机体所产生的超量恢复，可使运动能力明显提高。目前，中长跑、马拉松、自行车、铁人三项、足球、游泳、赛艇等越来越多的项目将高原训练作为每年训练计划中的一个重要内容。

（一）高原训练可能导致的医学和生理学问题

由于高原特殊的环境条件，如空气稀薄、氧分压低、大气压低、气温低、温差大、辐射强，高原训练可能导致以下一些与医学相关的医学和生理学问题。

1. 能量消耗增加。

2. 呼吸频率加快、气短；运动中心率加快；血液粘稠度增加。

3. 胃肠功能紊乱、胃肠胀气，食欲下降。

4. 蛋白质、脂肪和碳水化合物等各种营养物质吸收率下降。

5. 高原缺氧，使脂肪动员加速，脂肪合成速度低于脂肪分解，严重缺氧可使脂肪氧化不全，而引起酮体生成增多，缺氧使肌肉和血液中血乳酸的消除速度减慢，机体酸性物质堆积增加。

6. 缺氧使体内蛋白质和氨基酸的分解增强，合成减弱，氮排出增加，瘦体重减少，体重下降。

7. 高原空气干燥易引起体内水的大量丢失（尿道、呼吸道、皮肤）甚至脱水，对水的需求增加。

8. 紫外线和缺氧的作用引起体内自由基增多，维生素A、维生素C和维生素E等抗氧化物质的需要量增加。

（二）高原训练的膳食原则

为预防或减轻高原训练可能导致的医学和生理学问题，保证合理的膳食非常重要。做好运动员的营养与补充应以膳食为基础，必要时辅以适当的营养补充品。要与项目特点结合考虑运动员的个体差异，与训练计划配合综合考虑各种营养素作用，同时严密监控服用效果和机能变化，及时调整营养方案。

1. 合理膳食为主

（1）食物多样，谷类为主，营养平衡

运动员在高原期间应选易消化的、清淡的食物，应特别注意选用易消化、且产能效率高的粮谷类食物（主食），其好处是不加重胃肠道负担，还可减少耗氧量。

（2）多吃水果、蔬菜、豆制品

由于高原和训练易致体液酸化，运动员注意选用新鲜蔬菜和水果这些碱性食物，以利于体液的酸碱平衡。有条件地补充新鲜的水果汁。避免食用萝卜、韭菜、红薯等易胀气食物，避免喝酸性饮料。

（3）补充牛奶或酸奶，多吃瘦肉及水产品等含优质蛋白质的食物

以水产品、瘦牛羊肉为佳，烹制方法宜清淡。

（4）少食多餐制

一日4～5餐，早餐要丰富。

2. 针对性营养品补充为辅

根据训练安排和运动员的个体情况，进行有针对性的营养品补充。

（1）如果运动员胃肠胀气严重，可给乳酶生缓解。

（2）由于高原环境下的基础代谢增加、胃肠机能下降，要注意补充容易被人体吸收利用的糖和乳清蛋白，这对增加肌肉蛋白合成和消除疲劳有积极的作用。

（3）由于高原地区空气偏于干燥，易引起机体脱水，因此特别注意运动饮料的补充，通过尿比重、体重了解水分的缺失和补充效果。

① 补液应采取少量多次的原则。

② 由于高原水质偏硬，易引起运动员胃肠不适，补液时不宜喝冷饮，每日至少补液3~4L。

③ 由于强制性的利尿作用和呼吸时大量丢失液体、以及伴有食欲降低，处在海拔超过2500m的高原可能导致的液体丢失可超出运动所导致的丢失。呼吸所丢失的水在男性可高达1.9L/d，女性可高达0.85L/d。

（4）要注意维生素的补充，维生素C、维生素E有抗氧化作用和提高免疫作用，B族维生素有利于能量代谢。

（5）由于高原易导致营养物质的吸收效率下降，易出现铁吸收不足；高原缺氧会刺激红细胞生成素（EPO）生成增加，骨髓造血功能活跃，对铁的需求量增加，应注意含铁食物

和铁营养品的补充。

二、高温高湿环境下的膳食策略

运动员在高温高湿环境下训练的总膳食补充原则是高能量、高蛋白、高矿物质和维生素的平衡膳食。

（一）高温高湿环境下的营养需求

1. 能量

在湿热环境中进行训练，应增加能量的摄入，但注意需循序渐进，一般增加10%即可。

2. 蛋白质

在高温高湿环境下训练，优质蛋白质的供给量应比一般情况稍高，约占总能量的15%，以鱼、肉、蛋、奶和豆类食物为佳。

3. 脂肪

应尽量选择含脂肪低的食物、烹饪用油少的食物。

4. 碳水化合物

在湿热环境下训练，运动后摄入高糖食物有利于肌糖原的合成和恢复，运动员应增加主食，碳水化合物应占总能量的60%以上。

5. 水

训练前、训练中和训练后应有规律、适量补充水，采取少量多次的原则，不应等到口渴才开始补充。应将补充含糖、电解质和及其他一些营养成分的运动饮料作为首选，不要只补白水。补液量一般应达到丢失量的1~1.5倍。

6. 维生素和矿物质

运动员在高温环境中训练，需增加维生素B_1、维生素B_2、烟酸和维生素C的摄入量。另外，维生素A有抑制体温上升的作用，在高温环境下要增加维生素A的供给。由于钾、钙、镁、锌等矿物质随汗液大量排出，运动员应多吃富含矿物质（其中钾最重要）的食物。

（二）高温高湿环境下的营养措施

1. 变换膳食的花样品种，讲究色、香、味，适当用凉拌菜，以增强食欲。

2. 增加富含钾、钠、钙、镁和水溶性维生素（特别是维生素C）的食物，如绿叶蔬菜、水果和豆类。

3. 增加膳食中优质蛋白质的比例，减少脂肪的摄入，多选用瘦肉、鸡肉、鱼肉等。

4. 重视补充水和无机盐，对于长时间耐力项目运动员，这一点显得尤为重要，需要在运动前、中、后及时连续补液，最好补充运动饮料。

5. 脱水和中暑的风险在炎热、潮湿的环境下明显增加。如果周围温度超出体温，热无法通过辐射散发。而且，如果相对湿度较高时，利用蒸发汗液散热的潜能会明显降低。当温度和湿度都很高时，发生中暑的风险就非常高。如果在此环境下进行比赛，要采取预防措施，以确保运动员水合状态良好，能得到足够的液体，并对中暑进行监控。

三、低温环境下的膳食策略

（一）提供平衡而合理的膳食

1. 低温环境下的膳食能量供给应比常温下增加10%~15%，能量增加的部分主要通过提高脂肪和碳水化合物的供给来提供。在低温环境下摄入适量脂肪有助于提高机体的耐寒能力，膳食中脂肪的供应量应占总能量的35%，而碳水化合物仍然是能量的主要来源，约占总能量的50%，每日应供给450~600g稻米或面粉。

2. 要注意膳食中钙、钠、钾、镁等矿物质的供应，以预防矿物质缺乏。维生素的供给要特别强调维生素C的供应，其他维生素（如维生素B_1、维生素B_2、维生素A和烟酸等）的供应量也应有所增加，增加幅度约为30%~50%。

3. 在低温环境下运动也容易产生水的大量丢失，因此不能忽视水的补充。

（二）食物供应的要求

为满足低温条件下平衡膳食的要求，在食物供应中要注意以下几方面。

1. 在食物的数量和种类上要遵循平衡膳食的原则，适当增加能量；高能量食物和油脂食物的供应要充足，如粮食、豆类、动物性食品和食用油等。

2. 在冷环境下运动时，应尽量保证运动前有足够的糖贮备，以弥补由于颤栗或非颤栗性生热导致的糖氧化增加，对于在冷环境下生活或反复运动的人这一点尤其重要。

3. 在冷环境里，人体对维生素和矿物质有额外的消耗，同时这些营养素的主要来源——蔬菜、水果常常供应不足，因此解决好寒冷地区新鲜蔬菜的供应对运动员营养保障具有重要意义。

4. 为保证维生素C、胡萝卜素和钙、钾等矿物质的供应，膳食中应有数量充足、种类丰富的蔬菜和水果。同时应增加动物肝脏、蛋类和瘦肉的供应，以满足机体在低温环境下对维生素A、维生素B_1和维生素B_2的需要。

（三）合理的膳食原则

1. 在低温环境中人体散热增加，除采取各种防寒保暖措施外，在饮食上要注意供应热食，以利于消化吸收和保证食品卫生。

2. 为了适应寒冷地区能量需求大、食量多、运动强度大、运动时间长等需要，除一日三餐外，可安排加餐，即早餐占每日能量的25%，午餐占35%，晚餐25%，加餐占15%。

3. 导致在寒冷环境下脱水的原因包括：呼吸及运动时出汗的液体丢失；摄入液体过少，当运动员感到冷并且提供的液体温度较低时，摄入液体的动力会明显减少。脱去多层衣服去排尿可能使一些运动员（特别是女运动员）感到不便，这限制了运动员液体的摄入。

第四节　运动员补液的策略

良好的水合状态对理想的运动表现很重要。因为脱水可增加潜在的威胁生命的热伤害，如中暑的风险。所以运动员应努力在运动前、运动中和运动后保持水合正常。脱水（丢失量>2%体重）会损害有氧运动能力，特别是在炎热气候，并可能损害精神/认知能力。

一、液体和电解质补充

（一）运动前补液

运动员在开始运动前应获得充足的液体。除在运动前24h内多摄入液体外，至少在运动前4h应摄入大约5~7ml/kg体重的水或运动饮料。这样的安排可使运动员有足够的时间达到最佳水合状态，并使多余的液体通过尿液排出体外。使用液体（如水、甘油溶液）使身体过度水合，对比赛中提高运动成绩没有明确的效果，不宜采用。

（二）运动中补液

运动员在运动中通过辐射、传导、对流和水的蒸发作用将运动产生的代谢热散发出体外。在炎热、干燥的环境下，蒸发可带走超过80%的代谢热。出汗速度因环境温度、湿度、体重、遗传、热适应能力和代谢效率的差异而有所不同。根据运动和环境条件，出汗率可从很小的0.3L/h到很大的2.4L/h。除水之外，汗液还含有大量的钠。尽管浓度变化范围较大，汗液中钠的平均浓度为50mmol/L或1g/L。汗液中还含有适量的钾和少量的矿物质（如镁和氯化物）。

运动中补液的目的是防止水亏空超过体重的2%。液体补充的量和速度依赖于运动员的出汗速度、运动持续时间、运动的类型和饮用的机会。应鼓励运动员尽可能补液以维持液体平衡，因为即使轻度脱水也可降低运动能力。即使无法维持液体平衡、也应尽可能地喝下可接受的液体量。

摄入含电解质和碳水化合物的饮料有助于维持液体和电解质平衡以及耐力运动能力。运动类型、强度、运动持续时间和环境条件会改变液体和电解质的需要量。含钠和钾的液体有助于补充汗液电解质的丢失，而且钠刺激口渴和液体保留，碳水化合物提供能量。对超过1h的运动，建议使用含6%~8%碳水化合物的饮料。

只有液体摄取和吸收的速度与通过出汗（以及在长时间运动时的排尿）丢失液体的速度相等时，才能达到运动期间身体的正常水合，并维持相应的生理功能和运动能力。当胃里有大量液体时，胃排空速度可达到最大化。高渗或含碳水化合物≥8%的液体会降低胃排空速度；但当液体含4%~8%的碳水化合物，并在胃中保持维持≥600ml，大多数人胃排空速度通常可超过1L/小时。

运动员可能出现液体和电解质平衡紊乱，包括脱水、水不足和低钠血症。运动导致的脱水是由于液体的丢失超过液体的吸收所导致的。一些运动员在运动开始时水合状态良好，仅在长时间运动后发生脱水现象。但有一些项目的运动员在训练和比赛开始前就处于脱水状态，因为运动间隔的时间不足以使运动员完全再水合。一些按体重划分比赛级别的项目，如摔跤、拳击、轻量级赛艇、举重和柔道，由于在比赛前脱水，运动员也会发生水不足的现象。他们通过限制液体摄入、特殊运动训练、还可能使用利尿剂或蒸桑拿来达到减轻体重的目的。另外，在炎热天气多次参加运动或每天运动时间较长，都可导致水亏空。

低钠血症（血钠浓度低于130mmol/L）可由于持续并大量出汗而又没有补充钠，或体内留有过多水分所导致的。虽然耐力运动员发生低钠血症的主要原因是脱水，但由于水合过度造成的低钠血症也不少见。低钠血症常发生于那些不太瘦、跑得慢、出汗少，或在比赛前、比赛中及比赛后过量饮水的马拉松运动员中的新手。

骨骼肌肌肉痉挛与脱水、电解质丢失和肌肉疲劳有关。网球、长距离自行车、铁人三项、足球和沙滩排球等项目的运动员容易发生脱水和肌肉痉挛。肌肉痉挛还发生在一些冬季项目，如越野滑雪和冰球运动员。

（三）运动后补液

很多运动员在运动时没有摄入足够的液体来平衡液体的丢失，在某种程度上，这些运动员是在脱水的情况下完成运动的。如果时间充足，通过正常的膳食和饮料，可补充运动丢失的液体和电解质，恢复水合状态。运动中每丢失1kg体重，需要摄入900~1350ml的液体，才能使运动员的过度缺水状态得到快速和完全的恢复。从膳食/零食中摄入再水合饮料和含盐食物有助于丢失液体和电解质的恢复。钠离子通过维持血浆渗透压帮助恢复液体平衡并刺激饮用。高钠食物包括汤、腌制食品、奶酪、加工肉、薄饼、椒盐脆饼、爆米花及一些调味品，如酱油和西红柿酱。

二、特殊环境下的水合

（一）湿热环境

脱水和热损伤的风险在炎热、潮湿的环境下明显增加。如果周围温度超出体温，热无法通过辐射散发。而且，如果相对湿度较高时，利用蒸发汗液散热的潜能会明显降低。当温度和湿度都很高时，发生热病的风险就非常高。如果在此环境下进行比赛，有必要采取预防措施，以确保运动员水合状态良好，能得到足够的液体，并对热相关疾病进行监控。

（二）寒冷环境

虽然在炎热环境下有较高的脱水风险，脱水也可能发生在凉快或寒冷的环境。导致在寒冷环境下脱水的原因包括呼吸时丢失液体及大强度运动时穿着保暖衣服从汗液丢失的液体。脱水还可因摄入液体过少而发生。如果运动员感到冷并且提供的液体温度较低时，摄入液体的动力会明显减少。脱去多层衣服去排尿可能使一些运动员（特别是女运动员）感到不便，这自然限制了运动员液体的摄入。

（三）高原环境

由于强制性的利尿作用和呼吸时大量丢失液体、以及伴有食欲降低，处在海拔超过2500m的高原可能导致的液体丢失可超出运动所导致的丢失。呼吸所丢失的水在男性可高达1.9L/d，女性可高达0.85L/d。成年人在高原的总液体摄入需要3~4L/d，以确保肾脏的最佳功能，并维持排尿在1.4L左右。

第五节　运动员控体重的营养问题

运动员希望增加或减少体重来适应运动项目的要求是普遍的现象。改变体重应在非集训期、集训初期或比赛前循序渐进地进行。

一、增加体重

增加体重可通过摄取额外的能量（每天500~1000kcal）并结合增加抗阻训练来促进肌肉增长。体重增加的速度取决于运动员的遗传特性、能量正平衡的程度、每星期休息和恢复的时间及运动训练计划的类型等。尽管足够的蛋白质摄入对增加肌肉质量是必需的，但能量是最主要的因素。增加能量（特别是碳水化合物）摄入，可避免蛋白质氧化。一般推荐蛋白质的摄入量不超过2g/kg体重。

二、减少体重

减少体重比较容易出问题。通过减少摄取能量而减少身体脂肪和肌肉重量，营养素的摄取和运动能力也可能同时下降。能量摄入降低到一定水平会对身体健康产生危害。如果不能达到减重目标，可能导致运动员离队、限制参赛或不能参赛。这些原因使得许多运动员长期节食，以维持低于健康水平的体重；因而导致饮食紊乱，严重时导致饮食失调。当减体重的目标压力太大时，运动员可能不顾健康而试图采用任何一种减重方法。

理想的减体重是在维持健康饮食的同时，减少总能量的摄取，逐渐地减轻体重。通过每天减少摄入500~1000kcal的能量，使每星期减少大约0.5~1.0kg的体重。在实施减体重前，要根据遗传、生理、社会、运动及心理等因素确立实际的、健康的目标体重。健康体重要切实能够维持，并有助于改善运动能力、减低受伤或疾病的风险、以及减少患慢性病的风险。

三、运动员体重控制的策略

（一）设定体重控制目标并实施监控

设定切合实际的体重和体成分目标，需考虑如下因素。

1. 运动员可接受的最高体重。

2. 没有长期节食时可维持的重量。

3. 运动表现最好时的体重和体成分。

通过监控运动表现及能量摄入水平的改变，结合是否发生伤病、月经功能是否正常以及整体健康状况来调节控制体重的进度。要鼓励运动员少关注体重数字、多培养健康习惯和选择健康食物，协助运动员为维持健康体重而改变生活方式。

（二）摄食建议

1. 低能量膳食不能维持运动训练。摄取比正常少10%~20%的能量既可达到减体重的目的，又不使运动员感觉过度饥饿。利用低脂食物代替全脂食品、减少进食高能量的零食的策略是很有益的。

2. 运动员在必要时可减少脂肪摄取量，但低脂肪饮食不等于减体重，如果不能达到能量负平衡（减少能量摄取和增加能量消耗），也无法达到减体重的目的。脂肪摄取量不应被减至少于总能量摄取量的15%，因为一些油脂是身体所必需的。

3. 强调增加进食谷物和豆类食物，多吃水果和蔬菜，以提供营养素和膳食纤维。

4. 控制体重时不要过分控制蛋白质并需要摄取足够的钙离子，可相应选择低脂肪乳制品、瘦肉、鱼和禽类。

5. 选择不同种类的饮料（特别是水），在每日中的任何时间，包括运动前、运动中和运动后，应多饮用。严禁利用脱水作为到达目标体重的手段。

（三）注意事项

1. 鼓励运动员定时进餐，特别是早餐，不使自己感到过分饥饿。为防止饥饿，可随身携带营养丰富的零食。

2. 不要剥夺运动员进食自己喜爱的食物的权利或设定不切实际的饮食计划。饮食目标应是灵活的并能实现的。所有食物都可配合健康生活方式，没有好坏之分；只是一些食物应较少被选择。

3. 要协助运动员认识自己饮食上的缺点并制定解决策略。

4. 提醒运动员确立长期的饮食改变策略以获得健康体重和营养水平，而非追求短期的“饮食模式”。

第六节　运动营养品

运动员为提高成绩，常采用一些具有提高运动能力的辅助手段（强力手段）。强力手段是指能提高运动能力或训练适应性的任何训练技术、机械设备、营养实践、药物方法或心理技术。强力手段的目的在于促进运动后疲劳恢复，帮助运动员在剧烈运动期间保持身体健康、使他们能够承受繁重的训练。营养手段是其中一个不可缺少的重要的手段，这里涉及到除膳食以外的营养补充问题，即“运动营养品”。

一、运动营养品的概念

运动营养品在国内外没有一个明确统一的概念。

（一）国　外

美国将运动营养品归于膳食补充剂的范畴。美国《膳食补充剂、健康与教育法案》（1994年）将膳食补充剂定义为一种可加到膳食中的产品，可以是下列的一种：维生素、矿物质、草药、植物性物质、氨基酸，其他可补充到膳食中的膳食物质或是浓缩物、代谢物、组成物、提取物或上述物质的混合物。

所说的具有强力作用的膳食补充剂可以被我们理解为运动营养品。这些运动营养品在美国均属于食品而非药品。我国对运动营养品的称谓还有很多，如运动营养补剂、强力营养素、强力营养物质、强力物质、运动营养保健品、运动营养素补充剂等。

（二）国　内

目前国内较一致的观点是将运动营养品定义为：适用于专业和业余运动人群食用的、能满足运动人体的特殊营养需要或具有特定运动营养保健功能的食品及口服制品，其主要作用在于提高运动能力、促进疲劳恢复及防治运动引起的机体功能紊乱和疾病。出于使用的安全性考虑，应将运动营养品限制在食品的范畴。

二、运动营养品的评价

一个运动营养品的应用价值可通过对其有效性和科学价值的评价来确定。基于可靠的科学原理并有支持性研究表明其有效性的产品，才具有尝试或推荐的价值。反之，那些基于谬误的原理或缺乏对那些进行大强度训练者有强力作用研究数据支持的产品，不要尝试或推荐。以下是在评价一个营养品是否具有强力作用时需要考虑的问题。

（一）理论是否成立

1. 是否基于一些基础或临床研究的理论

基于一些初步的研究，某些营养品经常声称在这些基础研究中发现益处。尽管有些理论听起来有道理，但仔细分析这些理论会发现在科学逻辑上存在一些缺陷或其与引用的文献不符。

2. 是否有专家支持

根据一些有关训练和营养品方面的综述，查询是否有这方面的研究学者关于这方面的研究成果或者观点。那些厂商宣传的专家往往可信度较低。

（二）是否有科学证据支持

首先要看产品资料里支持其效果的文献目录，分析这些引用的摘要或文章是来自一般的文章，还是对已知营养品进行过有效评价的专业文献。需要考察下列问题：

1. 研究对象的代表性

动物实验的成果是否描述了机理？人体研究是在运动员还是普通人？对高水平运动员的研究会更具有参考价值，当然还需要看研究对象是什么项目或者项群的运动员，针对性越强研究成果的参考价值越大。

2. 研究的严谨性

严谨的研究设计应采用安慰剂对照组、双盲和随机的临床试验。有些声称有效的成果是基于不严谨的实验设计（如受试者数量少、无对照组、使用不可靠的检验方法等）或一些很难被解释的证明材料而得出。

严格控制的临床试验研究比那些没有很好控制的研究能提供更有力的证据。

3. 研究结果是否经过统计学检验而具有显著性结果

对研究结果进行恰当的统计学分析可对数据进行不带偏见的解释。尽管在统计学上有变化趋势的结果可引起人们的兴趣，并引导研究者进一步深入研究，但在统计学上有显著变化的结果报告显然更加令人信服。

一些营养品作用研究的受试者数量较少（特别是以高水平运动员为对象进行的研究），尽管发现了一些变化，但结果可能没有达到统计学上的显著性意义，这需要进一步研究才能下结论。

4. 营养品补剂作用的宣传是否与所引用的研究结果相符

将研究发现的实际结果夸大宣传的产品并不罕见。要通过阅读文献全文，而不仅仅是摘要或引文，把产品宣传与研究结果进行比较后再决定是否使用该产品。

5. 研究结果是否出现在声誉良好的学术会议上或经过同行评议的学术杂志上

有些产品宣传是基于未发表的或发表在不知名的杂志上的研究结果。最好的研究通常会出现在著名的学术会议或有信誉、有名望的学术杂志上。

6. 研究结果是否被几个不同的实验室所重复

最可靠的结果来自那些能被不同实验室、不同研究者所重复的，并报道有相似结果的研究。

（三）营养品是否合法和安全

国际反兴奋剂机构（WADA）和各单项体育组织禁止运动员使用一些物质（即兴奋剂）。如果运动营养品中含有禁用物质成分，将不能提供给运动员使用，否则可能导致运动员兴奋剂检测出现阳性结果而受到处罚。

1. 要求产品生产和提供者保证其产品经过权威的兴奋剂检测机构的检测，确认不含禁用物质。

2. 试图使用该产品的运动员也要向提供者索要兴奋剂检测报告后再决定是否使用该产品。

3. 目前有很多营养品还缺乏长期使用的安全性研究。那些考虑使用营养品的运动员应该注意到营养品可能的副作用。

4. 评价一个营养品的安全性时，可通过科学／医学文献了解该产品（或其中的某些成分），是否存在一些副作用，要特别关注对使用时间和剂量的评价。如果在文献中没有副作用的报道，通常可视其为安全的。

三、运动营养品的归类

（一）国际运动营养学会（ISSN）对运动营养品的归类

1. 按照效果确定性分类

营养补充品可包括碳水化合物、蛋白质、脂肪、矿物质、维生素、草药、酶、代谢中间物（如氨基酸）或各种植物/食物提取物。基于有关运动营养品的评价原则，国际运动营养学会（ISSN）（2010）将营养品归为4个类别。

（1）明显有效：有助于达到通常的能量需要或大多数研究证明其有效和安全。

（2）可能有效：初步的研究支持其理论原理，但需要更多的研究来证实其是否影响训练或运动能力。

（3）现在确定还为时尚早：理论听起来合理，但目前还缺乏研究支持。

（4）明显无效：基本原理缺乏科学性或研究明确表明无效。

2. 按照功用分类

运动营养品通常可分为便于提供达到能量需要或控制能量摄入的方便补充品，增加体重、减轻体重或提高运动能力的营养品，另外还包括促进健康的营养品。

（1）方便的补充品

这一类包括膳食替代粉、即饮补充品、能量棒和能量果冻。

这些产品的碳水化合物、蛋白质或脂肪的含量各有不同，且通常会强化一些维生素和矿物质。为达到促进增加体重、促进减轻体重，或提高运动能力的目的，这些产品还可强化不同的营养素。大多数人将这些产品视为营养素密集型零食，在尝试增加或减少体重时用来帮助控制能量摄入。

这些产品很方便地为运动员提供特殊的膳食需要，并作为快餐食品和其他低营养价值食物的很好替代品。当运动员没有时间坐下来很好地用餐或希望减少食物量时，这些产品可在运动前或运动后提供碳水化合物、蛋白质和其他营养素，目的是使营养素摄入达到理想状态。但这仅是为了提高宏量营养素的膳食利用度，不能替代正常膳食。

（2）增加肌肉的营养品

使用这类营养品的目的在于提高运动能力、增长肌肉及减少脂肪。

（3）减体重的营养品

尽管运动和适当控制膳食是促进体重减少或控制体成分的最好方法，但用于辅助减体重或者控体重的营养品还是很多的。

（4）提高运动能力的营养品

很多营养品声称能提高运动能力。部分是通过增加体重来增加肌肉体积和肌肉力量。另外一些则是通过减少体脂率，减少体重和脂肪量也能获得一定的提高运动能力的效果，他们并不能直接提高运动能力。表3-1列举了一些有关营养品，并按照上述原则将其归类。

表3-1　国际运动营养学会（ISSN）对运动营养品的归类

类别	声称增加肌肉的营养品	声称减轻体重的营养品	声称提高能力的营养品
明显有效和安全的	增重粉、肌酸、蛋白质、必需氨基酸	低能量食物及补充品（膳食替代粉、速溶冲剂）、咖啡因、水杨苷	水和运动饮料、碳水化合物、肌酸、磷酸钠、碳酸氢钠、β-丙氨酸、咖啡因
可能有效的	β-羟基β-甲基丁酸盐（未经训练者开始训练时）、支链氨基酸	高纤维膳食、钙、绿茶提取物、共轭亚油酸	碳水化合物和蛋白质（运动后补充）、必需氨基酸、支链氨基酸、β-羟基β-甲基丁酸盐、甘油
不能确定有效的	α-酮戊二酸盐、α-酮异己酸盐、蜕皮甾酮、生长激素释放肽和促分泌素、鸟氨酸α-酮戊二酸盐、锌/镁天冬氨酸盐	磷脂酰胆碱、甜菜碱、脱氢表雄酮、作用于精神的营养物/草药	中链甘油三酯
明显无效或危险的	谷氨酰胺、蒺蒺、异黄酮、硫代多糖（肌肉生长抑制素抑制剂）、硼、铬、共轭亚油酸、γ-谷维素、激素原、蒺藜皂甙、硫酸钒	丙酮酸钙、壳聚糖、铬（对非糖尿病患者）、共轭亚油酸、藤黄、左旋肉碱、磷酸盐、草药利尿剂	谷氨酰胺、核糖、肌苷

3. 促进健康的营养品

有些营养素有助于运动员在大强度训练期间保持身体健康。

（1）每天低剂量摄入复合维生素能确保摄入足够的维生素和矿物质。尽管未发现每天摄入维生素补充品能提高运动能力，但对运动员的健康有益。

（2）氨基葡萄糖和软骨素能减慢软骨退化并减轻运动个体的关节疼痛程度，有助于运动员延缓或预防关节发生问题。

（3）维生素C、谷氨酰胺和锌补充品能提高免疫机能。尽管还需要进一步研究，但维生素E、维生素C、硒、α-硫辛酸和其他抗氧化剂有助于运动员恢复被抑制的抗氧化防御系统，并减少发生一些慢性病的风险。

（4）肌酸、β-羟基β-甲基丁酸钙、左旋肉碱酒石酸盐和支链氨基酸有助于提高运动员耐受大运动量训练的能力。

（5）ω-3脂肪酸（二十二碳六烯酸和二十碳五烯酸）补充品对某些人具有心脏健康作用。

总之，在训练的不同阶段慎重使用这些营养品有助于运动员保持健康或耐受更大的训练负荷。

（二）美国运动医学学会（ACSM）对运动营养品的归类

美国运动医学学会（ACSM）（2009）总结了北美运动员大量使用的运动营养品，将大部分运动营养品划分为4个类别。

1. 作用与宣传一致

2. 作用可能与宣传一致，但目前功效证据不足

初步的研究表明，这些营养品对提高运动能力结果不确定。但它们不属于运动员禁用物质。

3. 作用与宣传不一致

目前市售的大多数运动营养品属于此类，现有的科学研究结论与宣传不符，此类中的有些物质可能被划为其他类别。

4. 危险的、禁用的或非法的，属于运动员禁用的物质

表3-2列举了相关的一些营养品。

表3-2　美国运动医学学会（ACSM）对运动营养品的归类

类别	营养品
作用与宣传一致	肌酸、咖啡因、运动饮料、运动果冻、运动棒、碳酸氢钠、蛋白质和氨基酸补充品
作用可能与宣传一致，但目前功效证据不足	谷氨酰胺、β-羟基β-甲基丁酸盐、初乳、核糖
作用与宣传不一致	氨基酸、蜜蜂花粉、支链氨基酸、肉碱、甲基吡啶铬、虫草、辅酶Q10、共轭亚油酸、细胞色素C、二羟丙酮、γ-谷维素、人参、肌苷、中链甘油三酯、丙酮酸盐、充氧水、钒
危险的、禁用的或非法的	雄烯二酮、脱氢表雄酮、19-去甲雄烯二酮、19-去甲雄烯二醇、其他雄性合成类固醇、蒺藜皂甙、麻黄、士的宁、人生长激素

（三）澳大利亚体育科学研究所（AIS）对运动营养品的归类

澳大利亚体育科学研究所（AIS）（2009）根据营养品的功效和安全性，将运动营养品划分为4个类别。

1. 可提供运动员使用

这类产品可为运动员的膳食提供有用的和合适的能量和营养素，或有科学的实验证明。在特定的运动条件下，按照特定的方案使用，会对改善运动能力有益。

2. 是否给运动员使用需要谨慎考虑

这类产品已有一些科学研究成果，有时是来自非运动员，或是有一些可能有益于运动能力的报道，但是已有运动员和教练员使用。

3. 未被证明具有效果，因而不能被官方推荐给运动员

这类产品已有运动员使用，但还没有证据证明能提高运动能力。在有些情况下，这些产品还可能对运动能力和身体健康有损害。

4. 运动员不能使用

这类产品是禁用的或存在含有禁用物质的高风险，因而有导致兴奋剂检测结果阳性的危险。

表3-3列举了相关的一些营养品。

表3-3　澳大利亚体育科学研究所（AIS）对运动营养品的归类

类别	营养品
可供运动员使用	抗氧化剂（维生素C和维生素E）、碳酸氢盐和柠檬酸盐、咖啡因、钙补充品、肌酸、补充电解质的营养品、铁补充品、液体膳食补充品、复合维生素和矿物质、益生菌（用于保护胃肠道）、运动饮料、运动果冻、运动棒、维生素D
是否给运动员使用需要谨慎考虑	初乳、β-丙氨酸、氨基葡萄糖、谷氨酰胺、β-羟基β-甲基丁酸盐、褪黑素、益生菌（用于保护免疫系统）、核糖
未被证明具有效果不能被官方推荐给运动员	支链氨基酸（及其他游离形式的氨基酸）、肉碱、甲基吡啶铬、虫草、辅酶Q10、γ-谷维素和阿魏酸、细胞色素C、人参、肌苷、Lactaway、一氧化氮补充品、充氧水、丙酮酸盐、红景天、锌/镁天冬氨酸盐
运动员不能使用	雄烯二酮、脱氢表雄酮、19-去甲雄烯二酮、19-去甲雄烯二醇、蒺藜皂甙和其他植物睾酮补充品、麻黄、士的宁、甘油

第七节　运动员膳食计划的制定

一、食物的营养价值

● 食物的营养价值是指某种食物所含营养素和能量满足人体营养需要的程度。

● 食物营养价值的高低，取决于食物中营养素种类是否齐全、数量的多少、相互比例是否合适以及是否容易消化吸收。食物中营养素的种类和含量越接近人体需要，营养价值越高。

● 不同食物营养素的构成不同，其营养价值也不同。因此，食物营养价值是相对的。即使是同种食物，可因品种、部位、产地和烹调加工方法不同，营养价值也会有所不同。

（一）植物性食物的营养价值

植物性食物是中国人膳食的主食。中国人自古以来，除了部分少数民族外，均以植物性食物为主。可以作为食物的植物种类繁多，主食以稻米、小麦和玉米等谷类为主，辅以高粱和小米等杂粮和薯类；副食则以蔬菜为主。

1. 谷类

谷类包括小麦、大米、玉米、高粱、小米、大麦和燕麦等。

富含碳水化合物，以淀粉为主，含量约为70%；蛋白质含量为7.5%~15%，赖氨酸含量较少；脂肪含量较少，约为2%；矿物质含量为1.5%~3%，含磷和钙较多，含铁少；还含有B族维生素。

表3-4列举了部分常见谷类食物的营养成分。

表3-4　部分常见谷类食物的营养成分（以每100g可食部计）

食物名称	面条	通心面	烙饼	馒头	油条	米饭	粳米粥	鲜玉米	小米粥	莜麦面
食部（%）	100	100	100	100	100	100	100	46	100	100
能量（kcal）	284	350	255	221	386	116	46	106	46	366
蛋白质（g）	8.3	11.9	7.5	7.0	6.9	2.6	1.1	4.0	1.4	12.2
脂肪（g）	0.7	0.1	2.3	1.1	17.6	0.3	0.3	1.2	0.7	7.2
碳水化合物（g）	61.9	75.8	52.9	47.0	51.0	25.9	9.9	22.8	8.4	67.8
膳食纤维（g）	0.8	0.4	1.9	1.3	0.9	0.3	0.1	2.9		4.6
胆固醇（mg）										
维生素A（μgRE）										3
总胡萝卜素（μg）										20
维生素B_1（mg）	0.22	0.12	0.02	0.04	0.01	0.02		0.16	0.02	0.39
维生素B_2（mg）	0.07	0.03	0.04	0.05	0.07	0.03	0.03	0.11	0.07	0.04
烟酸（mg）	1.4	1.0			0.7	1.9	0.2	1.8	0.9	3.9
维生素C（mg）								16		
总维生素E（mg）	0.59		1.03	0.65	3.19			0.46	0.26	7.96
α-生育酚（mg）	0.20		0.30	0.35	2.74					
钙（mg）	11	14	20	38	6	7	7		10	27
磷（mg）	162	97	146	107	77	62	20	117	32	35
钾（mg）	135	209	141	138	227	30	13	238	19	319
钠（mg）	28.0	35.0	149.3	165.1	585.2	2.5	2.8	1.1	4.1	2.2
镁（mg）	39	58	51	30	19	15	7	32	22	146
铁（mg）	3.6	2.6	2.4	1.8	1.0	1.3	0.1	1.1	1.0	13.6
锌（mg）	1.43	1.55	0.94	0.71	0.75	0.92	0.20	0.90	0.41	2.21
硒（μg）	11.74	5.80	7.50	8.45	8.60	0.40	0.20	1.63	0.30	0.50

续表

食物名称	面条	通心面	烙饼	馒头	油条	米饭	粳米粥	鲜玉米	小米粥	莜麦面
铜（mg）	0.17	0.16	0.15	0.10	0.19	0.06	0.03	0.09	0.07	0.89
锰（mg）	0.86	0.67	1.15	0.78	0.52	0.58	0.20	0.22	0.16	3.86

谷类加工过程会损失维生素和矿物质；烹调过程，淘洗会损失维生素和矿物质，加热和油炸会损失维生素；谷类储存不当会产生霉变。

2. 豆类

（1）豆类中的大豆（黄豆、青豆和黑豆等）

含有25%~30%的碳水化合物，其中约一半是可利用的碳水化合物；含蛋白质35%~40%，属优质蛋白；含脂肪15%~20%，其中不饱和脂肪酸（亚油酸）约占85%；还含钙、硫胺素、核黄素、皂甙和异黄酮等营养物质。

●大豆的豆腥味主要由脂肪氧化酶产生，加热或用酒精处理后减压蒸发可去除。

●大豆中的蛋白酶抑制剂会妨碍蛋白质吸收，抑制生长，高温加热可去除。

●大豆中的胀气因子是水苏糖和棉籽糖在肠道微生物作用下产气，加工成豆制品可去除。

●大豆中的植酸的螯合作用，会影响锌、钙、镁、铁的吸收。

●大豆中的植物红细胞凝集素能凝集红细胞，影响生长，加热可去除。

（2）其他豆类（豌豆、蚕豆、绿豆、红豆、小豆和芸豆等）

含50%~60%的碳水化合物，蛋白质含量为20%左右，含脂肪很少，其他营养物质含量近似大豆。

（3）豆制品

豆类加工成豆制品，可以提高豆类蛋白质消化率和利用率，发酵制品还使蛋白质部分分解而易于消化吸收，而且某些营养素含量也会增加。

●发酵豆制品包括腐乳、豆豉、豆瓣酱、酱油和臭豆腐等。

●非发酵豆制品包括豆浆、豆腐、豆腐干和腐竹等。

●油脂类制品包括大豆磷脂、色拉油、豆油和人造黄油等。

●蛋白类制品包括大豆粉和大豆蛋白等。全豆类制品包括豆乳、豆乳晶和豆乳粉等。

●豆芽（黄豆芽和绿豆芽）富含维生素C。

表3-5列举了部分常见豆类食物及豆制品营养成分。

表3-5　部分常见豆类食物及豆制品营养成分（以每100g可食部计）

食物名称	黄豆	豆腐	豆浆	豆腐干	绿豆	红小豆	小豆粥	蚕豆	扁豆	豇豆
食部（%）	100	100	100	100	100	100	100	100	100	100
能量（kcal）	359	81	14	140	316	309	61	335	326	322
蛋白质（g）	35.0	8.1	1.8	16.2	21.6	20.2	1.2	21.6	25.3	19.3
脂肪（g）	16.0	3.7	0.7	3.6	0.8	0.6	0.4	1.0	0.4	1.2
碳水化合物（g）	34.2	4.2	1.1	11.5	62.0	63.4	13.7	61.5	61.9	65.6
膳食纤维（g）	15.5	0.4	1.1	0.8	6.4	7.7	0.6	1.7	6.5	7.1
胆固醇（mg）										
维生素A（μgRE）	37		15		22	13			5	10
总胡萝卜素（μg）	220		90		130	80			30	60
维生素B_1（mg）	0.41	0.04	0.02	0.03	0.25	0.16		0.09	0.26	0.16
维生素B_2（mg）	0.20	0.03	0.02	0.07	0.11	0.11		0.13	0.45	0.08
烟酸（mg）	2.1	0.2	0.1	0.3	2.0	2.0	0.2	1.9	2.6	1.9
维生素C（mg）								2		
总维生素E（mg）	18.90	2.71	0.80		10.95	14.36	0.19	1.60	1.86	8.61
α-生育酚（mg）	0.90							0.98		5.34
钙（mg）	191	164	10	308	81	74	13	31	137	40
磷（mg）	465	119	30	273	337	305	14	418	218	344
钾（mg）	1503	125	48	140	787	860	45	1117	439	737
钠（mg）	2.2	7.2	3.0	76.5	3.2	2.2	2.3	86.0	2.3	6.8
镁（mg）	199	27	9	64	125	138	17	57	92	36
铁（mg）	8.2	1.9	0.5	4.9	6.5	7.4	0.6	8.2	19.2	7.1
锌（mg）	3.34	1.11	0.24	1.76	2.18	2.20	0.33	3.42	1.90	3.04
硒（μg）	6.16	2.30	0.14	0.02	4.28	3.80	0.50	1.30	32.00	5.74
铜（mg）	1.35	0.27	0.07	0.77	1.08	0.64	0.03	0.99	1.27	2.10
锰（mg）	2.26	0.47	0.09	1.31	1.11	1.33	0.09	1.09	1.19	1.07

3. 蔬菜

（1）成分

●蔬菜含水量为65%~95%。

●含碳水化合物2%~6%，主要是糖、淀粉和膳食纤维。

●含氮化合物1%~3%，主要是蛋白质、氨基酸和肽。

●含脂肪0.1%~0.3%。

●含矿物质1%左右，主要是钾、钙、铁和磷。

●维生素主要是维生素C、胡萝卜素和B族维生素，有的含有维生素K，不含维生素D和维生素B_{12}。

●还含一些活性物质，如有机酸、类黄酮、芳香物质和天然色素。

表3-6列举了部分常见蔬菜的营养成分。

表3-6　部分常见蔬菜的营养成分（以每100g可食部计）

食物名称	胡萝卜	荷兰豆	茄子	西红柿	柿子椒	冬瓜	黄瓜	洋葱	大白菜	油菜	西兰花
食部（%）	96	88	93	97	82	80	92	90	87	87	83
能量（kcal）	37	27	21	19	22	11	15	39	17	23	33
蛋白质（g）	1.0	2.5	1.1	0.9	1.0	0.4	0.8	1.1	1.5	1.8	4.1
脂肪（g）	0.2	0.3	0.2	0.2	0.2	0.2	0.2	0.2	0.1	0.5	0.6
碳水化合物（g）	8.8	4.9	4.9	4.0	5.4	2.6	2.9	9.0	3.2	3.8	4.3
膳食纤维（g）	1.1	1.4	1.3	0.5	1.4	0.7	0.5	0.9	0.8	1.1	1.6
胆固醇（mg）											
维生素A（μgRE）	688	80	8	92	57	13	15	3	20	103	1202
总胡萝卜素（μg）	4130	480	50	550	340	80	90	20	120	620	7210
维生素B_1（mg）	0.04	0.09	0.02	0.03	0.03	0.01	0.02	0.03	0.04	0.04	0.09
维生素B_2（mg）	0.03	0.04	0.04	0.03	0.03	0.01	0.03	0.03	0.05	0.11	0.13
烟酸（mg）	0.6	0.7	0.6	0.6	0.9	0.3	0.2	0.3	0.6	0.7	0.9
维生素C（mg）	13	16	5	19	72	18	9	8	31	36	51
总维生素E（mg）	0.41	0.30	1.13	0.57	0.59	0.08	0.49	0.14	0.76	0.88	0.91
α-生育酚（mg）	0.36	0.21	1.13	0.18	0.49	0.03	0.08		0.36	0.71	0.31
钙（mg）	32	51	24	10	14	19	24	24	50	108	67
磷（mg）	27	19	23	23	20	12	24	39	31	39	72
钾（mg）	190	116	142	163	142	78	102	147		210	17

续表

食物名称	胡萝卜	荷兰豆	茄子	西红柿	柿子椒	冬瓜	黄瓜	洋葱	大白菜	油菜	西兰花
钠（mg）	71.4	8.8	5.4	5.0	3.3	1.8	4.9	4.4	57.5	55.8	18.8
镁（mg）	14	16	13	9	12	8	15	15	11	22	17
铁（mg）	1.0	0.9	0.5	0.4	0.8	0.2	0.5	0.6	0.7	1.2	1.0
锌（mg）	0.23	0.50	0.23	0.13	0.19	0.07	0.18	0.23	0.38	0.33	0.78
硒（μg）	0.63	0.42	0.48	0.15	0.38	0.22	0.38	0.92	0.49	0.79	0.70
铜（mg）	0.08	0.06	0.10	0.06	0.09	0.07	0.05	0.05	0.05	0.06	0.03
锰（mg）	0.24	0.48	0.13	0.08	0.12	0.03	0.06	0.14	0.15	0.23	0.24

（2）种类

●脱水蔬菜会损失原始风味，需要良好包装。

●罐藏蔬菜品质保持较好，维生素会有所损失。

●速冻蔬菜在很大程度上保持蔬菜的营养。

●泡菜抑制有害微生物生长，提高可食性。腌制蔬菜可以大批保存某些蔬菜，以待进一步加工。

●蔬菜汁包括番茄汁、黄瓜汁、胡萝卜汁和芹菜汁等。

●蔬菜酱主要是番茄酱，其他蔬菜酱主要作为婴儿食品。蔬菜粉可作为食品色素。

（3）影响蔬菜营养价值的因素

主要是针对维生素C。

●短时间储存，0~4℃为好，应防止水分散失。在-18℃以下冻藏3个月，营养素含量变化不大。在-18℃以上储存则会发生劣变。

●脱水、清洗、热烫、削皮、暴晒和烘烤都会造成维生素C损失。

●择菜丢弃外层叶片或削皮过厚会损失营养素。

●正确的洗菜方法是先洗后切。

●较好的烹调方法是凉拌、急火快炒、快速蒸煮。

●烹调时适当加些醋，可提高维生素C对热的稳定性。

●已经烹调好的蔬菜应尽快食用、避免反复加热，随着时间延长，会增加亚硝酸盐含量。

4. 水果

（1）成分

●水果中含水85%~90%。

●含碳水化合物5%~15%。

●含蛋白质0.5%~1.0%。

●含脂肪0.1%~0.5%。

●含矿物质0.4%左右，主要是钾、镁和钙，钠较少。

●维生素主要是维生素C、胡萝卜素和B族维生素，有的含有维生素K，不含维生素D和维生素B_{12}。

●还含有一些活性物质，如类胡萝卜素、黄酮类物质、有机酸、芳香物质、多酚类物质和天然色素。

表3-7列举了部分常见水果的营养成分。

表3-7　部分常见水果的营养成分（以每100g可食部计）

食物名称	苹果	梨	桃	鲜枣	葡萄	草莓	柑桔	香蕉	哈蜜瓜	西瓜
食部（%）	76	82	86	87	86	97	77	59	71	56
能量（kcal）	52	44	48	122	43	30	51	91	34	25
蛋白质（g）	0.2	0.4	0.9	1.1	0.5	1.0	0.7	1.4	0.5	0.6
脂肪（g）	0.2	0.2	0.1	0.3	0.2	0.2	0.2	0.2	0.1	0.1
碳水化合物（g）	13.5	13.3	12.2	30.5	10.3	7.1	11.9	22.0	7.9	5.8
膳食纤维（g）	1.2	3.1	1.3	1.9	0.4	1.1	0.4	1.2	0.2	0.3
胆固醇（mg）										
维生素A（μgRE）	3	6	3	40	8	5	148	10	153	75
总胡萝卜素（μg）	20	33	20	240	50	30	890	60	920	450
维生素B_1（mg）	0.06	0.03	0.01	0.06	0.04	0.02	0.08	0.02		0.02
维生素B_2（mg）	0.02	0.06	0.03	0.09	0.02	0.03	0.04	0.04	0.01	0.03
烟酸（mg）	0.2	0.3	0.7	0.9	0.2	0.3	0.4	0.7		0.2
维生素C（mg）	4	6	7	243	25	47	28	8	12	6
总维生素E（mg）	2.12	1.34	1.54	0.78	0.70	0.71	0.92	0.24		0.10
α-生育酚（mg）	1.53	0.44		0.42	0.15	0.54	0.92	0.24		0.06
钙（mg）	4	9	6	22	5	18	35	7	4	8
磷（mg）	12	14	20	23	13	27	18	28	19	9
钾（mg）	119	92	166	375	104	131	154	256	190	87
钠（mg）	1.6	2.1	5.7	1.2	1.3	4.2	1.4	0.8	26.7	3.2
镁（mg）	4	8	7	25	8	12	11	43	19	8
铁（mg）	0.6	0.5	0.8	1.2	0.4	1.8	0.2	0.4		0.3
锌（mg）	0.19	0.46	0.34	1.52	0.18	0.14	0.08	0.18	0.13	0.10
硒（μg）	0.12	1.14	0.24	0.80	0.20	0.70	0.30	0.87	1.10	0.17
铜（mg）	0.06	0.62	0.05	0.06	0.09	0.04	0.04	0.14	0.01	0.05
锰（mg）	0.03	0.07	0.07	0.32	0.06	0.49	0.14	0.65	0.01	0.05

（2）存放的影响

●大部分水果不宜长期存放，短时间存放，以0~4℃为好，应防止水分散失。

●水果制品包括果脯、罐头、果酱、果汁和果酒等，维生素有不同程度损失。

5. 坚果

（1）油脂类坚果

如核桃、山核桃、榛子、杏仁、松子、腰果、开心果、花生、葵花籽、西瓜籽、南瓜籽、澳洲坚果和芝麻等。

●含碳水化合物在15%以下，膳食纤维含量较高。

●含蛋白质12%～22%，氨基酸组成各有特点，生物效价较低，需与其他食物互相补充。

●含脂肪40%以上，多为不饱和脂肪酸，富含必需脂肪酸，是优质的植物性脂肪。

●含矿物质包括钾、镁、磷、钙、铁、锌和铜等，在其营养价值中具有重要意义。

●维生素以维生素E和B族维生素为主。

（2）淀粉类坚果

如栗子、银杏和莲子等。

●含碳水化合物60%~70%，膳食纤维含量较高。

●蛋白质除栗子含量较低外，其他同油脂类坚果类似。

●脂肪含量较少。

●矿物质含量略低。

●维生素E含量略低，B族维生素和维生素C含量较高（表3-8）。

表3-8列举了部分常见坚果的营养成分。

表3-8　部分常见坚果的营养成分（以每100g可食部计）

食物名称	干核桃	熟栗子	松子仁	杏仁	腰果	生花生仁	炒葵花子	干莲子	炒南瓜子	炒西瓜子
食部（%）	43	78	100	100	100	100	52	100	68	43
能量（kcal）	627	212	698	562	552	563	616	344	574	573
蛋白质（g）	14.9	4.8	13.4	22.5	17.3	24.8	22.6	17.2	36.0	32.7
脂肪（g）	58.8	1.5	70.6	45.4	36.7	44.3	52.8	2.0	46.1	44.8
碳水化合物（g）	19.1	46.0	12.2	23.9	41.6	21.7	17.3	67.2	7.9	14.2
膳食纤维（g）	9.5	1.2	10.0	8.0	3.6	5.5	4.8	3.0	4.1	4.5
胆固醇（mg）										
维生素A（μgRE）	5	40	2		8	5	5			
总胡萝卜素（μg）	30	240	10		49	30	30			
维生素B_1（mg）	0.15	0.19	0.19	0.08	0.27	0.72	0.43	0.16	0.08	0.04
维生素B_2（mg）	0.14	0.13	0.25	0.56	0.13	0.13	0.26	0.08	0.16	0.08
烟酸（mg）	0.9	1.2	4.0		1.3	17.9	4.8	4.2	3.3	3.4
维生素C（mg）	1	36		26		2		5		
总维生素E（mg）	43.21		32.79	18.53	3.17	18.09	26.46	2.71	27.28	1.23

续表

食物名称	干核桃	熟栗子	松子仁	杏仁	腰果	生花生仁	炒葵花子	干莲子	炒南瓜子	炒西瓜子
α-生育酚（mg）	0.82		17.68			9.73	25.04	0.93	1.10	1.23
钙（mg）	56	15	78	97	26	39	72	97	37	28
磷（mg）	294	91	569	27	395	324	564	550		765
钾（mg）	385		502	106	503	587	491	846	672	612
钠（mg）	6.4		10.1	8.3	251.3	3.6	1322.0	5.1	15.8	187.7
镁（mg）	131		116	178	153	178	267	242	376	448
铁（mg）	2.7	1.7	4.3	2.2	4.8	2.1	6.1	3.6	6.5	8.2
锌（mg）	2.17		4.61	4.30	4.30	2.50	5.91	2.78	7.12	6.76
硒（μg）	4.62		0.74	15.65	34.00	3.94	2.00	3.36	27.03	23.44
铜（mg）	1.17		0.95	0.80	1.43	0.95	1.95	1.33	1.44	1.82
锰（mg）	3.44		6.01	0.77	1.80	1.25	1.98	8.23	3.85	1.82

（3）每周吃少量坚果有助于心脏健康

●吃杏仁和杏仁油可降低胆固醇和低密度脂蛋白。

●常吃花生可降低血清甘油三酯。

●澳洲坚果中含有抗氧化物质。

●坚果的效果不能用维生素E或不饱和脂肪酸代替。

●坚果含脂肪较多，多吃不利于控制体重，每周吃50g的数量是有益无害的。

6. 薯类

（1）薯类包括马铃薯、甘薯和木薯等，是我国传统膳食的重要组成成分。

（2）除了提供丰富的碳水化合物和膳食纤维外，薯类还有较多的矿物质和B族维生素，兼有谷类和蔬菜的双重好处。

（3）薯类的营养价值和药用价值逐渐被人们所重视。加工后的薯类食品受到许多消费者的青睐。

表3-9列举了部分常见薯类及其制品的营养成分。

表3-9　部分常见薯类及其制品的营养成分（以每100g可食部计）

食物名称	马铃薯	白心甘薯	红心甘薯	甘薯片	木薯	玉米淀粉	藕粉	魔芋精粉	粉丝	粉条
食部（%）	94	86	90	100	99	100	100	100	100	100
能量（kcal）	76	104	99	340	116	345	372	37	335	337
蛋白质（g）	2.0	1.4	1.1	4.7	2.1	1.2	0.2	4.6	0.8	0.5
脂肪（g）	0.2	0.2	0.2	0.8	0.3	0.1		0.1	0.2	0.1
碳水化合物（g）	17.2	25.2	24.7	80.5	27.8	85.0	93.0	78.8	83.7	84.2
膳食纤维（g）	0.7	1.0	1.6	2.0	1.6	0.1	0.1	74.4	1.1	0.6
胆固醇（mg）										

续表

食物名称	马铃薯	白心甘薯	红心甘薯	甘薯片	木薯	玉米淀粉	藕粉	魔芋精粉	粉丝	粉条
维生素A（μgRE）	5	37	125	25						
总胡萝卜素（μg）	30	220	750	150						
维生素B_1（mg）	0.08	0.07	0.04	0.15	0.21	0.03			0.03	0.01
维生素B_2（mg）	0.04	0.04	0.04	0.11	0.09	0.04	0.01	0.10	0.02	
盐酸（mg）	1.1	0.6	0.6	1.1	1.2	1.1	0.4	0.4	0.4	0.1
维生素C（mg）	27	24	26	9	35					
总维生素E（mg）	0.34	0.43	0.28	0.38						
α-生育酚（mg）	0.08	0.43	0.28	0.32						
钙（mg）	8	24	23	112	88	18	8	45	31	35
磷（mg）	40	46	39	115	50	25	9	272	16	23
钾（mg）	342	174	130	353	764	8	35	299	18	18
钠（mg）	2.7	58.2	28.5	26.4	8.0	6.3	10.8	49.9	9.3	9.6
镁（mg）	23	17	12	102	66	6	2	66	11	11
铁（mg）	0.8	0.8	0.5	3.7	2.5	4.0	17.9	1.6	6.4	5.2
锌（mg）	0.37	0.22	0.15	0.35		0.09	0.15	2.05	0.27	0.83
硒（μg）	0.78	0.63	0.48	2.64		0.70	2.10	350.15	3.39	2.18
铜（mg）	0.12	0.16	0.18	0.50		0.07	0.22	0.17	0.05	0.18
锰（mg）	0.14	0.21	0.11	1.14		0.05	0.28	0.88	0.15	0.16

7. 菌藻类

（1）菌类

包括口蘑、榛蘑、平菇、香菇、草菇、猴头菇、木耳、银耳和竹荪等食用菌。

●蛋白质含量较高，赖氨酸含量较丰富。

●含有的多糖体物质具有免疫功能，因此食用菌的保健功能使其在人类食物中占有重要地位。

●维生素C含量不高，但核黄素、烟酸和泛酸等B族维生素含量较高。

（2）海藻类

主要包括海带、裙带菜和紫菜等。

●营养成分主要为粗纤维、粗脂肪、粗蛋白和灰分。

●与陆地植物相比，海藻类含多种生物活性多糖，富含微量元素，含丰富的碘，含丰富的维生素，由于含有大量的膳食纤维，所以是低能量食物（表3-10）。

表3-10列举了部分常见菌藻类食物的营养成分。

表3-10 部分常见菌藻类食物的营养成分（以每100g可食部计）

食物名称	草菇	干冬菇	金针菇	鲜蘑	水发木耳	香菇	干银耳	水发榛蘑	海带	干紫菜
食部（%）	100	86	100	99	100	100	96	77	100	100
能量（kcal）	23	212	26	20	21	19	200	46	12	207
蛋白质（g）	2.7	17.8	2.4	2.7	1.5	2.2	10.0	2.8	1.2	26.7
脂肪（g）	0.2	1.3	0.4	0.1	0.2	0.3	1.4	1.1	0.1	1.1
碳水化合物（g）	4.3	64.6	6.0	4.1	6.0	5.2	67.3	9.4	2.1	44.1
膳食纤维（g）	1.6	32.3	2.7	2.1	2.6	3.3	30.4	3.1	0.5	21.6
胆固醇（mg）										
维生素A（μgRE）		5	5	2	3		8			228
总胡萝卜素（μg）		30	30	10	20		50			1370
维生素B_1（mg）	0.08	0.17	0.15	0.08	0.01		0.05		0.02	0.27
维生素B_2（mg）	0.34	1.40	0.19	0.35	0.05	0.08	0.25	0.20	0.15	1.02
盐酸（mg）	8.0	24.4	4.1	4.0	0.2	2.0	5.3	2.2	1.3	7.3
维生素C（mg）		5	2	2	1	1				2
总维生素E（mg）	0.40	3.47	1.14	0.56	7.51		1.26	0.98	1.85	1.82
α-生育酚（mg）	0.40	3.47	0.70	0.27	4.05				0.92	1.61
钙（mg）	17	55		6	34	2	36	3	46	264
磷（mg）	33	469	97	94	12	53	369	84	22	350
钾（mg）	179	1155	195	312	52	20	1588	732	246	1796
钠（mg）	73.0	20.4	4.3	8.3	8.5	1.4	82.1	15.1	8.6	710.5
镁（mg）	21	104	17	11	57	11	54	32	25	105
铁（mg）	1.3	10.5	1.4	1.2	5.5	0.3	4.1	7.4	0.9	54.9
锌（mg）	0.60	4.20	0.39	0.92	0.53	0.66	3.03	1.99	0.16	2.47
硒（μg）	0.02	7.45	0.28	0.55	0.46	2.58	2.95	0.78	9.54	7.22
铜（mg）	0.40	0.45	0.14	0.49	0.04	0.12	0.08	0.43		1.68
锰（mg）	0.09	5.02	0.10	0.11	0.97	0.25	0.17	1.21	0.07	4.32

（二）动物性食物的营养价值

动物性食物包括畜类、禽类、蛋类和水产类等，是人类饮食结构的重要组成部分，提供优良动物性蛋白质、脂肪、脂溶性维生素和矿物质，食用价值较高。

1. 肉类

（1）成分

●肉类的蛋白质含量为10%~20%，因动物种类、年龄和肥瘦程度以及部位而异。

●牛肉的蛋白质含量最高、羊肉次之、猪肉最低。内脏的蛋白质含量较高。肉类所含的蛋白质为完全蛋白质，含有必需氨基酸，属优质蛋白。

●脂类含量为10%~30%，与肌肉间脂肪组织的分布和含量密切相关，因动物种类、年龄和肥瘦程度以及部位而异。猪肉的脂肪含量最高、羊肉次之、牛肉最低。肌肉的脂肪含量占1.5%~3.0%。内脏的脂肪含量不高。肉类的脂类主要是中性脂肪、还有少量磷脂、糖脂和固醇酯，以饱和脂肪酸为主。

●碳水化合物含量极少，存在形式为肝糖原和肌糖原。在保存过程中，由于酶的分解作用，糖原含量会逐渐下降。

●矿物质含量为1%左右。肌肉中钙的含量极微，含钾和磷较多。肝脏和血中含铁丰富，以血红素铁的形式存在，生物利用率高，吸收率不受其他因素干扰。

●肉类含有多种维生素，肌肉中B族维生素含量丰富，维生素C含量极微，肝脏中维生素A和维生素D含量明显高于肌肉，肝脏也是维生素E的良好来源。

（2）加工后产品

●腌腊制品的含盐量增加，含水量下降。酱卤制品的脂肪有所减少，B族维生素明显损失。

●熏烧烤制品能提高保藏性，但高温熏制可产生致癌物。

●干制品使水分减少，蛋白质含量很高，脂肪有所流失。

●油炸制品使脂肪含量大幅度升高，可产生致癌物。

●香肠制品的脂肪含量较高。

●火腿制品的营养价值较高。

●罐头制品的B族维生素有所损失。

●其他制品如肉糕和肉冻，含水量高，脂肪含量低。

表3-11和表3-12分别列举了一些常见畜肉类和禽肉类食物的营养成分。

表3-11　部分常见畜肉类食物的营养成分（以每100g可食部计）

食物名称	肥瘦猪肉	猪大排	猪肝	火腿肠	肥瘦牛肉	酱牛肉	牛肉干	肥瘦羊肉	烤羊肉串	兔肉
食部（%）	100	68	99	100	99	100	100	90	100	100
能量（kcal）	395	264	129	212	125	246	550	203	234	102
蛋白质（g）	13.2	18.3	19.3	14.0	19.9	31.4	45.6	19.0	26.4	19.7
脂肪（g）	37.0	20.4	3.5	10.4	4.2	11.9	40.0	14.1	11.6	2.2
碳水化合物（g）	2.4	1.7	5.0	15.6	2.0	3.2	1.9	0.0	6.0	0.9
膳食纤维（g）										
胆固醇（mg）	80	165	288	57	84	76	120	92	93	59
维生素A（μgRE）	18	12	4972	5	7	11		22	42	26
总胡萝卜素（μg）										
维生素B_1（mg）	0.22	0.80	0.21	0.26	0.04	0.05	0.06	0.05	0.03	0.11
维生素B_2（mg）	0.16	0.15	2.08	0.43	0.14	0.22	0.26	0.14	0.32	0.10
盐酸（mg）	3.5	5.3	15.0	2.3	5.6	4.4	15.2	4.5	5.8	5.8
维生素C（mg）			20							
总维生素E（mg）	0.35	0.11	0.86	0.71	0.65	1.25		0.26	1.80	0.42

续表

食物名称	肥瘦猪肉	猪大排	猪肝	火腿肠	肥瘦牛肉	酱牛肉	牛肉干	肥瘦羊肉	烤羊肉串	兔肉
α-生育酚（mg）	0.35	0.11	0.86	0.71	0.49	0.99		0.05	1.18	0.16
钙（mg）	6	8	6	9	23	20	43	6	52	12
磷（mg）	162	125	310	187	168	178	464	146	230	165
钾（mg）	204	274	235	217	216	148	510	232	430	284
钠（mg）	59.4	44.5	68.6	771.2	84.2	869.2	412.4	80.6	796.3	45.1
镁（mg）	16	17	24	22	20	27	107	20	54	15
铁（mg）	1.6	0.8	22.6	4.5	3.3	4.0	15.6	2.3	6.7	2.0
锌（mg）	2.06	1.72	5.78	3.22	4.73	7.12	7.26	3.22	4.94	1.30
硒（μg）	11.97	10.30	19.21	9.20	6.45	4.35	9.80	32.20	6.73	10.93
铜（mg）	0.06	0.12	0.65	0.36	0.18	0.14	0.29	0.75	0.16	0.12
锰（mg）	0.03	0.05	0.26	0.14	0.04	0.25	0.19	0.02	0.30	0.04

表3-12　部分常见禽肉类食物的营养成分（以每100g可食部计）

食物名称	鸡	乌骨鸡	鸡腿	鸭	酱鸭	熟盐水鸭	鹅	烧鹅	火鸡腿	鸽
食部（%）	66	48	69	68	80	81	63	73	100	42
能量（kcal）	167	111	181	240	266	313	251	289	91	201
蛋白质（g）	19.3	22.3	16.0	15.5	18.9	16.6	17.9	19.7	20.0	16.5
脂肪（g）	9.4	2.3	13.0	19.7	18.4	26.1	19.9	21.5	1.2	14.2
碳水化合物（g）	1.3	0.3	0.0	0.2	6.3	2.8	0.0	4.2	0.0	1.7
膳食纤维（g）										
胆固醇（mg）	106	106	162	94	107	81	74	116	58	99
维生素A（μgRE）	48		44	52	11	35	42	9		53
总胡萝卜素（μg）										
维生素B_1（mg）	0.05	0.02	0.02	0.08	0.06	0.07	0.07	0.09	0.07	0.06
维生素B_2（mg）	0.09	0.20	0.14	0.22	0.22	0.21	0.23	0.11	0.06	0.20
盐酸（mg）	5.6	7.1	6.0	4.2	3.7	2.5	4.9	3.6	8.3	6.9
维生素C（mg）										
总维生素E（mg）	0.67	1.77	0.03	0.27		0.42	0.22	0.07	0.07	0.99
α-生育酚（mg）	0.57			0.17		0.22	0.22			0.70
钙（mg）	9	17	6	6	14	10	4	91	12	30
磷（mg）	156	210	172	122	140	112	144	202	470	136
钾（mg）	251	323	242	191	236	218	232	22	708	334
钠（mg）	63.3	64.0	64.4	69.0	981.3	1557.5	58.8	240.0	168.4	63.6
镁（mg）	19	51	34	14	13	14	18	7	49	27
铁（mg）	1.4	2.3	1.5	2.2	4.1	0.7	3.8	3.8	5.2	3.8
锌（mg）	1.09	1.60	1.12	1.33	2.69	2.04	1.36	2.00	9.26	0.82

续表

食物名称	鸡	乌骨鸡	鸡腿	鸭	酱鸭	熟盐水鸭	鹅	烧鹅	火鸡腿	鸽
硒（μg）	11.75	7.73	12.40	12.25	15.74	15.37	17.68	7.68	15.50	11.08
铜（mg）	0.07	0.26	0.09	0.21	0.26	0.32	0.43	0.26	0.45	0.24
锰（mg）	0.03	0.05	0.03	0.06	0.02	0.05	0.04	0.06	0.04	0.05

2. 蛋类

（1）成分

●蛋类的蛋白质含量为13%左右，是最理想的天然优质蛋白质，提供多种必需氨基酸，而且组成比例非常适合于人体需要，其中含硫氨基酸丰富，在评价其他蛋白质的营养价值时，常用来作为参考蛋白质。

●脂类98%存在于蛋黄中，含量约为30%~33%，其中中性脂肪占62%~65%、磷脂占30%~33%、固醇占4%~5%。每个鸡蛋含胆固醇200mg左右。红皮鸡蛋脂肪含量稍高于白皮鸡蛋。

●碳水化合物含量极低，为1%左右。

●矿物质主要在蛋黄中，含量为1.0%~1.5%，其中磷占60%以上，钙占13%左右；铁含量较高，但生物利用率较低，为3%左右。

●维生素含量十分丰富，种类较为完全，主要在蛋黄中，维生素A和核黄素较高，蛋黄是胆碱的良好来源，维生素C含量甚微。

（2）加工产品

●通常的烹调加工方法（煮、煎、炒、蒸），除维生素B_1少量损失外，对其他营养成分影响不大。加热具有杀菌作用，还可提高消化吸收率。

●生蛋中含有抗生物素和抗胰蛋白酶，因此不宜生吃鲜蛋。

●皮蛋的维生素B_1和维生素B_2破坏严重。

●咸蛋的钠含量大幅度上升。

●糟蛋的营养价值与鲜蛋差别不大。

●冰蛋的营养价值与鲜蛋差别不大。

●蛋粉在室温下长期储存，损失维生素A和维生素B_1。

●卤蛋的B族维生素损失，钠含量增加。

表3-13列举了一些常见蛋类食物的营养成分。

表3-13 部分常见蛋类食物的营养成分（以每100g可食部计）

食物名称	鸡蛋	鸡蛋白	鸡蛋黄	鸡蛋粉	松花鸡蛋	鸭蛋	松花鸭蛋	咸鸭蛋	鹅蛋	鹌鹑蛋
食部（%）	88	100	100	100	83	87	90	88	87	86
能量（kcal）	144	60	328	545	178	180	171	190	196	160
蛋白质（g）	13.3	11.6	15.2	43.4	14.8	12.6	14.2	12.7	11.1	12.8
脂肪（g）	8.8	0.1	28.2	36.2	10.6	13.0	10.7	12.7	15.6	11.1
碳水化合物（g）	2.8	3.1	3.4	11.3	5.8	3.1	4.5	6.3	2.8	2.1
膳食纤维（g）										
胆固醇（mg）	585		1510	2251	595	565	608	647	704	515
维生素A（μgRE）	234		438	525	310	261	215	134	192	337
总胡萝卜素（μg）										
维生素B_1（mg）	0.11	0.04	0.33	0.05	0.02	0.17	0.06	0.16	0.08	0.11
维生素B_2（mg）	0.27	0.31	0.29	0.40	0.13	0.35	0.18	0.33	0.30	0.49
盐酸（mg）	0.2	0.2	0.1		0.2	0.2	0.1	0.1	0.4	0.1
维生素C（mg）										
总维生素E（mg）	1.84	0.01	5.06	11.56	1.06	4.98	3.05	6.25	4.50	3.08
α-生育酚（mg）	1.14	0.01	2.57	7.96	0.25	4.02	2.80	5.68	3.57	1.67
钙（mg）	56	9	112	954	26	62	63	118	34	47
磷（mg）	130	18	240	780	263	226	165	231	130	180
钾（mg）	154	132	95	357	148	135	152	184	74	138
钠（mg）	131.5	79.4	54.9	393.2		106.0	542.7	2706.1	90.6	106.6
镁（mg）	10	15	41	46	8	13	13	30	12	11
铁（mg）	2.0	1.6	6.5	10.5	3.9	2.9	3.3	3.6	4.1	3.2
锌（mg）	1.10	0.02	3.79	5.95	2.73	1.67	1.48	1.74	1.43	1.61
硒（μg）	14.34	6.97	27.01	39.10	44.32	15.68	25.24	24.04	27.24	25.48
铜（mg）	0.15	0.05	0.28	0.28	0.12	0.11	0.12	0.14	0.09	0.09
锰（mg）	0.04	0.02	0.06	0.22	0.06	0.04	0.06	0.10	0.04	0.04

3. 鱼类

（1）鱼类的蛋白质含量为15%~25%，其必需氨基酸组成与肉类接近，生物价高，色氨酸含量偏低，消化率高达87%~98%。

（2）脂类含量很少，为1%~3%，含丰富的ω-3多不饱和脂肪酸，能防治心血管疾病。

（3）碳水化合物含量很少，为0.3%，主要是糖原，低于哺乳动物。还含有粘多糖类，硫酸化多糖包括硫酸软骨素、硫酸乙酰肝素和硫酸角质素，非硫酸化多糖包括透明质酸和软骨素。

（4）矿物质含量为1%~2%，主要是磷、钙、钠、钾、镁和钙含量高于肉类，为良好来源，含碘较丰富。

（5）含维生素E少。鱼油和鱼肝油是维生素A和维生素D的重要来源，也是维生素E的一般来源。鱼肉里也含有一定数量的维生素A和维生素D。鱼类的硫胺素、核黄素和烟酸含量也较高，维生素C含量很低。

（6）鱼类含有硫胺素酶和催化硫胺素降解的蛋白质，大量食用生鱼可能造成硫胺素缺乏。

（7）鱼油在储存过程中易氧化。

4. 甲壳类

（1）甲壳类主要包括小虾、螯虾、对虾、龙虾和蟹等，营养丰富。

（2）蟹肉中含有蛋白质、脂肪、维生素A、维生素B_1、维生素B_2、烟酸、钙、磷、铁及谷氨酸、甘氨酸、脯氨酸、组氨酸和精氨酸等多种氨基酸，微量的胆固醇。

（3）蟹壳中含有碳酸钙、蟹红素、甲壳素和蛋白质。

（4）甲壳素为动物性膳食纤维物质，具有降胆固醇、调节肠内代谢、调节血压、排除体内重金属毒素的功能。

5. 软体动物类

（1）种类

软体动物主要包括双壳类的蛤蜊、牡蛎、贻贝、扇贝和蛸子等以及无壳类的章鱼、乌贼和枪章鱼等，营养丰富。

（2）成分

含丰富的蛋白质、脂肪、糖原和无机盐，含全部必需氨基酸，含量丰富且平衡，还含有牛磺酸（表3-14）。

表3-14列举了部分常见鱼、虾、蟹和贝类食物的营养成分。

表3-14 部分常见鱼、虾、蟹和贝类食物的营养成分（以每100g可食部计）

食物名称	草鱼	黄鳝	带鱼	黄鱼	基围虾	河蟹	鲜贝	蛤蜊	海参	鱿鱼
食部（%）	58	67	76	66	60	42	100	39	100	98
能量（kcal）	113	89	127	97	101	103	77	62	78	75
蛋白质（g）	16.6	18.0	17.7	17.7	18.2	17.5	15.7	10.1	16.5	17.0
脂肪（g）	5.2	1.4	4.9	2.5	1.4	2.6	0.5	1.1	0.2	0.8
碳水化合物（g）	0.0	1.2	3.1	0.8	3.9	2.3	2.5	2.8	2.5	0.0
膳食纤维（g）										
胆固醇（mg）	86	126	76	86	181	267	116	156	51	
维生素A（μgRE）	11	50	29	10		389		21		16
总胡萝卜素（μg）										
维生素B_1（mg）	0.04	0.06	0.02	0.03	0.02	0.06		0.01	0.03	
维生素B_2（mg）	0.11	0.98	0.06	0.10	0.07	0.28	0.21	0.13	0.04	0.03
盐酸（mg）	2.8	3.7	2.8	1.9	2.9	1.7	2.5	1.5	0.1	
维生素C（mg）										
总维生素E（mg）	2.03	1.34	0.82	1.13	1.69	6.09	1.46	2.41	3.14	0.94

续表

食物名称	草鱼	黄鳝	带鱼	黄鱼	基围虾	河蟹	鲜贝	蛤蜊	海参	鱿鱼
α-生育酚（mg）	2.03	1.34	0.82	0.20	1.40	5.79	1.46	1.79	2.37	0.94
钙（mg）	38	42	28	53	83	126	28	133	285	43
磷（mg）	203	206	191	174	139	182	166	128	28	60
钾（mg）	312	263	280	260	250	181	226	140	43	16
钠（mg）	46.0	70.2	150.1	120.3	172.0	193.5	120.0	425.7	502.9	134.7
镁（mg）	31	18	43	39	45	23	31	78	149	61
铁（mg）	0.8	2.5	1.2	0.7	2.0	2.9	0.7	10.9	13.2	0.5
锌（mg）	0.87	1.97	0.70	0.58	1.18	3.68	2.08	2.38	0.63	1.36
硒（μg）	6.66	34.56	36.57	42.57	39.70	56.72	57.35	54.31	63.93	13.65
铜（mg）	0.05	0.05	0.08	0.04	0.50	2.97		0.11	0.05	0.20
锰（mg）	0.05	2.22	0.17	0.02	0.05	0.42	0.33	0.44	0.76	0.06

6. 乳类

（1）乳类

主要指牛奶，蛋白质含量为3%左右，酪蛋白高含量多，乳清蛋白含量低，蛋白质消化吸收率为87%~89%，含丰富的赖氨酸，是谷类食物良好的互补食品。

脂类含量为3%左右，主要是甘油三酯，还含有少量磷脂和固醇类，容易消化吸收。

碳水化合物含量为5%左右，其中99.8%都是乳糖。乳糖促进钙等矿物质的吸收。乳糖酶活性过低的人，会引起乳糖不耐症。

矿物质含量为0.7%~0.75%，富含钙、磷和钾，特别是钙的含量较高，每100ml含115mg，且吸收率很高，铁含量低。

乳类几乎含有人体所需的所有种类的维生素，是B族维生素（特别是维生素B_2）的良好来源。

乳类还含有其他生理活性物质，包括激素样物质、活性肽类、乳铁蛋白、共轭亚油酸和神经鞘磷酯等。

（2）初乳

母牛分娩后一周内的牛乳称为初乳。初乳与常乳的区别为粘度大，有异常的气味和苦味，乳清蛋白含量高，乳糖含量低，铁、钙、磷、镁和氯含量高，含有较多免疫球蛋白。

（3）乳制品

包括液态奶类（消毒牛奶和灭菌牛奶）、发酵奶（酸奶）、奶粉、乳脂、干酪（奶酪）和乳饮料等。

●未经调配和发酵的液态奶，按脱脂程度分为全脂奶、低脂奶和脱脂奶；按杀菌程度分为生鲜奶、消毒奶和灭菌奶，其中维生素B_1和维生素C有所损失。

●强化奶主要添加了维生素A和维生素D。

●调味奶包括巧克力奶、可可奶、麦芽奶、早餐奶和果汁奶等。

●发酵奶（酸奶）经乳酸菌发酵，使乳糖变为乳酸、蛋白质凝固、脂肪有不同程度水解；能促进胃酸分泌，易于消化吸收；能调节肠内菌群、抑制腐败菌生长繁殖；适用于消化功能不良的婴幼儿和老年人；能减轻乳糖不耐受症状。

●奶粉经脱水浓缩，携带方便，体积小，耐储存，营养成分损失很小；维生素B_1、维生素B_6和维生素C有损失；经过营养强化可弥补损失的维生素，并改善本身铁、锌和铜含量低的问题。

●婴儿配方奶粉调整了酪蛋白和乳清蛋白的比例；调整了脂肪组成，特别是亚油酸和饱和脂肪酸的比例；添加了乳糖和低聚糖等碳水化合物；减少了无机盐含量，增加了一些微量元素；添加了多种维生素和其他有益成分，如维生素C、叶酸和牛磺酸。乳脂包括稀奶油、奶油（黄油）、无水奶油和炼乳等，脂肪含量高，以饱和脂肪为主，增加保藏性，是维生素A和维生素E的良好来源。

●干酪（奶酪）是营养价值很高的发酵乳制品，种类繁多，蛋白质、脂肪丰富，碳水化合物含量很低，脂溶性维生素保留，水溶性维生素有所损失，是钙的良好来源。

●乳饮料包括乳饮料、乳酸饮料和乳酸菌饮料等，营养价值低于液态乳类产品，风味多样、味道可口，受到儿童和青年人的喜爱（表3-15）。

表3-15列举了部分常见乳类及乳制品的营养成分。

表3-15　部分常见乳类及乳制品的营养成分（以每100g可食部计）

食物名称	牛乳	鲜羊乳	全脂速溶奶粉	酸奶	脱脂酸奶	奶酪	鲜奶豆腐	奶油	黄油	奶片
食部（%）	100	100	100	100	100	100	100	100	100	100
能量（kcal）	54	59	466	72	57	328	305	879	888	472
蛋白质（g）	3.0	1.5	19.9	2.5	3.3	25.7	46.2	0.7	1.4	13.3
脂肪（g）	3.2	3.5	18.9	2.7	0.4	23.5	7.8	97.0	98.0	20.2
碳水化合物（g）	3.4	5.4	54.0	9.3	10.0	3.5	12.5	0.9	0.0	59.3
膳食纤维（g）										
胆固醇（mg）	15	31	71	15	18	11	36	209	296	65
维生素A（μgRE）	24	84	272	26		152		297		75
总胡萝卜素（μg）										
维生素B_1（mg）	0.03	0.04	0.08	0.03	0.02	0.06	0.01			0.05
维生素B_2（mg）	0.14	0.12	0.80	0.15	0.10	0.91	0.69	0.01	0.02	0.20
盐酸（mg）	0.1	2.1	0.5	0.2	0.1	0.6	0.7	0.0		1.6
维生素C（mg）	1		7	1	1					5
总维生素E（mg）	0.21	0.19	1.29	0.12		0.60		1.99		0.05
α-生育酚（mg）	0.10			0.12		0.60		1.17		
钙（mg）	104	82	659	118	146	799	597	14	35	269
磷（mg）	73	98	571	85	91	326	657	11	8	427

续表

食物名称	牛乳	鲜羊乳	全脂速溶奶粉	酸奶	脱脂酸奶	奶酪	鲜奶豆腐	奶油	黄油	奶片
钾（mg）	109	135	541	150	156	75	240	226	39	356
钠（mg）	37.2	20.6	247.6	39.8	27.7	584.6	90.2	268.0	40.3	179.7
镁（mg）	11		73	12	10	57	17	2	7	32
铁（mg）	0.3	0.5	2.9	0.4	0.1	2.4	3.1	1.0	0.8	1.6
锌（mg）	0.42	0.29	2.16	0.53	0.51	6.97	2.48	0.09	0.11	3.00
硒（μg）	1.94	1.75	7.98	1.71	1.46	1.50	11.60	0.70	1.60	12.10
铜（mg）	0.02	0.04	0.12	0.03	0.01	0.13	0.34	0.42	0.01	0.06
锰（mg）	0.03		0.05	0.02	0.02	0.16	0.09		0.05	

7. 蜂产品

（1）成熟蜂蜜

●含水量在18%以下。

●糖类占75%以上，主要是果糖和葡萄糖。

●氨基酸和蛋白质含量不多。

●含20多种矿物质。

●维生素主要含B族维生素、维生素C。

●有机酸含量少、种类多而复杂。

●还含有酶、胶体物、芳香物质、抗生素、蜂蜡、胆碱、糊精、激素、胡萝卜素、叶绿素、花粉、糖醇和树脂等物质。

（2）新鲜蜂王浆

●含水量为60%~70%。

●含糖类包括葡萄糖、果糖、蔗糖、核糖和复合酮糖。

●蛋白质含量相当高，含有丰富的游离氨基酸。

●含有大量脂肪酸。

●含多种矿物质，钾、钠、镁、钙和铁含量较多。

●维生素极为丰富，主要是B族维生素和维生素C。

●还含有核酸、激素、酶类、磷酸化合物和生物蝶呤等物质。

（3）蜂花粉

●蛋白质含量为20%~25%，含有几乎所有人类所需的氨基酸，部分以游离形式存在，直接被吸收利用。

●含碳水化合物40%~50%，包括葡萄糖、果糖、半乳糖、蔗糖、麦芽糖、棉籽糖、淀粉、糊精、糖原和纤维素等。

●含脂类5%~10%，不饱和脂肪酸含量高。

●维生素丰富，主要有B族维生素、维生素C和维生素E。

●含26种矿物质。

●还含有酶类及激素、核酸、类胡萝卜素、黄酮类和有机酸等物质。

二、食谱编制的目的、意义和原则

（一）食谱编制的意义

食谱编制是膳食调配中一项经常性的具体工作，也是实现平衡膳食的具体措施。食谱编制的目的是使能量和营养素的供给量符合标准，满足人体需要，并使供给营养的食物具体化，配成适当的饭菜。

食谱是制作饭菜的依据，是膳食营养管理中必不可少的内容。通过编制食谱，可以有计划地调配膳食，保证饭菜的营养和多样化。

（二）食谱编制的原则

1. 保证营养平衡

饮食调配与保证合理营养密切相关，合理的营养原则必须通过具体、合理的饮食调配得到贯彻。因此，编制食谱时首先要满足人体对营养素的需要量，应选择包括谷类、蔬菜、豆类、油脂、奶类、水果和动物性食物等多种原料，使其在质和量方面符合合理营养原则，以保证各种营养素全面、平衡。

2. 合理分配食物

要将每天所需的食物适当地分配在全天的各餐之中。如果分配不当，就不能充分发挥食物的营养价值，甚至还会使用餐人感到不适。如在一日三餐中，有的餐次食物过多，使人过饱，就会增加胃肠道负担，并且影响食物消化吸收。反之如果食物过少，可使人很快出现饥饿感。

3. 照顾饮食习惯

饮食习惯是长期适应一定的生活环境与条件形成的结果。照顾用餐者的饮食习惯，选择他们喜欢的食物品种，并按照其习惯的方法加以烹调，才能使这些食物被充分摄入、消化、吸收和利用。对于有些有害健康的不良饮食习惯，可通过宣传教育，逐渐加以纠正。对于某些偏食习惯，也要采取具体措施，供应多种富有营养的食物，使不合理的偏食习惯逐渐得到改变。

4. 注意饭菜口味

饮食的色、香、味等感官性状，是食物对人体的条件刺激因素，可形成条件反射，并影响食物中枢的兴奋或抑制过程。色、香、味良好的食物，不仅可以保持大脑皮质的适度兴奋，促进食欲，还有利于食物的消化吸收。

5. 变换花色品种

饭菜的多样化可充分利用各种食物在营养价值上的各自特点及营养互补作用。在饮食调配中，要不断变换花色品种，尽量避免每天每餐饭菜的重复。有时限于食物品种不能变换时，要采用不同的烹调方法。

6. 考虑季节因素

配餐时要注意季节的变换。通常夏季饭菜应清淡爽口，并可适当选用具有酸味和辛香的食物以增进食欲。冬季饭菜则以浓厚为宜，可以富含油脂，味浓色重。

三、食谱编制的方法

（一）食谱编制的基本要求

1. 平衡膳食的调配

（1）能量平衡：能量摄入与能量消耗保持平衡。

（2）蛋白质、脂肪与碳水化合物的供能比例合理：蛋白质10%~15%，脂肪20%~30%，碳水化合物55%~65%。

（3）氨基酸的比例：必需氨基酸占40%。

（4）氮、钙、磷的比例：12：0.66：1。

（5）其他营养素的比例：参照营养素供给量标准。

（6）适当的膳食纤维。

2. 平衡膳食的组成

（1）粮谷、薯类：30%~35%。

（2）动物性食物和豆类：20%~25%。

（3）蔬菜、水果、坚果类：35%~40%。

（4）油脂、（精制）糖类：2%~3%。

（5）盐和其他调味品：2%。

3. 烹调方法的选择

烹调的目的是改变食物的理化性质，以便于消化吸收；还可以改变食物的感官性状，促进食欲。编制食谱时需要考虑烹调方法对食物中营养素的影响。

（1）煮与炖：对蛋白质和碳水化合物有部分水解作用，有利于消化吸收。水溶性维生素和矿物质溶于水，部分维生素受热破坏。

（2）蒸：营养素损失小，仅部分维生素B和维生素C受到破坏。

（3）炒：可使某些维生素受热破坏。

（4）炸：温度过高，多种维生素被破坏；可能产生致癌物。

（二）采用计算法编制食谱

1. 确定一日能量供给量

参照中国居民膳食营养素参考摄入量（DRIs）中的推荐能量（RNI）或优秀运动员一日能量供给推荐值（AI），根据年龄、性别、运动项目、运动强度、运动量和身体状况等条件确定一日能量供给量。

以一名跳水运动员每日所需能量供给标准为2700kcal，以下配餐步骤以此为基础为例。

2. 计算宏量营养素全日提供的能量

根据优秀运动员每日供能营养素的供能比例推荐参考值，计算宏量营养素全日需提供的能量。蛋白质需提供能量2700kcal × 15%=405kcal，脂肪需提供能量2700kcal × 25%=675kcal，碳水化合物需提供能量2700kcal × 60%=1620kcal。

3. 计算宏量营养素每日需要量

根据能量系数计算出蛋白质的需要量为405kcal ÷ 4kcal/g=101g，脂肪的需要量为675kcal ÷ 9kcal/g=75g，碳水化合物的需要量为1620kcal ÷ 4kcal/g=405g。

4. 计算宏量营养素每餐需要量

根据优秀运动员每日三餐能量供应比例推荐参考值，分别计算出各种宏量营养素的每餐需要量，具体分配量见表3-16。

表3-16　每日三餐宏量营养素的需要量

供能营养素	早餐	午餐	晚餐	合计
分配比例（%）	30	40	30	100
蛋白质（g）	30.3	40.4	30.3	101
脂肪（g）	22.5	30.0	22.5	75
碳水化合物（g）	121.5	162.0	121.5	405

5. 确定主副食的品种和数量

根据食物成分表中各种食物的供能营养素含量来确定主副食的品种和数量。表3-17列举了一些食物的供能营养素含量。

表3-17　一些食物的供能营养素含量（以每100g可食部计）

食物名称	可食部（%）	蛋白质（g）	脂肪（g）	碳水化合物（g）
小米粥	100	1.4	0.7	8.4
馒头	100	7.0	1.1	47.0
米饭	100	2.6	0.3	25.9
猪肉（里脊）	100	20.2	7.9	0.7
豆腐干（熏）	100	15.8	6.8	8.8
豆油、花生油、色拉油	100	0	99.9	0

（1）主食

主食的品种和数量主要根据食物中的碳水化合物含量来确定。以早餐为例，碳水化合物需要量为121.5g，可选择小米粥和馒头。假设需要小米粥提供20%的碳水化合物，则需要小米粥121.5g × 20% ÷ (8.4/100)=289g。除小米粥外，需要馒头提供80%的碳水化合物，则需要馒头121.5g × 80% ÷ (47/100)=206g。

（2）副食

副食的品种和数量主要根据食物中的蛋白质含量确定。以午餐为例，进行如下计算。

① 计算主食中含有的蛋白质重量

午餐的碳水化合物需要量为162g，按照主食的计算方法，选择馒头（提供50%的碳水化合物）172g和米饭（提供50%的碳水化合物）313g。以此计算出主食中的蛋白质含量为172g × (7.0/100)+313g × (2.6/100)=20.2g（表3-17）。

② 计算副食应提供的蛋白质重量

午餐需要蛋白质40.4g，主食提供蛋白质20.2g，副食需提供蛋白质40.4g-20.2g=20.2g。

③ 设定副食中蛋白质的2/3由动物性食物提供，1/3由豆制品提供

副食蛋白质需要量为20.2g，动物性食物应含蛋白质20.2g × (2/3)=13.5g，豆制品应含蛋白质=20.2g × (1/3)=6.7g。选择猪肉（里脊）13.5g ÷ (20.2/100)=66.8g，豆腐干（熏）6.7g ÷ (15.8/100)=42.4g。

④ 选择蔬菜的品种和数量

确定了动物性食物和豆制品的重量，就能保证蛋白质的摄入量。最后选择蔬菜的品种和数量，可根据不同季节蔬菜的供应情况，并考虑与动物性食物和豆制品配菜的需要来确定。

通常每人每天所吃的蔬菜总量，基本上能满足维生素和矿物质的需要。通常每天有500g左右的蔬菜即可，其中最好50%是绿色叶菜类。此外，黄色、橙色、红色的蔬菜也应尽量食用，因为各种有色蔬菜中含有的胡萝卜素、维生素B_2和维生素C较为丰富。食用蔬菜的品种越多越好，最好每天能有3～5种。

6. 确定纯能量食物的量

纯能量食物主要指油脂，应以植物油为主。以午餐为例，脂肪需要量为30.0g。其中馒头含脂肪量172g × (1.1/100)=1.9g，米饭含脂肪量313g × (0.3/100)=0.9g，猪肉（里脊）含脂肪量66.8g × (7.9/100)=5.3g，豆腐干（熏）含脂肪量42.4g × (6.8/100)=2.9g，油脂的需要量应为30.0g-(1.9g+0.9g+5.3g+2.9g)=19.0g。可选择豆油、花生油或色拉油。

7. 食谱的评价与调整

应用食物成分表核算食谱提供的能量和各种营养素的含量，与DRIs或优秀运动员营养推荐标准比较，相差在10%上下为符合要求，否则需要增减或更换食物的品种或数量。

不必严格要求每份食谱的能量和各类营养素均与DRIs或优秀运动员营养推荐标准保持一致。一般情况下，每天的能量、蛋白质、脂肪和碳水化合物的量出入不应很大，其他营

养素以一周为单位进行计算和评价即可。

（三）采用食物交换份法编制食谱

吃多种多样的食物不仅是为了获得均衡的营养，也是为了使饮食更加丰富多彩，以满足人们的口味享受。虽然每种食物都与另一种不完全相同，但同一类中各种食物所含营养成分往往大体上近似，在膳食中可以互相替换。

食物交换法是将常用食物按其所含营养素量的近似值归类，计算出每类食物每份所含的营养素值和食物重量，然后将每类食物的内容列出表格供交换使用，最后根据不同能量需要，按蛋白质、脂肪和碳水化合物的合理分配比例，计算出各类食物的交换份数和实际重量，并按每份食物等价交换表选择食物。

食物交换法简单易行，易于掌握。要求运动员在了解平衡膳食原则的基础上，根据不同类别食物的每份等值交换表选择食物，从而合理安排自己的食谱搭配。表3-18至表3-24为各类食物的互换表。

表3-18　谷类薯类食物互换表（能量相当于50g米、面的食物）

食物名称	市品重量（g）	食物名称	市品重量（g）
稻米或面粉	50	烙饼	70
面条（挂面）	50	烧饼	60
面条（切面）	60	油条	45
米饭	籼米150，粳米110	面包	55
米粥	375	饼干	40
馒头	80	鲜玉米（市品）	350
花卷	80	红薯、白薯（生）	190
成品按照与原料的能量比折算			

表3-19　蔬菜类食物互换表（市品相当于100g可食部重量）

食物名称	市品重量（g）	食物名称	市品重量（g）
萝卜	105	菠菜、油菜、小白菜	120
樱桃西红柿	100	圆白菜	115
西红柿	100	大白菜	115
柿子椒	120	芹菜	150
黄瓜	110	蒜苗	120
茄子	110	菜花	120
冬瓜	125	莴笋	160
韭菜	110	藕	115
按照市品可食部百分比折算			

表3-20 水果食物互换表（市品相当于100g可食部重量）

食物名称	市品重量（g）	食物名称	市品重量（g）
苹果	130	柑橘、橙	130
梨	120	香蕉	170
桃	120	芒果	150
鲜枣	115	火龙果	145
葡萄	115	菠萝	150
草莓	105	猕猴桃	120
柿子	115	西瓜	180
按照市品可食部百分比折算			

表3-21 大豆类食物互换表（相当于50g大豆的豆类食物）

食物名称	市品重量（g）	食物名称	市品重量（g）
大豆（黄豆、青豆、黑豆）	50	豆腐丝	80
北豆腐	145	素鸡	105
南豆腐	280	腐竹	35
内酯豆腐	350	豆浆	730
豆腐干	110		
豆制品按照与黄豆的蛋白质比折算			

表3-22 肉类食物互换表（市品相当于50g生鲜肉）

食物名称	市品重量（g）	食物名称	市品重量（g）
瘦猪肉（生）	50	羊肉（生）	50
猪排骨（生）	85	整鸡、鸭、鹅（生）	75
猪肉松	30	烧鸡、烧鸭、烧鹅	60
广式香肠	55	鸡肉（生）	50
肉肠（火腿肠）	85	鸡腿（生）	90
酱肘子	35	鸡翅（生）	80
瘦牛肉（生）	50	炸鸡	70
酱牛肉	35	鸭肉（生）	50
牛肉干	30	烤鸭	55
以可食部百分比及同类畜、禽生肉的蛋白质折算，烤鸭、肉松、大排等食物能量密度较高，与瘦肉相比，提供等量蛋白质时，能量是其2~3倍，因此在选择这些食物应注意总能量的控制。			

表3-23 鱼虾类食物互换表（市品相当于50g可食部重量）

食物名称	市品重量（g）	食物名称	市品重量（g）
草鱼	85	大黄鱼	75
鲤鱼	90	带鱼	65
鲢鱼	80	鲅鱼	60

续表

食物名称	市品重量（g）	食物名称	市品重量（g）
鲫鱼	95	墨鱼	70
鲈鱼	85	蛤蜊	130
鳊鱼（武昌鱼）	85	虾	80
鳙鱼（胖头鱼、花鲢鱼）	80	蟹	105
鲳鱼（平鱼）	70		
按照市品可食部百分比折算			

表3-24　乳类食物互换表（相当于100g鲜牛奶的乳类食物）

食物名称	市品重量（g）
鲜牛奶（羊奶）	100
奶粉	15
酸奶	100
奶酪	10
奶制品按照与鲜奶的蛋白质比折算	

根据不同能量膳食的各种食物需要量，参考食物互换表，可以确定食谱的各种食物的供给量。食物交换份法是一个比较粗略的方法，可将计算法与食物交换份法结合使用。用计算法确定各种食物的需要量，制作基本食谱（一天食谱）。以基本食谱为模本，运用食物交换份法，通过食物的同类互换，制作出一周食谱、一月食谱。

（四）采用营养软件编制食谱

营养软件包括营养计算、营养查询、营养分析和评价、营养配餐等基本功能。使用营养软件可以实现编制食谱、人工配餐和自动配餐。表3-25~表3-28是一个采用营养软件编制的食谱。

表3-25　能量摄入为2000kcal的配餐（举例）（食物重量单位：g）

早餐		午餐		晚餐	
烙饼	40	面条	200	米饭	100
面包	20	大白菜	100	绿豆芽	100
鸡蛋	100	黄瓜	100	土豆	30
香蕉	200	瘦猪肉	30	带鱼	100
苹果酱	5	苹果	100	鲜牛奶	500
花生油	3	甜面酱	20	花生油	10
盐	1	花生油	10	盐	2
无花果（加餐）	100	盐	2		
		梨（加餐）	100		
		菠萝（加餐）	100		

续表

早餐	午餐	晚餐
总能量：2015kcal 三大营养素供能比例：碳水化合物59％、蛋白质17％、脂肪24％ 各餐能量分配比例：早餐26％、午餐39％、晚餐30％、加餐5％		

表3-26　能量摄入为3000kcal的配餐（举例）（食物重量单位：g）

早餐		午餐		晚餐	
燕麦片	10	米饭	100	米饭	100
面包	100	面包	100	菜花	150
奶油饼干	50	胡萝卜	100	土豆	30
鸡蛋	50	鸡腿	57	瘦牛肉	80
香蕉	200	鲜牛奶	250	鲜牛奶	500
高蛋白酸奶	250	苹果酱	20	草莓	150
花生油	3	花生油	10	黄油	5
盐	1	盐	2	花生油	10
葡萄（加餐）	100	奶片（加餐）	10	盐	2
		蛋糕（加餐）	50		
总能量：3099kcal 三大营养素供能比例：碳水化合物60％、蛋白质14％、脂肪26％ 各餐能量分配比例：早餐32％、午餐35％、晚餐22％、加餐11％					

表3-27　能量摄入为4000kcal的配餐（举例）（食物重量单位：g）

早餐		午餐		晚餐	
烙饼	100	面条	150	米饭	100
馒头	100	面包	100	鲜玉米	150
鸡蛋	100	大白菜	200	四季豆	150
香蕉	200	胡萝卜	100	鸡腿	200
鲜牛奶	250	瘦牛肉	100	罐头苹果	200
脱脂酸奶	250	花生油	15	酸奶	250
花生油	3	盐	2	花生油	15
盐	1	面包（加餐）	50	盐	2
葡萄（加餐）	100	花生酱（加餐）	10		
巧克力奶（加餐）	200	橙子（加餐）	150		
蛋糕（加餐）	100	无花果（加餐）	50		
总能量：4083kcal 三大营养素供能比例：碳水化合物59％、蛋白质16％、脂肪25％ 各餐能量分配比例：早餐27％、午餐28％、晚餐26％、加餐19％					

表3-28　能量摄入为5000kcal的配餐（举例）（食物重量单位：g）

早餐		午餐		晚餐	
奶油饼干	100	烧饼	100	米饭	150
鸡蛋	50	馒头	200	烙饼	50
草莓酱	50	菜花	150	豆腐干	100
鲜牛奶	250	芹菜茎	150	带鱼	150
鲜桃果汁	150	绿豆芽	100	梨	300
花生油	3	瘦牛肉	150	黄油	25
盐	1	香蕉	250	巧克力冰激凌	150
苹果（加餐）	150	鲜牛奶	250	花生油	15
葡萄（加餐）	100	花生油	15	盐	2
		盐	2		
		酸奶（加餐）	250		
		曲奇饼干（加餐）	50		
总能量：4942kcal 三大营养素供能比例：碳水化合物 63 %、蛋白质 12 %、脂肪 25 % 各餐能量分配比例：早餐 28 %、午餐 36 %、晚餐 25 %、加餐 11%					

思考题

1. 运动员合理膳食的意义包括哪些方面？

2. 运动员合理膳食的基本要求有哪些？

3. 运动员膳食为什么需要多样化？

4. 运动员宏量营养素的合理比例是多少？

5. 运动员三餐能量分配的原则是什么？

6. 为什么运动前后需要间隔一定的时间再进餐？

7. 什么是碱性食物？哪些是碱性食物？

8. 运动前、中、后的补液的目的是什么？

9. 高原训练的膳食原则包括哪些方面？

10. 运动营养品有哪几种划分的方法？可分为哪四种类型？

11. 食谱编制的原则是什么？基本要求是什么？

12. 采用计算法编制食谱包括哪几个步骤？

第四章
不同项目的膳食特征

教学提示

不同的运动项目具有不同的运动特点，这必然导致机体对各种营养素需要的不同。本章将具体从耐力、力量、集体项目的角度实际讨论它们的膳食特点，并从运动相关特殊人群的角度介绍这些人的膳食特点。本章中还将通过一些实例使大家掌握具体的分析和计算方法，通过本章学习：

- 掌握耐力、力量、集体项目的供能特点。
- 掌握耐力、力量、集体项目的能量需要计算及如何设计宏量营养素的供给比例。
- 了解耐力、力量、集体项目对维生素、矿物质的需要特点。
- 掌握耐力、力量、集体项目的脱水量与补水量的计算、设计补水方法。
- 掌握素食者的分类及各种营养素来源。
- 了解青少年、大学生运动员、大龄运动者的膳食特点。
- 了解肌肉痉挛、胃肠不适与膳食的关系。

概 述

一、项目分类

不同运动项目本身存在项目特点，这使得不同项目之间存在代谢、能量供应方式的不同，这也是不同项目膳食营养要求不同的基础。有关项目分类的方式有很多，各有所长。为了将问题简单化，在此主要以体能特点进行分类，分为：

1. 以快速力量（跳跃、投掷、举重等）和短距离竞速项目（短跑、游、速度滑冰等）为特征的速度力量项目（后面简称为力量项目）。

2. 以长距离走、跑、自行车、游泳等为特点的耐力项目。

3. 以三大球为代表的，对上述能力均需要兼而有之的集体项目。

二、常见项目的供能

1. 前面提到，所有的运动必须消耗能量，这些能量需要由可被体内吸收利用的宏量营养素（也被称为能量物质）提供。

2. 如前所述，机体的直接供能物质是三磷酸腺苷（ATP）和磷酸肌酸（CP），但是它们能够维持的时间仅仅有数秒钟，随后机体必须启动其他的供能系统进行供能。表4-1列出了一些常见运动项目的主要供能系统。

表4-1　常见运动的供能系统

运动项目	磷酸原系统	无氧系统	有氧系统	主要能源成分
短跑冲刺	√	√		肌酸，碳水化合物
200~500m跑		√		碳水化合物
10000m跑		√	√	碳水化合物，脂肪
跳远	√	√		肌酸，碳水化合物
投掷	√	√		肌酸，碳水化合物
跨栏	√	√		肌酸，碳水化合物
自行车，冲刺	√	√		肌酸，碳水化合物
游泳，冲刺	√	√		肌酸，碳水化合物
游泳，200~500m		√		碳水化合物
举重	√	√		肌酸，碳水化合物
体操	√	√		肌酸，碳水化合物

续表

运动项目	磷酸原系统	无氧系统	有氧系统	主要能源成分
橄榄球		√	√	碳水化合物，脂肪
棒球		√	√	碳水化合物，脂肪
篮球		√	√	碳水化合物，脂肪
曲棍球		√	√	碳水化合物，脂肪
冰球		√	√	碳水化合物，脂肪
长曲棍球		√	√	碳水化合物，脂肪
英式橄榄球		√	√	碳水化合物，脂肪
排球		√	√	碳水化合物，脂肪
乒乓球		√	√	碳水化合物，脂肪
壁球		√	√	碳水化合物，脂肪
赛艇 *		√	√	碳水化合物，脂肪 *
速度滑冰 *		√	√	碳水化合物，脂肪 *
马拉松			√	碳水化合物，脂肪
铁人三项			√	碳水化合物，脂肪
超级耐力赛			√	碳水化合物，脂肪
长距离骑行			√	碳水化合物，脂肪

* 赛艇和速度滑冰可以由有氧系统和无氧系统供能，取决于划艇和滑冰的距离。

第一节　耐力项目

一、耐力项目的供能特点

（一）涉及系统

耐力是重要的基本素质之一，主要由肌肉耐力和心血管耐力组成。肌肉提供动力，心血管提供能源和维持机体内环境稳定。

（二）项目种类划分

很多项目都涉及耐力问题，在此首先需要对下面所要讨论的耐力界定一个范围。耐力项目根据时间不同可以分为耐力项目和超级耐力项目。

1. 运动持续时间在30min~4h之间的为耐力项目，如10000m跑、20km、50km竞走、越野滑雪等。

2. 持续运动超过4h的为超级耐力项目，如马拉松、超级马拉松、公路自行车、环湖赛。

3. 足球、篮球、网球虽然不是典型的耐力项目，但是这些运动员也需要良好的耐力。

（三）膳食要求

1. 耐力项目需要进行长时间持续运动，这导致机体消耗大量的能量物质，在比赛、训练中，耐力项目运动员的消耗常常可以达到6000~8000kcal/d，对储备能源和训练后高效补充提出更高要求。

2. 运动员膳食不仅仅是关注运动成绩，还要保障运动员的健康，不合理的膳食补充会导致慢性疲劳积累、脱水、伤病发生几率升高和肌肉劳损。

3. 耐力项目运动员需要通过膳食摄入足够的能量是一个大问题，由于运动员训练后的脱水、疲劳等会导致食欲下降，他们的膳食更要讲究合理的食物搭配和进食时间的安排。

4. 对于超级耐力项目的运动员还有一个比赛中的能量补充问题。耐力项目是高能量需要项目，但是并不意味运动员可以随便吃，而是更需要科学安排训练和比赛期摄取食物的成分和比例，不然很难满足机体对各种营养的需要。

5. 耐力运动中食物补充目的是延缓疲劳出现，而不是补充消耗的物质。所以应该以保持运动能力为前提，在最少补充的情况下，最大限度地保持运动能力。

二、耐力项目的供能系统及能量需要量计算

与多数运动项目一样，耐力项目也需要前述的三个供能系统进行供能，但是是以有氧系统为主，人体的直接能源是ATP，而有氧供能系统是一个可以几乎无限地合成ATP的能量来源系统，但是有氧供能系统的弱点是合成ATP的启动速度明显慢于无氧酵解，不过这个问题可以通过训练来提高（图4-1）。人体有氧合成ATP的速率被称为“有氧功率”，运动员的ATP合成速率越高，有氧功率越大。优秀耐力项目运动员具有良好的有氧功率，他们可以持续数小时维持相对的高速运动而不出现疲劳，而常人仅仅能维持几分钟。

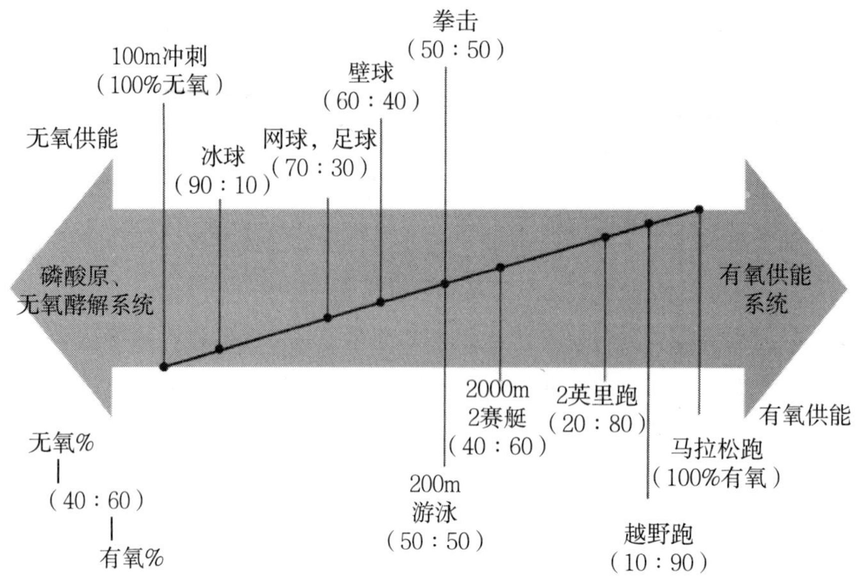

图4-1 运动项目与供能系统

100m冲刺是典型的无氧供能项目，马拉松是典型的有氧供能项目。

（一）耐力项目运动员对能量需求的计算

对于耐力项目运动员来说，如何让能量消耗与供给相匹配是一个需要重点解决的问题，长距离、大负荷运动需要消耗大量的能量，优秀耐力项目运动员具有很好的利用能源物质的能力，可以比普通人多获得2~3倍的能量。如果这些消耗的能量当天不能获得完全的补充，其后面的训练和比赛能力将受到影响。

1. 能量需要量计算

耐力项目运动员的能量需要量计算需要取得以下几个数据：

（1）基础代谢（REE）的消耗，这需要根据不同的性别和年龄进行计算。（表4-2）

（2）以千克记录体重。

（3）活动系数。描述活动的活跃度，能量消耗越大，所选数值范围越大。

表4-2 基础代谢（REE）计算和活动系数

性别	年龄	公式	活动系数
男性	10~18	REE=（17.5×体重（kg））+651	1.6~2.4
	19~30	REE=（15.3×体重（kg））+679	1.6~2.4
	31~60	REE=（11.6×体重（kg））+879	1.6~2.4
女性	10~18	REE=（12.2×体重（kg））+749	1.6~2.4
	19~30	REE=（14.7×体重（kg））+496	1.6~2.4
	31~60	REE=（8.7×体重（kg））+829	1.6~2.4

运动员的活动系数取值范围均为1.6~2.4，具体使用时给出的是一个范围，根据需要选择范围的下限或者上限。
来源：世界卫生组织能量和蛋白质需要量相关报道

2. 计算举例

长跑爱好者，35岁，男性，每周慢跑50~60km，体重70kg。其能量消耗计算如下：

（1）基础代谢能量需要量：REE=（11.6×70）+879=1691kcal

（2）每日能量需要=1691×(1.6~2.4)=2706~4058kcal

上述公式计算得到的能量消耗数值考虑了基础代谢（体重、年龄、性别）、活动系数这些影响能量消耗的因素，给出的是一个需要范围，具体还需要根据锻炼者的具体情况，大强度锻炼日需要约4000kcal，而恢复或者休息日则只需要2800kcal。

当然能量的需要还会受到具体情况（如环境、赛季、训练安排、特殊需要等因素）的影响。赛季的能量消耗会比平时训练少一些，需要控体重时所乘以的系数就要小一些（1.4~1.6）；但是铁人三项、公路自行车这些项目的系数可能是4.5~4.6。当运动员对能量的需要很大时，如何让他们不至于过饱、如何改善食欲也是需要解决的问题。

3. 每日提供3000kcal、4000kcal、5000kcal能量膳食方案

下面列举了常见的三种能量需要水平的食谱（表4-3），本例食谱是通过增加食物的方式来满足能量需要增加的要求。

表4-3　提供3000、4000、5000kcal热量的食谱

3000kcal食谱						
	食物	重量（g）	热量（kcal）	蛋白质（g）	脂肪（g）	碳水化合物（g）
早餐	烧饼	50	146.5	4	1.05	31.35
	牛奶	250	135	7.5	8	8.5
	鸡蛋	50	63.35	5.85	3.86	1.22
午餐	米饭	200	692	14.8	1.6	155.8
	红烧鱼	100	384.6	4	33.4	17
	花生拌芹菜	100	242.5	9.8	19.2	10.1
	凉拌豆腐	100	82.5	8.1	3.7	4.2
	橙子	150	52.17	0.88	0.22	12.32
	饮料	450	222.5	0	0.45	49.5
午间餐	腰果	20	130.4	3.46	7.34	8.32
	苹果	150	59.28	0.22	0.22	15.39
晚餐	米饭	200	692	14.8	1.6	155.8
	豆腐丝	50	100.5	10.75	5.25	3.1
	西兰花	50	16.5	2.05	0.3	2.15
	合计	1970	3017.15	93.06	89.79	459.2
热能合计（kcal）				372.24	808.11	1836.8
热能百分比（%）				12.34	26.78	60.88

续表

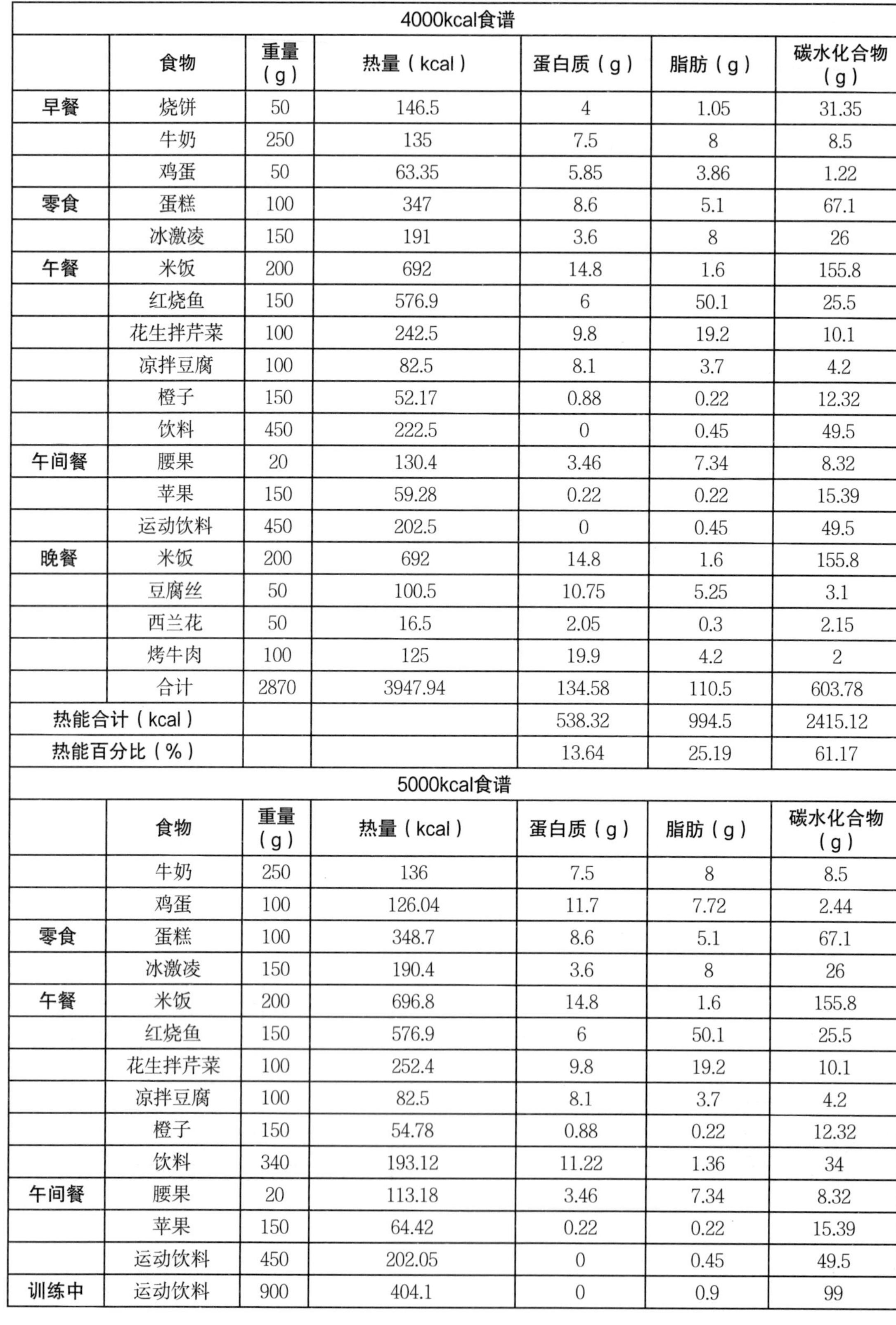

4000kcal食谱						
	食物	重量（g）	热量（kcal）	蛋白质（g）	脂肪（g）	碳水化合物（g）
早餐	烧饼	50	146.5	4	1.05	31.35
	牛奶	250	135	7.5	8	8.5
	鸡蛋	50	63.35	5.85	3.86	1.22
零食	蛋糕	100	347	8.6	5.1	67.1
	冰激凌	150	191	3.6	8	26
午餐	米饭	200	692	14.8	1.6	155.8
	红烧鱼	150	576.9	6	50.1	25.5
	花生拌芹菜	100	242.5	9.8	19.2	10.1
	凉拌豆腐	100	82.5	8.1	3.7	4.2
	橙子	150	52.17	0.88	0.22	12.32
	饮料	450	222.5	0	0.45	49.5
午间餐	腰果	20	130.4	3.46	7.34	8.32
	苹果	150	59.28	0.22	0.22	15.39
	运动饮料	450	202.5	0	0.45	49.5
晚餐	米饭	200	692	14.8	1.6	155.8
	豆腐丝	50	100.5	10.75	5.25	3.1
	西兰花	50	16.5	2.05	0.3	2.15
	烤牛肉	100	125	19.9	4.2	2
	合计	2870	3947.94	134.58	110.5	603.78
热能合计（kcal）				538.32	994.5	2415.12
热能百分比（%）				13.64	25.19	61.17
5000kcal食谱						
	食物	重量（g）	热量（kcal）	蛋白质（g）	脂肪（g）	碳水化合物（g）
	牛奶	250	136	7.5	8	8.5
	鸡蛋	100	126.04	11.7	7.72	2.44
零食	蛋糕	100	348.7	8.6	5.1	67.1
	冰激凌	150	190.4	3.6	8	26
午餐	米饭	200	696.8	14.8	1.6	155.8
	红烧鱼	150	576.9	6	50.1	25.5
	花生拌芹菜	100	252.4	9.8	19.2	10.1
	凉拌豆腐	100	82.5	8.1	3.7	4.2
	橙子	150	54.78	0.88	0.22	12.32
	饮料	340	193.12	11.22	1.36	34
午间餐	腰果	20	113.18	3.46	7.34	8.32
	苹果	150	64.42	0.22	0.22	15.39
	运动饮料	450	202.05	0	0.45	49.5
训练中	运动饮料	900	404.1	0	0.9	99

续表

晚餐	米饭	200	696.8	14.8	1.6	155.8
	豆腐丝	50	102.65	10.75	5.25	3.1
	西兰花	50	16.5	2.05	0.3	2.15
	烤牛肉	100	125	19.9	4.2	2
零食	酸奶	300	214.6	7.2	8.2	28
	蛋糕	100	348.7	8.6	5.1	67.1
	合计	3960	4949.04	149.18	138.56	776.32
热能合计（kcal）				596.72	1247.04	3105.28
热能百分比（%）				12.06	25.20	62.75

设计高能量消耗运动员食谱时需要注意能源物质的平衡，碳水化合物过多会导致腹胀和产气；蛋白质丰富的食物会影响耐力项目运动的糖原储备恢复而影响成绩；脂肪丰富的食物会导致胃肠道的排空延缓，胃肠痉挛，甚至腹泻。因此根据项目需要平衡好能量物质的比例是保障训练的重要环节。

（二）耐力训练或比赛中能量需要量的影响因素

1. 运动项目差异：项目不同导致运动时间、运动强度不同，体重不同导致能量需要量不同。如，马拉松、铁人三项、半程马拉松、越野滑雪。

2. 运动所带来的应激或者压力：跑步与骑自行车、滑雪所需要的注意力集中度或精神压力不同，比赛时对身体带来的各种应激反应明显大于训练，这些会影响食欲、影响身体代谢。

3. 运动环境导致能量供给不足：游泳、划艇这类水上项目，越野滑雪这类冰雪项目会导致能量丢失增加；温度和湿度不同会导致机体代谢不同。

4. 年龄、体重和训练水平：年龄小者代谢旺盛能量需要量大；体重与能量消耗成正比；训练水平高者，机体运动时的机能节省化水平高，消耗能量将明显减少。

在实际中，很难让每日的膳食能量都满足消耗的需要，即使能够供给足够的食物，我们的身体也不一定能够消化和吸收其中所有的能量。所以，耐力运动膳食方案的制定需要根据具体情况进行，主要要考虑：碳水化合物、水和钠的补充。

5. 计算举例

设计一个膳食方案利用运动饮料和零食来满足下面这位运动员运动中能量消耗的补充。

（1）半程马拉松爱好者，体重60kg，以6'30"跑1.6km的速度完成半程马拉松所需要的能量约为800kcal/h。所需总能量是多少？

（2）假设每240ml运动饮料中含有50kcal能量，他需要补充多少ml/h来满足能量需求？

（3）人体可以承受的液体摄入量是720~1440ml/h，显然不可能通过运动饮料来满足能量补充需要，需要通过碳水化合物加饮料的方式进行补充。根据上述的液体摄入限制，以960ml运动饮料（含有14~15g碳水化合物/240ml）摄入为基础，还需要补充多少碳水化合物？运动中补充能量消耗的50%~60%已经可以保证运动员保持良好的运动能力。

（4）膳食方案

● 该运动员需要额外补充的能量为：800−960 ÷ 240 × 50=600kcal

● 1个能量棒所含碳水化合物：29g=116kcal

● 1个香蕉所含碳水化合物： 28g=112kcal

●通过食物补充后所获得的能量：200+116+112=428kcal 占到所需能量的百分比：428/800=53.5%

（三）训练比赛后的膳食补充

1. 一般来说，耐力训练或比赛后主张立即补充200~300kcal的能量，可通过点心、饮料的方式来获取，然后在随后的1~2h内进食其他的食物来补充更多的能量。200~300kcal能量的食物可以是1~2块蛋糕、1大杯牛奶或者纯果汁，这会有力地促进体力恢复。

2. 但是要注意考虑个体间的差异，根据研究人体在进行大运动量耐力训练时能够摄入的能量和液体补充仅能达到消耗量的1/3~2/3，运动中的过度摄入会带来胃肠不适、恶心等问题，在训练后的恢复期需要完成这些消耗的补充过程，但是也要注意时间与量的平衡。

三、耐力项目运动员宏量营养素补充

耐力项目运动员与其他项目的区别在于对食物数量的要求，日复一日对能量的巨大需求，使得耐力项目运动员必须具备良好的能量储备恢复能力，特别是高水平的肌糖原储备。碳水化合物在耐力项目运动员的膳食中处于重要位置，虽然可以通过脂肪、蛋白质来作为小体积来源，但是脂肪供能需要消耗更多的氧，蛋白质的供能很不经济，它只可作为耐力运动中的额外补充。耐力项目运动员对碳水化合物、脂肪、蛋白质也有最低需求，下面将进行进一步的讲解。

（一）碳水化合物对耐力项目运动员的意义

1. 碳水化合物是耐力项目的主要能源，必须保证摄入

碳水化合物对耐力项目运动员的重要意义在于除了它是重要的供能物质之外，它还是脂肪快速供能的重要限速酶，如果肝糖原和肌糖原耗竭，耐力项目运动员会进入突然功能极度下降的状态，即极点（也被称为“hitting the wall”）。

2. 碳水化合物是保证糖原储备恢复的基础

由于糖原在体内的储备有限，而糖原消耗幅度与人体力竭之间存在密切关系，所以

糖原储备对耐力项目运动员非常重要，摄入碳水化合物是保证肌糖原储备恢复的重要途径（图4-2）。

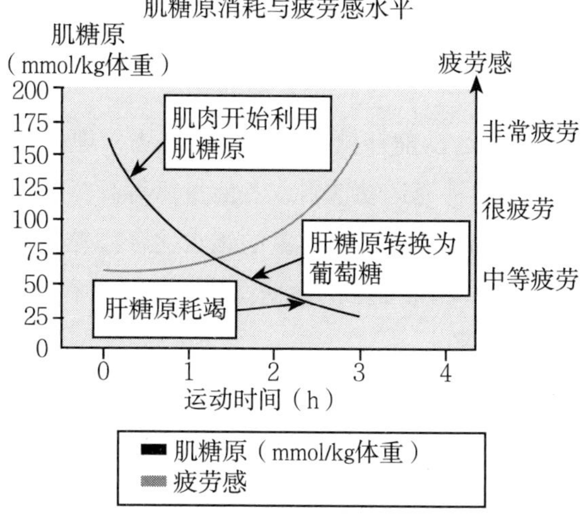

图4-2 肌糖原消耗与疲劳

（可见随着运动时间的延长，糖原消耗导致肌糖原浓度降低，相应的疲劳感水平升高。）

3. 血糖是大脑的能量来源

血糖水平正常是保持大脑系统正常工作的基础，血糖降低会导致人体工作能力降低，严重时可发生低血糖。

（二）耐力项目运动员每日碳水化合物需要量的计算

1. 重量计算

耐力项目运动员的每日碳水化合物推荐量是6~10g/kg体重。如，1名中等活动度，22岁，70kg男性的碳水化合物需要量：

碳水化合物所含能量=70×（6~10）=（420~700）g×4=1680~2800kcal

2. 能量计算

将此需要量与前面提到的日能量需要进行比较可以缩窄范围：

能量需要=［（15.3×70）+679］×（1.6~2.0）=2800~3500kcal/日

3. 选择碳水化合物需要量计算方法

420×4=1680kcal，占到2800kcal的60%，耐力项目运动员的碳水化合物供能比例应该占到50%~65%；而700g碳水化合物显然是太多了，因为700×4=2800kcal，已经是日能量需要量下限的100%，即使按照上限3500kcal计算也达到能量比例的80%，这显然不符合膳食要求。因此，碳水化合物供能量应该选择420g。

（三）耐力项目运动员的比赛期补糖

1. 运动前补糖的疑问

（1）对于持续时间超过2h的运动，运动前补糖的效果已被认同，但是如何补充和补充多少是问题的关键。

（2）还有运动员不接受运动前补糖或者食物的方法，理由是不习惯进食、进食会影响运动能力；他们可以在运动中补充运动饮料或者能量棒等高糖食物，不用在运动前补充。

有研究发现，在运动前3h补充2.5g/kg体重的碳水化合物较不进食运动员可以提高奔跑能力9%；运动前3h补糖，运动中补充6.9%的含糖饮料，运动员有22%表现出比运动前和运动中都不补糖运动员更好的耐力水平。

2. 运动前或赛前的理想补糖时间

这个问题一直有争议，下面列举一些相关观点。

（1）运动前1~4h进食富含碳水化合物的食物，运动前1h内不能食用高血糖指数食物。因为高糖食物所导致的胰岛素反应，加上运动中的肌糖原消耗会导致血糖下降而降低运动能力。但是支持这一观点的研究报道较少。

（2）运动前1h补糖不影响或者可以提高20%的运动成绩。一项4000m游泳能力的研究中，受试者在4000m游泳前5min、35min摄入10%葡萄糖溶液或者等量的安慰剂，在10名受试者中，有8人的成绩比服用安慰剂时快24s~5min。

（3）运动员在赛前的进食时间与进食量有关，一般来说，补充的糖越多需要间隔的开始运动的时间越长。运动前补充1~4g/kg体重碳水化合物会有助于改善运动能力，一名55kg的耐力项目运动员在训练前需要补充大约55~220g碳水化合物，对于这个量只需要一杯脱脂牛奶、一个香蕉或一杯酸奶就可以提供90g的碳水化合物。

（4）吃什么、间隔时间多少合理要因人而异，运动员可以在控制总量的前提下自己试验来决定。目标是运动开始时胃已排空，不会感到胃部不适，当然也要尽可能延缓饥饿感的出现。

3. 耐力项目运动中补糖

（1）合理补充

超过2~4h的运动会使得机体内的糖原储备耗竭，而需要通过血糖供能，这时运动中的补糖就显得尤为重要，但是人体对糖的吸收是有限度的，过度摄入会导致胃肠痉挛、不适和腹泻。所以运动员在训练中要掌握自己的碳水化合物摄入的承受能力，这是合理安排训练、比赛中含糖饮料和食物计划的依据。

（2）耐受力和食物选择

人体进行耐力运动时每小时的碳水化合物需要量是30~60g，但是有个体差异，有些人可以轻松摄取60~80g，有些人只能耐受30~40g。

碳水化合物的来源很多，可以是运动饮料、能量棒、能量果冻、果汁、香蕉，点心等，具体营养方案需要根据个人特点来制定，同时要考虑到个人对食物种类的好恶，及个体对食物的耐受能力。

4. 训练和比赛后恢复期的补糖

（1）耐力训练会导致体内糖原储备耗竭，如果在训练、比赛后不能及时获得补充和恢复，将对后面的训练、比赛成绩产生明显影响。

（2）训练后补糖应该尽快进行适量补充。想要获得理想恢复效果，应该在运动后15~30min内补糖，这个时间补糖机体对糖的消化、吸收和运输速度最快，是恢复体内糖原储备效率最高的时间。

（四）补充碳水化合物需要注意的问题

碳水化合物是主要的耐力运动能量来源，运动员应该计算每日需要量及运动前、中、后的补充量。通过不断实践和纠正，才能制定出合理的膳食方案。

1. 耐力项目运动员应该在训练后的6h内，每2h补充1~1.5g/kg体重碳水化合物，第一次补充应该在训练后15~30min进行。如，一个体重60kg的运动员所需要的补充量是60~90g/2h。

2. 碳水化合物的来源最好是食物和果汁、牛奶等。如果有运动员训练后没有食欲，在运动后30min进食感到不舒服，可以饮用高碳水化合物饮料，这样被接受的程度会比进食固体食物高一些。这时也鼓励尽快补水来恢复机体的水平衡。表4-4列出一些饮料和食物的碳水化合物含量，这有助于对这些碳水化合物食物的种类、数量和进食时间进行组合，在运动后立即补充机体的消耗，为下一次的训练课做好准备。

3. 补充手段的选择

（1）其中含有多少碳水化合物？有些补剂的标签没有提供具体的碳水化合物数量，你需要计算你的需要然后决定这是否是你需要的。

（2）其中的其他营养成分是多少？查看补剂中所含有的各种营养素含量，如果有些成分的浓度如维生素过高，你需要避免选用。

（3）补剂的价格是多少？补剂的价格会是一般食物、牛奶、饮料价格的2~3倍，如果你的预算有限，还是选择一般食物，运动员对一般食物的耐受性会好一些。

各种含糖食物有各自的优点，补剂不需要冷藏是其优势，特别是需要外出旅行时，粉、棒或者液体可以方便地携带和食用，然而，如果可以方便地获得习惯的食物、果汁和牛奶，运动员还是应该选择后者。

表4-4 运动后碳水化合物补充来源

食物	数量	碳水化合物含量（g）
橘子	1个	15
豆奶	1杯	15
全麦饼干	2块	20
苹果酱	半杯	25
巧克力奶	1杯	26
全麦面包	半块	26
苹果汁	1杯	27
香蕉	1个	28
水果酸奶	1杯	40

四、耐力项目运动员对蛋白质的需要特点

力量、爆发力项目运动员需要优质蛋白质补充是众所周知的，但是耐力项目运动员在训练后其实也很需要蛋白质的补充，其需要量甚至超过前者。导致耐力项目蛋白质需要量增加的情况有：

1. 耐力项目运动中大量的能量消耗。

2. 膳食中的能量负平衡、碳水化合物摄入不足时，耐力项目运动员的蛋白质消耗可在运动后的4~24h内增加10%~80%。

3. 肌肉反复收缩导致的微细损伤。

4. 激烈的身体运动导致的机体蛋白质分解代谢加强。

所以耐力项目运动员也要重视膳食中的优质蛋白数量的补充，以保证训练后的体力恢复过程。

（一）耐力项目运动员的蛋白质需要量

耐力项目运动员每日推荐供给量是1.2~2.0g/kg体重，具体需要量受下列因素影响：

1. 每周训练量和训练强度：小负荷训练1.2~1.4g/kg体重/d，大负荷训练1.7~2.0g/kg体重/d。

2. 运动员对体重的控制目标：如果长跑、铁人三项、自行车这些耐力项目运动员容易出现体重下降的现象，加上大强度训练，运动员对蛋白质的需要量要采用上限范围（1.7~2.0g/kg体重），想要增加体重的运动员也需要采用上限范围。如果是想要保持体重，可采用中限范围（1.4~1.7g/kg体重）。

3. 运动员是否处于过度训练的状态：耐力项目的训练往往长期保持在一个高负荷水平，运动员很难从每天的训练负荷中完全恢复，表现为感到疲劳、肌肉酸痛、食欲下降，这些运动员可以从高蛋白膳食中获得更好的组织修复机会。

4. 运动员的膳食中碳水化合物是否充足：对耐力项目运动员的膳食要强调保证充足的碳水化合物摄入，同时保证能量平衡。这样的膳食可以减少蛋白质参与供能，从而节约蛋白质。

（二）计算耐力项目运动员的蛋白质需要量

根据上述内容，蛋白质的需要量取决于运动员的年龄、性别、体重、每日训练时数、每周训练天数。计算方法如下：

1. 确定每日能量消耗和蛋白质需要量。

2. 将上述需要量设计为具体食谱。

3. 计算举例。

22岁男性公路自行车运动员，体重70kg，每周训练6~7天，每天3h。

蛋白需要量确定：

根据表4-1的公式，该运动员所需要的能量和蛋白质如下：

· REE=15.3×70kg+679=1750kcal，活动系数为1.6~2.4。

· 每日能量需要量=1750×（1.6~2.4）=2800~4200kcal，平均为3500kcal。

· 该运动员每周训练约20h，蛋白需要量（表4-5）选择上限（1.7~2.0）=1.7~2.0×70kg体重=119~140g/天，平均为130g/天，占总能量百分比：130×4/3500=14.86%。

根据前面提到的类似能量和蛋白质供给的食谱进行调整，就可以完成对该运动员的食谱制定（表4-6）。

表4-5　耐力项目运动员蛋白质需要量

活动水平	蛋白推荐量（g/kg体重）
运动爱好者（每周训练10~12h）	1.2~1.4
业余运动员（每周训练12~20h）	1.4~1.7
专业运动员（每周训练20h以上）	1.7~2.0

表4-6　耐力运动员膳食举例

	食物及饮料	能量（kcal）	蛋白含量（g）	脂肪（g）	碳水化合物（g）
早餐	200g花卷	422	12.8	2	91.2
	250ml牛奶	135	7.5	8	8.5
	2个鸡蛋	144	13.3	8.8	2.8
零食	2个橘子	119	0	0.1	29.6
	1个能量棒	180	9	4	27
午餐	100g甜椒	22	1	0.2	5.4
	100g烤牛肉	125	19.9	4.2	2
	100g豆腐	81	8.1	3.7	4.2
	300g米饭	348	7.8	0.9	77.7

续表

	食物及饮料	能量（kcal）	蛋白含量（g）	脂肪（g）	碳水化合物（g）
训练中	3瓶运动饮料（500ml）	360	0	0	90
	340ml酸奶	193.8	11.22	1.36	34
晚餐	150g草鱼	169.5	24.9	7.8	0
	300g米饭	348	7.8	0.9	77.7
	100g西兰花	33	4.1	0.6	4.3
	500ml运动饮料	120	0	0	30
夜宵	340ml酸奶	193.8	11.22	1.36	34
	250g苹果	130	0.5	0.5	33.75
	100g核桃	627	14.9	58.8	19.1
共计		3751.1	154.04	103.22	571.25
	供能比例（%）		16.43	24.77	60.92

（三）耐力项目运动员训练前补充蛋白的作用

前面提到耐力项目运动员运动前补糖对提高运动能力有益，运动前补充蛋白质是否也具有类似作用呢？这取决于在运动前补充蛋白质的时间，但是作用并不能确定。

1. 耐力运动前2~4h补充高蛋白质食物可以降低食物消化速度、提高饱腹感，还可以提供支链氨基酸（BCAAs），支链氨基酸对延缓中枢神经系统疲劳具有一定作用。

2. 食物中蛋白质过多会导致供能效率降低和增加脱水，因为这时机体需要通过排尿来增加蛋白质代谢而产生更多代谢产物。有研究发现，在运动前1h饮用碳水化合物－蛋白组合饮料（1g/kg体重）比饮用单纯含糖饮料降低运动后肌酸激酶（CK）水平；但是也有研究提出进食高蛋白食物会降低运动能力、提高机体耗氧量，但是在运动前3h进食则没有这些反应。

（四）耐力运动中是否需要补充蛋白质

还没有见到运动中补充纯蛋白补剂的报道。有研究提出，2h的中低强度运动会导致支链氨基酸从肌肉中析出、氧化和供能，提示随着运动量和运动强度的增加，机体对蛋白质的需求量会相应增加。运动中补充蛋白质的作用途径可能是如下三方面：

1. 作为运动中的后备能源：通过在关键时刻的蛋白质分解供能，改善运动能力。

2. 刺激胰岛素分泌：碳水化合物－蛋白质组合饮料可以刺激长时间运动中和运动后的胰岛素分泌，会促进糖原合成，从而节约肌糖原和肝糖原，加速机体恢复；胰岛素分泌还可以加速蛋白质合成。

3. 抑制中枢疲劳：长时间运动中支链氨基酸浓度会降低，而色氨酸浓度升高，这两者具有竞争通过脑血屏障的转运因子的特性，色氨酸通过脑血屏障后会使人进入松弛状态，感到疲劳最终停止运动。支链氨基酸具有阻止色氨酸通过脑血屏障的作用，从而缓解疲劳出现，提高运动能力。

在运动饮料中加入氨基酸可以降低甜度，这对于超过4h的超级马拉松这类的项目具有重要意义，还可以减少甜的成分，增加运动中食品的咸味。

（五）耐力训练后的蛋白质补充

运动后恢复期补充蛋白质的作用虽然不如碳水化合物重要，但是补充蛋白质可以刺激胰岛素分泌以加速糖原合成，同时具有促进蛋白质合成，修复损伤的肌纤维的作用。碳水化合物-蛋白质组合饮料的促进恢复作用等同或者好于纯碳水化合物饮料。

1. 碳水化合物-蛋白质组合饮料可以提供更多的能量来促进恢复。

2. 肌肉的微细损伤修复需要利用氨基酸作为修复原料。

3. 运动后15~30min内补充富含蛋白质食品可以快速满足运动后机体恢复和修复敏感期的需要。运动后即刻补充6~20g必需氨基酸可以启动修复过程，在随后的膳食中保持高蛋白可以有助于能量储备恢复和组织修复。

五、耐力项目运动员对脂肪需要的特点

脂肪相对于碳水化合物是高能物质，耐力运动是高耗能运动，这是否意味着补充脂肪可以改善运动能力？答案是否定的。原因是人体不缺乏脂肪储备，而导致疲劳的原因是体内糖原储备的耗竭。虽然通过训练，机体可以提高对脂肪的利用率，但是补充脂肪不可能提高运动能力。

长期和短期高脂肪膳食对耐力项目运动员都有不利影响：

1. 脂肪的消化时间明显长于其他食物，导致运动员面临更多的运动中胃肠不适的危险。

2. 耗氧量大导致疲劳提早出现，过多补充会使运动员偏离正常膳食方案。

3. 对心血管系统健康不利。

（一）耐力项目运动员的脂肪每日需要量计算

1. 脂肪的意义

耐力运动的主要能量来源是碳水化合物，蛋白质是机体修复的主要原料，所以脂肪的地位在它们之后，但是也很重要。因为脂肪可提供必需脂肪酸和脂溶性维生素，是膳食中的高能物质，所以也不能忽视了脂肪在膳食中的作用。

（1）由于耐力运动的能量消耗很大，每天训练3~6h的能量消耗可达到4000~6000kcal，如果想要通过高糖—高蛋白膳食进行能量补充，需要通过多次的正餐和零食或加餐才能满

足所需要的能量，这对于每天训练3~6h的运动员来说很难做到，但是富含脂肪的食物可以减少体积，减少进餐次数，满足能量补充的要求。

（2）脂肪的另外一个作用是补充维生素A、维生素D、维生素E，这些维生素与人体抗氧化有关，脂肪还是机体合成激素的原料。耐力项目运动员的膳食中如果碳水化合物占供能的50%~65%，蛋白质占12%~18%，对脂肪的需要量就是约20%~35%。一般采用低限（20%）作为耐力项目运动员的脂肪需要量，但是如果为了减小食物体积来满足大能量消耗的要求，则可以增加脂肪比例。

2. 脂肪需要量的计算

（1）首先确认能量需要量。

（2）计算碳水化合物和蛋白质的供能量。

（3）确认脂肪需要量。

原则上不能让脂肪供能比例低于20%，以保证脂肪酸不会缺乏，也要保证不超过30%~35%以保证心血管系统的健康。

3. 计算举例

仍然以上述的自行车运动员为计算的例子，计算过程如下：

（1）确认能量需要量：REE×1.6~2.4=［（15.3×60）+679］×1.6~2.4=2555~3833kcal，平均3194kcal。

（2）计算碳水化合物需要量：6~10g/kg体重/d×60（kg体重）=360~600g=1440~2400kcal，平均1920kcal，占总能量的1920/3194=60%。

（3）计算蛋白质需要量：1.4~1.7g/kg体重/d×60kg体重=84~102g=336~408kcal，平均374kcal，总能量的12%。

（4）计算脂肪需要量：脂肪=100%－60%（碳水化合物）−12%（蛋白质）=28%，3194×28%=890kcal/9（脂肪热价，kcal/g）=90g。

（二）运动中是否需要补充脂肪

脂肪是中低强度运动的主要能源，理论上说如果在运动中能够利用脂肪供能会有利于保障能量供给。但是，运动中补充脂肪则需要考虑其他一些问题：

1. 由于体内储备脂肪充分，运动中不存在由于脂肪消耗过度而发生运动疲劳的可能。

2. 脂肪食物消化吸收缓慢，延缓胃肠排空，容易导致胃肠不适，对运动能力产生不利影响。

3. 有人提出补充中链脂肪酸可以减少糖原储备消耗，从而提高耐力成绩，但是还需要进一步证实。

4. 对超过4~6h的运动可以少量补充中、短链脂肪酸，但是需要在平时训练中进行过尝试和适应。

总的来说不建议在耐力运动前和运动中补充中链脂肪酸。

（三）耐力训练后脂肪补充

1. 脂肪储备不会耗竭，所以运动后不用立即补充。

2. 这个阶段是糖原储备和蛋白质吸收利用的重要时期，应该减少脂肪消耗带来的影响。

3. 脂肪会延缓胃肠道的排空，延缓对营养素的吸收。

4. 脂肪可以改善食物的口感，有利于增加食欲，所以可以少量补充。

六、耐力项目运动员维生素和矿物质的补充

耐力项目运动员的各种营养素消耗都远远大于普通人，维生素、矿物质的缺乏会影响运动能力。相对于力量、速度、球类运动员，耐力项目运动员更需要注意维生素B族、C、E、铁、钠和钾的补充。

（一）维生素B族与耐力项目运动员

维生素B族，特别是硫胺素（B_1）、核黄素（B_2）、烟酸（PP）与能量代谢过程关系密切，耐力项目运动员的需要量很大。

1. 硫胺素参与糖原转化和利用的供能过程及支链氨基酸的分解代谢过程。

2. 核黄素与碳水化合物、蛋白质和脂肪供能有关，是保障供能、维持健康的重要物质。

3. 烟酸是构成辅酶的成分，该辅酶与脂肪酸和糖原合成过程中的氧化还原反应调节有关。

维生素B族在每日的膳食中很重要，要为运动员提供富含这类营养素的食物。（表4–7）

表4–7　耐力项目运动员所需要的重要维生素和矿物质

	作用	食物来源	重要摄入时间
硫胺素	能量代谢	全谷、麦芽、豆类、坚果、猪肉	正餐和零食
核黄素	能量代谢	牛奶、酸奶、谷类食物、蘑菇、奶酪、蛋类	正餐和零食
烟酸	能量代谢	牛肉、猪肉、豆类、肝脏、海鲜、全谷、蘑菇	正餐和零食
维生素C	抗氧化	浆果、瓜类、西红柿、绿叶蔬菜、香蕉、红薯	正餐、零食、大负荷训练后
维生素E	抗氧化	坚果、麦芽、燕麦、草莓、豆类	正餐、零食、大负荷训练后
铁	氧运输和能量代谢酶	牛肉、猪肉、鱼、豆制品、干果、豆类、全谷、麦片、绿叶蔬菜	正餐和零食
钙	骨质量、肌肉兴奋性	牛奶、酸奶、奶酪、果汁	正餐和零食
钠	出汗导致的电解质丢失	食盐、调味品、罐头食品、腌制食物、快餐、熏肉、咸零食、汤	正餐、零食、超过4h的训练中、训练后恢复期
钾	出汗导致的电解质丢失	水果、蔬菜、咖啡、茶、牛奶、肉类	正餐、零食、训练中小量补充、训练后恢复期

（二）铁与耐力项目

铁的主要功用是作为合成血红蛋白的原料，所以对有氧运动项目很重要。缺铁是最常见的营养素缺乏问题之一，需要引起特别重视。导致铁丢失的原因有：

1. 耐力项目运动员容易发生铁丢失：血尿、血红蛋白尿是耐力项目运动员训练中经常出现的问题。

2. 长时间运动导致的溶血：由于挤压、碰撞、氧化应激、自由基产生及药物而导致。

3. 大量出汗。

耐力项目运动员需要每天补充含铁丰富的食物，与维生素B族一样，铁不需要在运动中补充，而是需要每天通过膳食来获取。含铁丰富的食物见表4-7。

（三）钙与耐力项目

一般人知道钙与骨的合成有关，在耐力运动中，钙还具有参与凝血、维持神经系统功能、维持骨骼肌及心脏兴奋性的功能。这些功能与维持耐力运动强度和运动时间有密切关系。

1. 影响运动中的心率、肌肉收缩与放松、神经传导活动。

2. 参与一些酶的激活过程，这些酶会影响肌糖原和肝糖原这些能源物质的合成及分解。

3. 通过每天摄入含钙丰富的食物，如牛奶、肉类，一般运动员不会缺乏。

4. 钙不必在运动中进行补充，只需要在运动前的膳食中注意摄取即可满足运动中维持神经功能和保证肌肉兴奋性的需要。

（四）维生素C和维生素E与耐力项目

维生素C和E被认为是抗氧化剂，可以对抗耐力运动中的过氧化过程。

1. 维生素C的补充。有关大剂量补充维生素C和维生素E有利于恢复的说法仍有争议。有人建议耐力项目运动员每日摄入250~500mg维生素C，这一剂量大大超过100mg的每日推荐量标准，不过也还大大低于每日2000mg的最高可耐受量水平。有人建议运动前补充250~500mg维生素C以预防运动员体内的维生素C缺乏和减缓剧烈运动导致的过氧化作用对机体的影响。这个剂量可以很容易通过补充新鲜的蔬菜、水果来满足。

2. 维生素E的补充。有不少耐力项目运动员服用维生素E，这是因为相信维生素E有明显抗氧化作用，但是这方面的研究仍然没有定论。一般认为每天服用100~270mg能够预防其缺乏，又不会引起副作用。富含维生素C和维生素E的食物见表4-7。

（五）钠和钾与耐力项目

钠和钾对耐力运动至关重要，钠和钾存在于细胞外液和细胞内，维持长时间耐力运动中的人体体液平衡，是重要的神经冲动和肌肉收缩的递质。

1. 钠和钾会随着出汗而丢失，钠的丢失速度大于钾。如果钠丢失过多而又没有得到补充，可导致低钠血症而严重影响运动能力。

2. 钠还具有促进葡萄糖吸收的作用，所以它出现在运动饮料中。

3. 耐力项目运动员要在日常膳食中多补充一些钠，通过“堆积”效应，可以有助于运动员在比赛时获得好成绩。

4. 补充钠很方便，只需通过食用一些咸味食品即可。

5. 运动员容易忽视对钾的补充，这与有些人不喜欢水果、蔬菜和牛奶有关。耐力项目运动员每天要多吃上述食品。

6. 运动中丢失的钾，可以通过运动饮料、香蕉、橘子来补充。

七、补液对耐力项目运动能力的影响

（一）水与耐力运动能力

水占到成年人体重的60%，是构成人体的主要成分。对于耐力项目运动员来说，体液对运动能力影响最为明显的是降低散热效率和有效循环血量。

1. 蒸发散热是人体最为主要和有效的散热方式，脱水会导致散热效率降低，甚至导致中暑，严重影响运动能力。

2. 有效循环血量是影响有氧能力的重要因素之一，人体的有氧能力与心血管系统的血液循环状况密切相关，直接影响氧向肌肉的运输、肌肉的供能效率。氧供应越充足，机体产生的乳酸越少，运动员维持运动强度的能力越好。相反，散热所需要的出汗导致脱水，使得血浆容量减少，导致心输出量减少，肌肉氧供应量减少和能量供应减少，最终导致运动能力降低。可见保持机体良好的水平衡对耐力项目运动员非常重要，脱水会明显影响耐力项目运动员的运动成绩。

（二）耐力项目运动员每日水需要量的计算

耐力项目运动员如果在开始运动前不能保证良好的水合状态，仅仅通过运动中的补水是不可能满足机体需要的。成年男子和女子的日常水需要量分别是3.0L和2.7L，运动中的额外消耗需要另外计算。在运动员训练和比赛期间，注意水合状态非常重要，需要每天给予关注。

运动员每日水需要量=3.0（2.7）（L）+训练消耗量（L）

保持良好水合状态有赖于准确地对个体出汗率和电解质丢失量的评估、有效的补充途径和克服可能导致补充失败的方法。

1. 耐力项目运动员的液体需要量

耐力项目运动员无法根据自身的感觉来保证液体的补充，这需要通过运动员训练前后的体重变化来评估。所以水消耗的计算需要通过出汗量来进行，方法如下：

（1）计算运动中补水后出汗量：（运动前体重-运动后体重）×（1~1.5）（出汗转换率）=出汗量（g）

（2）根据训练时间计算每小时失水量：出汗量（g）/训练时间（h）=出汗率（g/h）

（3）训练中的实际补水率：训练中补水量/训练时间=实际补水率（g/h）

（4）记录训练中的缺水率：出汗率-实际补水率=缺水率（g/h）

（5）计算训练中的补水需要量：缺水率+实际补水率=训练每小时补水需要量（g/h）

2. 计算举例

某男运动员参加一项180km自行车训练，完成时间7.5h，训练中的饮料消耗量是6350ml，体重减少了3600g，其每小时液体需要量为：

（1）根据体重变化计算的补水后出汗量：3600×(1~1.5)=3600~4500ml

（2）根据体重变化计算的每小时补水后出汗率：（3600~4500）÷7.5=480~600ml/h

（3）运动员实际补水量：480~600-6350÷7.5=-370~-250ml/h

（4）训练中绝对缺水率：480~600-（-370~-250）=850ml/h

（5）本次训练需要的补水量：（480~600）+850=1330~1450 ml/h

这相当于2.5~3瓶500ml/h的饮料，而运动员实际补充了1.5瓶，他还需要在训练中学会如何补充更多的水分。

一般情况下，超过一个小时的运动才需要补充水分，当然运动饮料中不仅仅是水，还包括了碳水化合物、钠和其他矿物质。

（三）大量出汗运动员的水和电解质补充

1. 运动中运动饮料和水的比例

有些情况下，运动员在运动中会大量出汗，这时就需要考虑要通过补充白水进行补液，如果只用运动饮料就有可能导致碳水化合物数量过多，胃肠道不适问题的出现。

例如，有运动员在运动中每小时根据出汗量计算的需要补水量达到1500ml，其中的含糖量将达到90g（一般运动饮料含碳水化合物浓度6%），这远远超过了每小时60~66mg的推荐量。这时，运动员应该饮用900ml的运动饮料和600ml的水。

2. 补水与肌肉痉挛

（1）补充充足的电解质

大量出汗的运动员在训练中容易发生肌肉痉挛，这往往与他们缺水和电解质补充不足有关。有些运动员在训练中只喝水，这会导致电解质补充不足而发生肌肉痉挛。在训练中也应该补充运动饮料，而不是到了比赛时才饮用。

（2）及时补充电解质

有些运动员补充运动饮料仍然发生肌肉痉挛，这可能与他们补水过晚有关，虽然我们根据他们的出汗量估计了补水量，但是随着出汗量的增加，汗液中的电解质浓度会增加，这也导致电解质的更多流失，并容易发生肌肉痉挛，所以，除了注意数量，还要注意补水的时间。

3. 超级耐力项目运动员的电解质补充

（1）超级耐力项目运动员训练中钠的需要量

训练、比赛时间超过4h的运动被称为超级耐力项目。据估算，每升汗液中的钠含量是1g，这些项目的训练比赛时间都很长，每小时需要消耗500~1000mg的钠，这导致他们对电解质的需要量也明显增加。如果这些丢失的钠不能得到及时补充，就可能发生低钠血症。

（2）超级耐力项目运动员补钠的注意事项

为了预防这类问题的出现，盐片对于持续时间超过4h的项目是重要的钠补充来源。盐片的含量从40~1000mg不等，要根据训练时间和运动饮料的成分来选择合适的盐片作为额外补充。并非每天训练都需要补充盐片，要根据训练安排选择合理的数量进行补充。

（四）耐力训练后是否需要补充饮料

必须要补充，因为训练后会有明显的脱水导致的体重下降，需要通过补水来恢复。

1. 补水数量

每千克体重的降低需要补充1000~1500ml水。

2. 补水方法

要少量多次，在训练后立即开始，在恢复过程中持续进行。

3. 饮料种类

补充含有碳水化合物、钠、钾等电解质的饮料，不仅补水，还可以促进糖原合成，补充电解质。运动饮料、蔬菜汁、水果汁、牛奶都是不错的选择。

第二节　力量项目运动员的膳食

一、力量和爆发力有何不同

力量和爆发力这两个词在训练中经常混用，但是这两者是有区别的，力量是肌肉产生最大力量的能力，是指运动员可以移动或者抬起的最大重量，这依赖于肌肉的数量，肌肉越多，力量越大。爆发力不仅仅依赖于所能产生的力（力量），还与力量产生的速度有关。因为移动速度是爆发力的重要组成成分，爆发力常常被描述为一种“特殊力量”。这个问题在中文中常常混淆。人体的跑、跳、变向能力依靠的是肌肉快速发力的能力（爆发力）。力量和爆发力项目有田径（如，跳高、跳远、标枪、铅球、链球、短跑等）、举重、柔道等这些短时间内需要释放出最大能量或者力量来获得胜利的运动。这些项目的运动员不同于很多其他项目，他们的获胜取决于最短时间内输出最大功率的能力，如短跑、标枪、铁饼项目的完成时间只有几秒钟。所以他们对能源物质的需要和训练目标与耐力项目有着巨大差异。为方便描述，除非特殊说明，下面将力量和爆发力项目统称为力量项目。

二、力量项目运动员体重控制中的供能特点

（一）力量项目能量来源

人体的能量来源有磷酸原系统（ATP、CP）、糖酵解系统和有氧供能系统，力量项目的能量主要来自磷酸原系统，随着运动时间的延长，糖酵解供能比例逐渐增加（图4-3）。举重运动员完成一次挺举只需要约5s，完成一次铅球投掷所需时间更短，这时主要是磷酸原系统供能。

（二）有氧供能系统与力量项目

除了典型的举重、投掷、跳远、跳高、100m跑等项目外，体操也属于力量项目。对于举重、标枪、跳高这类项目，有氧供能确实意义不大，因为在两次试举、试投、试跳之间有充分的时间进行休息。但是对于一些在比赛中需要反复用力的项目，有氧能力却具有延缓疲劳出现的作用，如体操的吊环、鞍马项目的训练和比赛中就要求运动员具有重复多次完成动作的力量。摔跤、柔道、拳击也要求运动员具有在数分钟内反复快速完成动作的能力。这些项目的换项或者中间休息的时间很短暂或者只有1min，这时良好的有氧能力将有助于磷酸原供能系统的恢复，为后面的比赛做好准备。

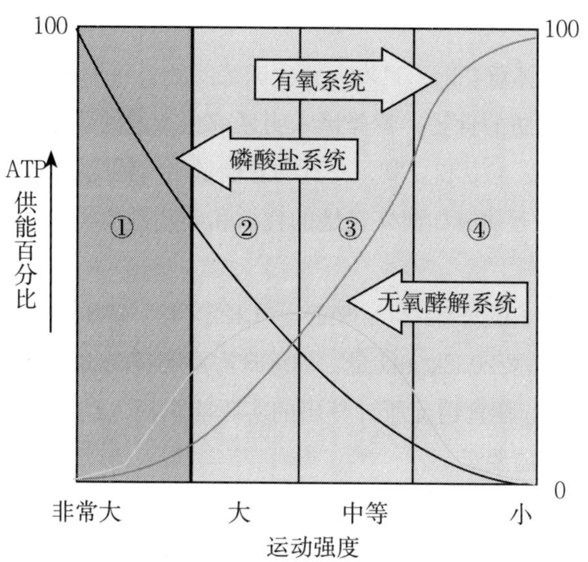

图4-3 力量运动员主要依靠磷酸原和无氧酵解系统供能

图4-3中区域①是指全力运动能持续1~30s的活动；区域2包括可持续运动30~90s的运动。力量项目的强度主要集中在①和②区。有氧能力虽然不参与这类项目的供能，但是对于恢复具有重要意义。（来源：Willian C《运动生理学》第三版，1992年）

三、力量项目的能量需要

与耐力项目运动员一样，每日膳食中首先需要考虑的是能量消耗与补充的平衡，能量消耗的影响因素有年龄、性别、体重、项目要求及运动员的个体差异。其实没有哪种营养素更重要的说法，力量项目运动员的膳食需要与普通人没有很大区别，但是需要根据个体需要来计算和设计适合自己的膳食方案。

力量项目运动员的能量需要量计算和其他项目一样首先要从体重的角度来考虑，确认是需要增加、保持、还是降低体重，举重运动员需要增加肌肉体积来增加力量，而体操运动员则是在保持体重的前提下增加力量。所以，需要根据对体重的需要来确定膳食方案，在保证基本营养素的前提下，满足项目需要。

（一）计算需要减轻或者保持体重和力量运动员的能量需要

女子体操运动员被归为力量项目运动员，她们需要减轻体重或者保持已经很低的体重。要想实现这个目标，许多体操运动员不仅能量摄入不足，其他营养素的摄入也不够。多数的体操运动员能量摄入仅为推荐量的50%~80%，为这类运动员制定食谱前，需要对其实际摄入量与推荐量之间的差异有所了解。

1. 明确问题

一名女子体操运动员体重43kg，11岁，每次训练2~3h，每周训练5~6天。她去参加一个两周集训后开始拒绝含有脂肪的食物，营养摄入明显减少。她的早餐吃一些面包，午餐是蔬菜和酸奶，晚餐是少量羊肉、土豆和豆腐，一日的总能量摄入约为900kcal（表4-8），导致她的体重明显减轻。对这样的运动员如何恢复她的食欲和确定她所需要的能量是需要首先解决的问题。

（1）确认能量需要量（根据表4-2）：REE=［（12.2×43）+749］×（1.6~2.4）=2038~2547kcal，平均2293kcal。不训练日需要2038kcal能量，训练日需要2547kcal能量。

（2）根据该运动员的膳食情况所计算出的实际能量摄入约为900kcal，其摄入仅为需要量的45%，水平明显低于需要量。

2. 设计膳食方案

（1）在设计解决方案之前，需要确认导致这种状况产生的原因是什么，以减少干预的盲目性和减少运动员的抵触情绪。在本案例中的运动员可能只是不知道这么严重的能量缺乏会导致什么后果。

表4-8　耐力运动员膳食举例

	原来食谱			调整后食谱		
	食物	热量（kcal）	碳水化合物（g）	食物	热量（kcal）	碳水化合物（g）
早餐	150g面包	156	59	150g面包+	156	59
				30g花生酱	190	8
午餐	100g菠菜	24	4	100g菠菜	24	4
	100g甜椒	22	5	100g甜椒	22	5
	200ml酸奶	144	18	100g西红柿	19	4
				50g蘑菇	10	4
				200ml酸奶	144	18
				150g烤鸡	360	0.2
				150ml牛奶	79	5
晚餐	100g羊肉	203	0	100g羊肉	203	0
	200g香蕉	218	58	200g香蕉	218	58
	100g马铃薯	76	17	100g马铃薯	76	17
	100g拌豆腐	83	4.2	100g拌豆腐	83	4.2
				100g米饭	116	26
				200ml橘子汁	238	59.2
零食				250ml牛奶	135	8.5
	能量合计（kcal）	926	165.2		2073	280.1
	碳水化合物能量%		71.36			54.05

原食谱中能量摄入不足，调整后可达到2073kcal，基本满足需要；其中的碳水化合物供能比例从71.36%降到54.05%。

3. 需要注意的问题

（1）注意增加能量摄入要渐进。根据运动员所存在的问题、想法和担忧的问题，决定调整膳食方案的方法。调整后的膳食方案要考虑生长发育、健康和运动能力保持的问题。能量补充只能采用推荐量的低限，但是即使如此也需要逐渐推进，这可能需要数周的时间来完成，随着时间的推进，不适会逐渐减少。

（2）达到推荐量下限后，再进行重新评估和制定下一步的膳食方案。

（二）计算需要保持体重并提高力量运动员的能量需要

1. 要求

对于那些想要通过优化摄入宏量和微量元素来帮助自己提高运动成绩的运动员来说，运动员对现在的体重已经很满意，还想通过膳食营养手段来获得进一步的帮助，这就需要在计算能量需要量的基础上，将重点放在设计平衡、丰富和合理的膳食方案。

2. 膳食方案设计举例

男子50m蝶泳运动员，25岁，体重75kg，原专业运动员，现在是业余教练也参加一些比赛。他原来并不控制饮食，体重稳定，这与他的训练量大有关。现在全天工作，业余时间每周训练5~6次。主要通过快餐作为能量补充手段，近期发现这种膳食方式已经影响他的体能和运动成绩，希望获得可保持体能、健康的膳食，增加能量供给，以应对即将开始的几个比赛。

推荐量的计算过程如下：

该运动员希望保持体重的同时，增加能量供给、满足对营养素的需要，以获得较好的比赛成绩。

（1）确认能量需要量：［（15.3×75）+679］×（1.6~2.0）=2922~3654kcal。由于该运动员的活动量相对专业运动员要少，所以采用的活动系数是1.6~2.0而不是1.6~2.4。

（2）采用食物记录法计算该运动员的能量摄入量，结果是3142kcal（表4-9）。从表中可见能量消耗基本合理，但是其中的脂肪供能比例达到46%是过高的，其膳食方案的主要目标是减少脂肪比例，增加高密度食物。

（3）考虑到该运动员的日常工作很多，膳食方案应该简单易行。需要调整其食物种类，减少脂肪摄入，选择能量供给下限为摄入目标。以达到保持体重，优化食物种类，平衡宏量营养素摄入的目的。调整后的总能量没有明显改变，但是脂肪比例降低到30%，碳水化合物比例也有了明显改善（表4-9）。

表4-9　保持体重食谱比较

	原来食谱					调整后食谱				
	食物	热量（kcal）	碳水化合物（g）	蛋白质（g）	脂肪（g）	食物	热量（kcal）	碳水化合物（g）	蛋白质（g）	脂肪（g）
早餐	200g炸糕	528	65	8.2	26.2	200g面包	614	115	16	10
	250ml牛奶	136	8.5	7.5	8	30g花生酱	167	8	2	14.2
						250ml豆浆	150	4.3	1.7	14
						100g鸡蛋	143	2.8	13.3	8.8
零食	1个能量棒	108	27	0	0	2个能量棒	216	54	0	0
午餐	200g炸鸡	555	20.5	40.6	34.6	300g米饭	351	78	7.8	0.9
	350ml可乐	154	37.8	0	0.35	100g红烧鱼	300	17	4	24
	80g炸薯条	412	53	5	20	250ml牛奶	136	8.5	7.5	8
						200g香蕉	190	44	2.8	0.4
零食	200g香蕉	190	44	2.8	0.4	100g橙子	49	11.1	0.8	0.2
晚餐	500ml牛奶	272	17	15	16	300g米饭	351	78	7.8	0.9
	270g东坡肉	570	5.6	23.52	50.4	100g鱼香肉丝	92	4	12	3.2
	300g葱爆羊肉	214	11.1	29.7	5.7	200g香干炒西芹	87	8	7	3
						250ml牛奶	136	8.5	7.5	8
零食						340ml酸奶	242	34	1.36	11.22
总热量		3142	289.5	132.32	161.65		3224	475.2	91.56	106.82
能量物质比例			37%	17%	46%			59%	11%	30%

（三）计算希望增加肌肉体积运动员的能量需要

增加体重膳食方案需要满足提供基础能量消耗、训练消耗、组织修复及生长发育消耗的需要。增加体重需要两个方面的保证，一是充足的高质量膳食，二是合理的训练安排。这两方面需要相互匹配，能量消耗超过膳食供给会导致肌肉蛋白被分解供能；如果能量消耗小于膳食供给会导致脂肪堆积，这时所增长的体重不是肌肉，也不是运动员所希望的。

1. 增加单位体重所需要的能量

（1）增加体重的能量需要约为每千克体重5000~8000kcal能量。

（2）增加体重每周应控制在0.5~1kg之间，如果这些额外能量可以被完全用于增加体重，则每天需要增加的额外能量为800~1300kcal，显然这不可能完美实现。根据研究，如果每日增加500~2000kcal能量，所摄入中的能量只有30%~40%会被用于增加肌肉体积，而50%~60%的能量会转换为脂肪所储存，这也意味着需要更多的能量才能达到增加瘦体重的目标。问题是如果进一步增加能量摄入，又会导致脂肪比重的增加。所以希望增加体重的运动员不能急于求成，需要循序渐进，以每天能量增加300~500kcal为度。

（3）要想每周增加0.5kg体重的目标可以通过每天增加一次零食来轻易达到，如：

- 30g花生酱（190kcal）+100g面包（83kcal）+250ml牛奶（135kcal）=408kcal。
- 200g酸奶（144）+50g坚果（240）=384kcal。

（4）如果每天增加600~1000kcal能量，则需要将能量分配到一天中的每一餐中，并增加1~2次零食。如：

- 500ml牛奶（270kcal）+50g蛋白粉（180kcal）=450kcal。
- 50g蛋糕或点心（174kcal）+200g香蕉（182kcal）=356kcal。
- 350ml能量饮料或者1个能量棒=255~360kcal，但是每天不能超过一个。

2. 膳食方案设计举例

业余自行车和举重爱好者，男性，45岁，体重77kg，每天骑车，每周去健身房4~5次，希望增加2.5~5kg体重。他每6~8周设计一次训练方案，每天三餐，有时有一次零食，已经有很长时间保持体重不变。他希望通过健康的吃饭增加体重，而不是能量棒之类的方式来增加能量摄入。他曾通过水果和蔬菜来增加体重，但是产生了胀气和胃肠不适的问题。

（1）问题分析

曾尝试增加体重的方法，但是效果不佳，这是这类运动员或者运动爱好者经常遇到的问题，此运动爱好者采用了健康的膳食方法来增加体重也遇到了相同的问题，但是他所选用的食物是低能量食物，而他将这两类食物作为膳食的主要成分也是导致他产生胃肠不适的原因，这反过来造成能量摄入减少。

（2）能量需要量计算

能量摄入计算：根据表4-10显示他现在每天的能量摄入是3448kcal，显然他需要摄入更多的能量来达到获得体重增加的目的。

表4-10　增加体重膳食比较

	原来食谱					调整后食谱				
	食物	热量（kcal）	碳水化合物（g）	蛋白质（g）	脂肪（g）	食物	热量（kcal）	碳水化合物（g）	蛋白质（g）	脂肪（g）
早餐	250ml 牛奶	135	8.5	7.5	8	250ml 牛奶	135	8.5	7.5	8
	340ml 酸奶	193.8	34	11.22	1.36	200ml 酸奶	144	18		
	100g 香蕉	91	22	1.4	0.2	100g 香蕉	91	22	1.4	0.2
	50g 蛋白粉	200	3.5	36	3.5	100g 蛋糕	347	67.1	8.6	5.1
	100g 蛋糕	347	8.6	5.1	67.1	100g 鸡蛋	144	2.8	13.3	8.8
午餐	300g 米饭	348	78	7.8	0.9	400g 米饭	464	108	10.8	1.2
	100g 红烧鱼	391	17	4	33.4	100g 红烧鱼	391	17	4	33.4
	300g 西瓜	75	17.4	1.8	0.3	200g香干炒西芹	88	8	7	3
						200ml 橘子汁	238	49.2	0	0.2
						500g 西瓜	125	28	3	0.5
零食	340ml 酸奶	193.8	34	11.22	1.36	340ml 酸奶	193.8	34	11.22	1.36
	200g梨	88	26.6	0.8	0.4	200g梨	88	26.6	0.8	0.4
晚餐	200g 清炖牛肉	220	9.8	27.4	7.8	200g 清炖牛肉	220	9.8	27.4	7.8
						200g 鱼香肉丝	186	7.2	23.8	6.4
	200g 炒土豆丝	126	26.4	3.4	0.2	200g 炒土豆丝	126	26.4	3.4	0.2
	300g 米饭	348	78	7.8	0.9	300g 米饭	348	78	7.8	0.9
	470ml 香草奶昔	556	74	13	25	355ml（小杯）香草奶昔	417	55	9.5	18.4
	250ml 牛奶	135	8.5	7.5	8	250ml 牛奶	135	8.5	7.5	8
零食						50g 曲奇饼干	273	30	3.3	16
合计		3447.6	446.3	145.9	158.4		4153.8	604.1	150.3	119.9
能量百分比			51.78%	16.93%	41.36%			58.17%	14.48%	25.97%

总能量需要量计算：REE=（11.6×77+879）×（1.6~2.4）=2840~4260kcal

根据他现在的能量摄入情况，他应该补充3800~4200kcal才能增加体重。这处于我们所计算推荐量的上限。

（3）建议

此爱好者在原有膳食基础上需要增加高密度营养素膳食来获得充分的营养素和额外能量供给以满足增加体重的需要，这些食物包括：果汁、果干、酸奶、面包、坚果等来满足增加体重的需要，从表4-11中选择食物并构成不同的食物组合来保持膳食种类的平衡，选择时要尽可能根据膳食宝塔的分类补充各种食物。

参考表4-11中的食物推荐组合，既保证合理摄取食物，又可以将每日能量供应提高到4154kcal。

表4-11 常见富含营养和能量食物

食物种类	谷类	水果	蔬菜	奶类	蛋白食品	甜食
富营养高能量食物	燕麦、面粉	纯果汁	土豆	脱脂奶粉	豆类（如黑豆）	蛋糕
	强化面包	干果	玉米	麦芽粉	扁豆	牛奶
	饼干	菠萝	豌豆	水果酸奶	豌豆	曲奇饼干
	麦胚粉	香蕉	南瓜		坚果	奶昔
	糕点		甜椒			
	玉米饼		牛油果			

（四）力量项目运动员训练和比赛时的能量需要

这类项目的训练和比赛赛程差异很大，训练可达数小时，而比赛可能只是几分钟。

1. 训练中要保证能量补充

与耐力项目类似，训练中补充碳水化合物可以延缓疲劳出现，提高承受训练负荷能力。碳水化合物摄入量达到1.0~1.1g/min时可以提供约240~280kcal/h的能量。在一次典型的力量训练课中，运动员需要重复进行大强度、爆发性用力的练习，这种训练负荷不会需要明显增加能量摄入，也就不会造成由于能量摄入过多而导致胃肠道不适的问题。

2. 运动饮料补充

运动饮料是一个很好的能量来源，即使在大强度训练课上仍然具有良好的可耐受性。固体食物的补充应该放在训练中休息时或者训练后进行。

3. 比赛时的能量补充

（1）有些力量项目的运动员在比赛日的实际比赛时间可能仅有一项，只持续数分钟。对于这类项目就没有必要在比赛中和比赛后进行额外补充，因为这种运动不会导致能源物质的耗竭。

（2）如果运动员在一天中参加多项或者多次比赛，如，短跑、短游一天中需要进行预赛、半决赛、决赛，运动员有兼项等，这些运动员的比赛会持续数小时，能源物质会在这个过程中逐渐消耗，所以这一类的运动员需要准备容易携带、易消化的快餐、饮料进行补充，或者在比赛间歇期进餐，以将能量储备保持在高水平。

（3）食物数量取决于比赛间歇的时间、比赛持续时间的长短、比赛时间与赛前进餐的时间间隔及个人习惯。以不产生不适，不影响比赛为前提。

四、力量项目对碳水化合物的需求特点

（一）力量项目能量消耗与碳水化合物的关系

1. 合理的碳水化合物摄入与运动能力

由于许多力量项目依赖于无氧代谢，碳水化合物是这些短时间、高强度运动的主要能源。有些力量项目训练或比赛时需要无氧酵解参与供能，动用体内糖原储备，如果糖原储备不足，将导致运动能力下降。

2. 碳水化合物供能比例

与耐力项目相似，力量训练也会导致糖原消耗，但是程度会有所不同。随着训练组数和重复次数的不同，肌糖原消耗从25%~70%不等，所以，采用高糖膳食会有利于提高肌糖原储备，从而提高运动能力。已有研究证实，力量项目运动员在训练和比赛前也应该采用中等－高糖膳食，这会有利于保证充足的糖原储备，提高运动能力。

3. 糖原储备的影响

糖原储备影响力量项目比赛成绩的很少。如，短于400m的径赛项目，肌糖原储备的多少不会影响运动能力，虽然碳水化合物仍然是主要的能量来源，但是由于运动时间短，不至于导致肌糖原耗竭，所以肌糖原水平不会对运动能力产生影响。短跑运动员每周可能有数次大强度训练，对于这种情况只需要采用中等强度的碳水化合物补充膳食即可满足需要。

4. 辅助肌肉合成

碳水化合物除了提供能量外，还具有辅助促进肌肉合成作用。碳水化合物具有刺激胰岛素分泌作用，胰岛素为促合成代谢激素，具有促进营养素进入细胞，并且抑制训练后的蛋白质分解的作用。摄入适量的碳水化合物在保证供能和蛋白质合成所需能量的同时，有助于力量和身体训练后机体恢复及肌肉合成。

（二）力量项目运动员日常碳水化合物需要量的计算

1. 考虑训练特点

这类项目运动员每周进行3~5次大强度训练，如果没有合理的碳水化合物补充会导致肌糖原储备降低，影响训练中对训练负荷的承受能力而影响训练。

2. 摄入量建议

（1）摄入数量和比例

每天每千克体重摄入6~10g就可以满足日常的能量消耗需要，这种情况下的碳水化合物供能比例约占到总能量的50%~65%，同时还需要考虑能量的供给和分配。参考上面的膳食方案设计和计算方法，对每个运动员的膳食方案都需要根据具体情况进行调整。

（2）需要注意供能比例和数量之外的问题

下面利用前面的例子来帮助说明碳水化合物需要量计算中需要注意的问题。

① 体操运动员（减轻体重）每天需要258~430g碳水化合物是依据每千克体重6~10g推荐量计算而来（43×6~10g/kg=258~430g）。对该运动员的膳食情况分析发现，她的碳水化合物供能比占到了她膳食总能量的66%，这个比例看似合理，但是其实际供给量只有153g，只达到推荐量下限（258g）的59%，仅略高于普通人的推荐量（130g）。对其膳食方案调整后的碳水化合物供能比例降低到56%，但是实际的供给量增加到290g，这个数量位于258~430g之间，比原来的供给量增加了89%。

② 游泳运动员（保持体重）根据每千克体重6~10g碳水化合物推荐量计算的每天碳水化合物需要量是450~750g物（75kg×6~10g/kg=450~750g）。450g碳水化合物可以提供1800kcal能量（450×4kcal/g=1800kcal），占到2922kcal（推荐能量的下限）的62% 或者3654kcal（推荐能量的上限）的49%；如果以750g进行计算其供能将占到103%（750×4/2922）和82%（750×4/3654），这显然不合理。所以，对于他的碳水化合物需要量采用能量百分比进行计算更为合理。该运动员以保持体重为目的，所以他的能量需要量以均值进行计算得到：［（3654+2922）/2×0.50~0.65］/4=411~534g，根据训练情况不同，碳水化合物推荐量是每天411~534g，所列膳食方案的碳水化合物的数值是475g（表4-9）。

③ 举重运动员（增加体重）按照每千克体重6~10g/日标准计算出的每日碳水化合物推荐量是462~770g（77kg×6~10g/kg体重）。但是由于他想要增加体重，所以需要更高的能量供给。需要通过能量比例的方式来计算碳水化合物需要量。根据体重计算所得的碳水化合物需要量是462~770g，采用462g供给量不能满足要求，因为这一供给量所提供的能量在总能量需要量中的比例低于50%的下限（462×4/4260×%=43.4%），而采用上限（65%）来计算得到的碳水化合物推荐量为692g（4260×65%/4=692g）。

上述仅仅是三个例子，根据不同的项目及运动员的需求，膳食方案会有所不同，其中碳水化合物的比例在50%~65%，单位体重的克数没有采用上限（10g）的，但是并非10g/kg体重/d这个剂量有问题，而是制定膳食方案时需要根据运动员的训练安排、体重、性别和控体重目标等来制定。

（三）力量项目运动员赛前和赛中补糖

1. 提倡补充碳水化合物

有关力量项目比赛前和比赛中补充的作用没有定论，这取决于具体的目的和项目要求。虽然在力量项目训练中不会引起血糖降低，但是在这类间歇性和重复性力量训练中确实会导致明显的糖原分解代谢发生。如果糖原耗竭发生，会导致机体疲劳发生，从而影响运动成绩和导致肌肉丢失。所以还是提倡在赛前和赛中适度补充碳水化合物。

2. 补充时间

（1）一般来说在赛前2~4h进食一顿高糖膳食，这种赛前高糖膳食的摄入可以使机体的糖原储备达到高点，会有利于控制和减少发生糖原耗竭的机会。运动员也发现，在大运动量训练前采用高糖膳食会有利于他们承受大强度训练和减缓疲劳感，能够承受更大的训练负荷，从而获得更大的训练效果。

（2）研究提示，运动前的碳水化合物或者氨基酸摄入可以减少肌肉分解代谢，相应地维持或者增加肌肉体积。所以，进行大运动量训练前和训练中的定期补充含糖饮料对维持训练强度有益。

3. 项目差异

（1）有一些力量项目运动员、教练员和研究人员认为在力量训练前和训练中要避免使用含糖饮料。这种情况主要见于举重和健美运动员，他们认为运动前补糖会抑制机体训练中对其他能源，特别是脂肪的利用，所以在训练前2~4h要避免高糖膳食。

（2）实际上很多这类项目训练前不建议进食任何食物，在训练中也不建议补充含糖饮料、食物和补剂，这样迫使机体更多地利用脂肪。然而，血糖降低和糖原耗竭会导致机体发生疲劳、训练疲劳感增加和运动能力降低。

4. 区别对待

（1）最终是否选择训练、比赛前采用高糖膳食取决于个体需要，如果选择不在训练和比赛前、中补糖，需要注意在膳食中满足机体糖消耗的补充，还要考虑训练时间，如果是上午训练就需要考虑早餐的内容。

（2）考虑运动员的个人习惯，有人习惯空腹运动，有人不吃早餐会感到饥饿而影响成绩。

（3）空腹运动有可能导致低血糖，这是需要考虑的安全问题，低血糖在举重这类项目有可能带来危险。

（四）力量项目训练后补糖

力量训练也会导致肌糖原消耗，在运动后及时补充碳水化合物将有利于肌糖原恢复。这一过程依据补充数量、时间的不同而可能在训练后的4~6h，或者24~48h得到恢复。补糖可以在训练后立即进行，也可以在随后的膳食中完成。

1. 促进肌糖原合成

（1）要注意训练后补糖的时间和种类，最好在训练后的15~30min内开始补糖，这将保证机体高效吸收、传输碳水化合物到肌肉，使得机体在肌肉合成和肌糖原储存的高效“窗口期”内得以完成，为下一次训练提供保障。

（2）理想状况下，应该在训练后每2h补充1~1.5g/kg体重碳水化合物一次，持续到6h。

（3）补充足够的数量比正确的种类重要，果汁、水果、蔬菜、全谷类食物均是良好的碳水化合物补充来源。

2. 加速肌肉蛋白合成

训练后补充碳水化合物具有加速肌肉恢复的作用，但是它并不能独立完成所有训练后促进身体恢复的过程。训练后立即补充碳水化合物—蛋白组合饮料对加速机体恢复、促进肌肉蛋白合成比单独补充碳水化合物更为有效，具体情况将在后面讨论。

3. 减轻力量训练导致的免疫抑制作用

训练后立即补充碳水化合物除了具有促进肌肉合成、糖原储备恢复的作用之外，还有减轻运动后免疫系统抑制，减少运动员受感染机会的作用。这种免疫抑制改变在耐力项目运动员很常见，在力量运动员也会出现，研究证明力量训练前补充碳水化合物有利于减轻力量训练导致的免疫抑制程度（减轻了IL-2和IL-5浓度降低）。

五、力量项目运动员对蛋白质的需求特点

大强度的力量训练会导致肌肉产生微细损伤，随后机体需要进行修复和重建。氨基酸是肌肉修复的原料，无论是来自自身还是通过食物蛋白，所以蛋白质一直都是力量项目运动员的膳食中的重要成分。力量项目运动员对蛋白质的需要量大于一般人和耐力项目运动员，他们的大量蛋白质摄入并非用于供能，而是主要用于肌肉修复、重建。

（一）力量项目运动员蛋白质需要量的计算

由于项目特点导致的运动员需要进行大量肌肉修复、合成，所以需要更多的日常优质蛋白摄入。

1. 力量项目运动员的“理想”蛋白质摄入量

“理想”摄入量因人而异。有关力量项目运动员的“理想”蛋白质摄入量是多少的问题已经争论多年，由于有学者提出高蛋白膳食有利于提高训练效果，所以运动员的实际蛋白质摄取量不断升高。一般推荐的运动员每日摄取量是1.4~1.7g/kg体重/d，但是也有教练、运动员、学者将摄取量提高到2.0g/kg体重/d，甚至2.5~3.0g/kg体重/d。力量项目运动员的需要量确有提高的要求，但是还没有一种蛋白质可以被大量有效摄入而不导致胃肠不适。

2. 高蛋白膳食的作用机理

（1）高蛋白膳食有利于肌肉生长和体积增加，但是其影响因素并不完全清楚。它具有促进胰岛素分泌增加、使可用氨基酸数量增加的作用，如果细胞内氨基酸浓度降低将抑制机体肌肉蛋白的合成过程。力量训练会降低氨基酸的浓度，而蛋白质的补充可以缓解这种氨基酸浓度的降低。通过增加内源性氨基酸浓度，可能增加肌肉蛋白的合成30%~100%。

（2）机体不能通过增加摄入蛋白来直接提高肌肉合成过程，蛋白质和氨基酸仅仅是原料，要想获得蛋白质的合成还需要力量训练的刺激。获得理想肌肉体积增加的原则是：刻苦训练+高质量膳食，但是不要让其中的任何一方面过量。

（二）大量摄入蛋白质的副作用

1. 与碳水化合物和脂肪一样，蛋白质摄取过多会导致能量物质的不平衡而影响运动能力。一般，超过2.0g/kg体重/d被视为摄入过多，超过这一水平摄入蛋白质时，蛋白质不但用于供能还会被转化为脂肪储存。

2. 蛋白质摄入过多会导致消化吸收过程中产生大量尿素，导致排尿增加以排出毒素，加重脱水。

3. 高蛋白食物往往伴随有高脂肪、高饱和脂肪酸和胆固醇，这对心血管健康不利。所以蛋白质补充并非越多越好。

（三）如何选择“最佳”蛋白质来源

高质量、完全蛋白一直受到力量项目运动员的注意，但是“不完全蛋白”并非意味着“营养价值低”或者“没有用”，这是一个错误的解释。高质量蛋白虽然重要，但是更重要的是多样化。蛋白质来源多样化是基础，要让膳食蛋白效率最大化可参照下列提示：

1. 保证充足的碳水化合物摄入，否则会有更多的蛋白质被用于供能而不是肌肉合成。

2. 蛋白质摄入要维持在1.4~2.0g/kg体重之间，这基本保证蛋白质供能占到15%~20%，并保证碳水化合物的摄入和基本量脂肪的获得。

3. 保证每餐食物中含有蛋白质。保证每顿饭、零食中含有蛋白质，使蛋白质的吸收是一个渐进、缓慢、持续全天的过程，这对于一日多练的运动员特别重要。

4. 多样化蛋白质获取途径。瘦肉、家禽、鱼、奶制品所含氨基酸模式合理、数量充足是良好的蛋白质来源。素食者要多吃豆类食品，其中也含有丰富的蛋白质和比例较为合理的氨基酸。

5. 必要时适度补充蛋白制剂。一般情况下蛋白质补充可以通过正常膳食获得满足，但是如果运动员已经正常进食的情况下蛋白质摄入仍然不能满足需要，可以适度补充蛋白制剂。蛋白粉是最为常用的补充手段，因为蛋白粉可以加入牛奶、酸奶、麦片等食物中使用。

（四）氨基酸制剂的促进肌肉增长作用

摄入或者补充特殊氨基酸制剂认为可以促进肌肉合成或者增加多种促合成激素的分泌。但是其具体作用机理还不清楚。

1. 谷氨酰胺是营养补剂中最为常见一种成分，被认为可以抑制训练导致的骨骼肌分解代谢。谷氨酰胺是机体很多组织都需要的物质，如维持胃肠系统细胞持续的高蛋白质合成率，作为免疫系统细胞的能源，保护头发毛囊等。如果大运动量训练导致体内的谷氨酰胺不足，机体会将骨骼肌中氨基酸分解来补充所需要的谷氨酰胺。所以，谷氨酰胺不仅仅与预防骨骼肌分解代谢有关，还与骨骼肌内蛋白合成有关。但是长期服用对骨骼肌合成作用的效果并未得到证实。

2. 支链氨基酸（BCAA），特别是亮氨酸，被认为对蛋白质合成有促进作用，但是其对运动能力的作用有待证实。氨基酸在训练前、中、后补充的效果也还有待研究。

3. 许多氨基酸制剂声称可以促进生长素的分泌，影响胰岛素、睾酮和皮质醇水平，但是这些都还需要进一步的证实。

（五）力量项目运动员训练和比赛前、中的蛋白质补充

这方面的问题在近期开始引起人们的注意，但是多数问题还没有定论，只有一些理论上的假设。

1. 训练和比赛前补充蛋白质

其作用没有定论，但是其通过增加血液氨基酸浓度，对减少肌肉分解代谢可能有好处。

2. 训练和比赛前补充碳水化合物—蛋白质组合饮料

通过提高机体血液和细胞内的能量储备和氨基酸浓度，会有助于肌肉蛋白的合成，从而辅助肌肉力量的增长。运动前的食物量不能多，但是可以尝试补充35g碳水化合物和6g氨基酸的组合。

3. 训练和比赛中补充碳水化合物—蛋白质混合物

其作用与运动前补充类似，目的在于减少运动导致的氨基酸浓度降低，通过碳水化合物的刺激胰岛素分泌作用来减少肌肉分解代谢，增加肌肉内氨基酸浓度，促进蛋白质合成。

（六）训练后恢复期的蛋白质补充

1. 力量训练刺激肌肉组织中的蛋白质合成，在这些生理刺激下血液和细胞中的氨基酸会释放出来，以满足肌肉组织的基础代谢、组织修复和新组织的合成，这时需要更多的外源性氨基酸供给。所以，力量训练后的膳食中蛋白质补充非常重要。

2. 已有研究证明，运动后补充氨基酸确实对肌肉合成有效，将必需氨基酸（6g）与碳水化合物（35g）配合使用获得了明显的肌肉合成的作用，这一比例与前面提到的运动前补充

相同。

3. 虽然最为理想的碳水化合物与蛋白质组合比例还不能确定，但是可以确定的是这两者的混合食物效果好于单纯食物，这容易通过训练后的正餐或者零食来满足。

4. 这种混合食品的补充在训练后越早进行效果越好，原理与耐力训练后补充碳水化合物类似。在训练后立即补充效果最好，如果延后到训练后1~3h，效果会降低。

六、力量项目运动员对脂肪的需求特点

力量项目运动中主要依靠磷酸原和无氧酵解供能，不需要利用脂肪来合成ATP，这是否意味着力量项目运动员不需要脂肪？其实力量项目运动员需要在膳食中含有合理比例的脂肪，这是因为脂肪中有必需脂肪酸、脂溶性维生素，这些是维持健康的必须营养物质。为了避免脂肪食物对运动能力的影响，合理的补充时间也很重要。力量项目运动员的脂肪补充需要注意的问题如下。

（一）合理的比例

虽然脂肪对力量项目运动员训练和比赛中的供能没有作用，但是它会影响身体成分和体重的变化，影响机体的正常功能，所以需要将脂肪在膳食中的比例控制在合理范围。如果想要减轻体重，膳食中脂肪供能所占比例要控制在20%~25%；如果想要增加体重，可控制在25%~30%。

（二）合理的数量

2g/kg体重/日是适合一般运动员的推荐量，当然具体到每一个运动员，还需要根据能量消耗来进行计算。如果脂肪摄入过多，其转换为脂肪储存的效率远高于碳水化合物和蛋白质。下面通过一个例子来加以说明：

两名体重同为68kg的运动员，一名摔跤运动员需要保持体重，每日能量需要为2500kcal；另一位是铅球运动员需要增加体重，其每日能量消耗需要是4500kcal。

1. 脂肪需要量

根据2g/kg体重/日推荐量计算他们所需要的脂肪是136g/天。

2. 脂肪供能量

136 × 9=1224kcal

3. 所占比例

摔跤运动员=1224/2500=49%；铅球运动员=1224/4500=27%

4. 脂肪应该摄入量

摔跤运动员要保持体重，脂肪比例不应超过30%，所以每日2g/kg体重的方案不适合此运

动员，要采用20%~25%的供能比例来设计膳食方案：2500×0.2~0.25/9=55~69g/天

对于铅球运动员，136g是一个适宜比例，在保证能量供给的同时有益于健康。

从健康的角度来说，过多摄入饱和脂肪酸、反式脂肪酸对健康不利，不饱和脂肪酸有益于健康。

5. 食物来源

对于食量大、蛋白质摄入多的力量项目运动员，要引导他们选择合理的食物种类，减少饱和脂肪酸的摄入。瘦羊肉、鸡鸭肉、鱼、豆制品是脂肪的良好来源。

（三）力量项目训练和比赛前、中是否需要补充脂肪

1. 训练和比赛前要避免高脂肪膳食，由于脂肪消化时间长，在运动中有可能导致腹涨和胃肠不适。

2. 可在运动前的膳食中包含少量脂肪来增加饱腹感，训练后可以适当补充。

（四）力量项目训练和比赛后是否需要立即补充脂肪

1. 训练和比赛后不必立即补充脂肪，因为力量训练和比赛不会导致脂肪储量“耗竭”。

2. 对于希望减重的运动员，训练会消耗脂肪，如果在训练后立即补充会妨碍减重的进行。

3. 在训练后的膳食中保证少量脂肪可改善食欲，增加饱腹感。

七、力量项目运动员对维生素和矿物质的需求

力量项目运动员对维生素和矿物质的需要量及其对运动能力影响的研究并不深入，增加维生素和矿物质摄入对这类项目运动能力的影响也不清楚。但是有些物质对力量项目运动员很重要，如抗氧化物、硼、钙、铬、铁、镁和锌。

（一）力量项目运动员与抗氧化剂

1. 目前关注的抗氧化剂主要有维生素C、维生素E、维生素β-胡萝卜素和硒，其主要作用是对抗运动中产生的自由基损害，这类研究主要针对耐力项目运动员，现在看来力量项目运动员也需要这方面的营养素来应对大运动量训练所带来的类似问题，只是还没有具体的方案。

2. 富含这类物质的食物有柑橘类水果、绿色和黄色蔬菜、坚果和豆类。

（二）力量项目运动员与硼

1. 硼不是必须微量元素，每日通过膳食摄入1~2mg即可。

2. 硼曾被称为具有刺激睾酮分泌的作用，这是力量项目运动员所感兴趣的，但是这一作用并不确定。

3. 在水果、蔬菜、坚果、豆类和红酒中存在。

（三）力量项目运动员与钙

1. 钙是人体骨骼的主要成分，对肌肉生长、神经传导也具有重要作用，但是力量项目运动员往往从膳食中摄入不足。这常见于需要控制体重的运动员，他们由于需要减重或控体重而控制奶类摄入。实际上，摄入足够的钙可以帮助减轻体重和降低体脂率。奶制品中还含有其他的营养素是运动员所需要的，包括蛋白质、碳水化合物、维生素D和维生素B_2，所以不要限制奶类摄入。

2. 每天需要补充3~4份含钙丰富的食物，如牛奶、酸奶、橘汁、绿叶蔬菜、豆浆等，有益于健康。总推荐量为1g/天，每天需要满足这个量，但是没有必要过多。

（四）力量项目运动员与铬

1. 铬是具有调节胰岛素介导作用的碳水化合物、脂肪和蛋白质代谢作用的必需微量元素，有研究报道其具有促进肌肉合成、减少体脂率、提高肌肉力量的作用，但是也有研究报道没有见到上述作用。

2. 食物来源很广泛，如蘑菇、西梅、坚果、全麦、酵母、西兰花、红酒、奶酪、绿色蔬菜、芦笋、黑巧克力和一些啤酒，不易缺乏。

（五）力量项目运动员与铁

1. 血红蛋白为机体氧运输的载体，铁是其构成成分。所以铁缺乏会导致贫血和有氧能力降低。

2. 短距离游泳选手是一个特殊的力量项目群体，虽然他们不进行传统的力量训练，但他们常常发生低铁状态。补充铁是预防缺铁的重要手段，但是如果发生了贫血则需要听从医生的建议。

3. 力量项目运动员应该从食物中获取血红素铁（羊肉、猪肉、鱼肉）和非血红素铁（豆制品、干果、全谷豆类、强化燕麦和绿叶蔬菜）。非血红素铁的生物活性可以通过与肉类制品和维生素C一起摄入而获得提高。

（六）力量项目运动员与镁

1. 镁受到力量项目运动员的青睐是因为有研究提出它具有影响肌肉收缩和蛋白质合成作用，它具有增加肌肉体积和力量的作用。但是这些研究并不够严谨，没有证据证明，镁的过量摄入能带来更好的效果。

2. 镁的食物来源有全谷、绿叶蔬菜、豆类、坚果和海鲜。

（七）力量项目运动员与锌

1. 锌影响人体的多项功能，包括抗氧化、调节生长发育和伤口愈合。上述功用对力量项目运动员很重要，对于那些需要控制体重的运动员要对缺锌给予足够重视。

2. 锌的来源：牛肉及其他红肉、鱼、蛋类、全麦麦芽、豆类和奶类。一般食物含量足以满足日常需要，所以多不需要额外补充。

（八）力量项目运动员与复合维生素和矿物质

1. 不少运动员会经常服用复合维生素矿物质补剂，虽然这对预防缺乏有用，但是并不能起到改善运动能力的作用。

2. 如果是为了预防某种元素缺乏，要注意选择每种成分含量不超过推荐量100%~200%的制剂，过度摄入维生素和矿物质的某种成分有导致胃肠道不适等副作用的可能。

八、补液对力量项目运动能力的影响

由于肌肉中的主要成分是水分，所以补水对任何项目运动员都很重要，脱水会导致肌肉功能和机体运动能力下降。运动中和运动后补水对保持体力、延缓疲劳和加速机体恢复有重要作用。

（一）力量项目运动员补水需要注意的问题

1. 必须补水：脱水会导致运动能力下降，所以力量项目运动员在任何训练或比赛开始前要充分补水。

2. 注意个体差异：由于训练和比赛的频率、强度、时间、负荷量的不同，每个人的需要量有差异，但是保持水平衡非常重要，是日常膳食中需要关注的重点。

3. 体重控制：有级别项目运动员由于考虑到体重问题，常常因为限制水摄入而导致脱水，如拳击、柔道、摔跤、跆拳道、举重等，他们需要提高相对体重下的绝对力量。为了获得比赛优势，这些运动员往往在赛前进行快速降体重来参加低体重级别的比赛，以获得好的比赛成绩，要注意关注他们的水平衡。

4. 常见快速减重手段：最为快速的减重方式就是脱水，方法有减重服、蒸气浴和限制饮水，减重范围可达到数千克，但这样做对健康影响很大。

5. 控体重：运动员也可以在赛季前通过比较缓慢的方式进行减重，在此过程中体重会有所反弹，形成一个波浪形的过程。由于经常性的控制饮水，有时会对整个赛季产生不良影响，主要的问题是体温调节能力下降、电解质丢失增加、心律不齐、肾脏功能下降。

6. 评价手段：可采用尿比重来评价脱水情况，要求在赛前称重时不能高于1.020。严重脱水在运动员不常见，但是脱水确实会对运动能力产生明显影响，这也提示了训练时补水的重要性。虽然力量训练持续时间相对耐力训练短，但是也会影响肌肉功能，表4–11列出了已知的脱水对力量项目的一些影响。

7. 有级别项目还有另外一个问题是称重后到开始比赛前这段时间的食物补充问题，称重后有些项目允许进食，如摔跤、举重，这时通过摄入水和食物可以补充体力，提升运动能力。但是一次补充就可以消除减重所带来的消耗吗？还没有研究报道快速补水所能达到的体力恢复效果。表4–11中还列出了脱水后快速补水的作用和影响。

表4–11　快速和中等速率脱水和补水对生理机能及力量项目运动能力的影响

	指标	脱水	补水
心血管	血量	减少	增加
	心输出量	减少	不清楚
	每搏量	减少	不清楚
	心率	增加	不清楚
代谢系统	无氧功率（Wingate测试）	无变化或减少	无变化或减少
	无氧能力（Wingate测试）	无变化或减少	无变化或减少
	血液缓冲能力	降低	不清楚
	肌糖原/肝糖原	减少	减少
	运动中血糖	可能减少	不清楚
	运动中蛋白质分解	可能升高	不清楚
体温调节和体液平衡	电解质（肌肉/血液）	减少	无变化
	体内温度	升高	不清楚
	出汗率	减少	不清楚
	皮肤血流	减少	不清楚
力量相关能力	肌肉力量	无变化或减少	无变化或减少
	爆发力	不清楚	降低
	运动速度	不清楚	不清楚

（二）力量训练中补水量的计算

保持训练中的水平衡很重要，其需要量的计算要依据运动员训练中的出汗量，通过对训练中补水量的计算来确认所需要数量。

出汗量的多少受很多因素影响，设计补水方案必须考虑训练内容、温度、湿度及个体差异。大家可以通过下面的例子来了解这个过程。

男子200m短跑运动员，训练内容包括健身房力量训练和田径场技术训练，训练时间为下午4~6点。健身房有空调，室温26~27℃，湿度50%~60%；田径场温度35℃，湿度80%~95%；他的出汗量需要分别计算：

1. 室内出汗量计算

（1）测量训练前后体重差异：训练前80kg，训练后79.5kg，训练的1h中丢失水0.5kg。

（2）运动员实际水需要量：由于环境凉爽，运动员往往容易忽视补水，该运动员室内身体训练中的实际补水量为200ml，需要增加0.5×1000~1500=500~750ml补水量（每小时运动中每丢失1kg体重时的补水推荐量为1000~1500ml）。

（3）确定每小时训练需要的补水量：室内由于温度恒定，每小时需水量应保持在200+500~750=700~950ml范围。

2. 田径场训练

（1）确定训练中的体重改变：训练前体重为79.5kg，训练后为78kg，在1h的室外训练中降低体重1.5kg。

（2）室外训练中需要的补水量：该运动员室外训练需要补水量为1.5×1000~1500=1500~2250ml。

（3）实际上需要补水量： 该运动员实际饮水量为120ml，其实际需要补水量为120+1500~ 2250=1650~2370ml。

（4）计算每小时需要补水量： 由于该运动员的训练时间是1h，所以其每小时需要补水量为1650~2370ml。

（5）通过此例可以看到，在温度、湿度不同的条件下需要补水的数量相差很大，凉爽、干燥情况下每小时需要补充700~950ml，而炎热、潮湿条件下则需要补充1650~2370ml。

（三）需要补充的饮料种类和时间

1. 运动中补水的来源

水和运动饮料可以分为两大类，如果训练持续时间不超过60min，水就足以满足需要。如果运动持续时间超过60~90min，运动饮料则更为合适。

2. 如何避免脱水

实际上要想摄入消耗等量的水是很困难的，但是并非不可能，力量运动员在训练中应该每10~15min补水一次，尽量使补水量等于出汗量，这主要依靠运动员在训练中携带足够的水或者饮料，并自觉执行补水计划。

在上述例子中，室内训练时，应该每次补水100~125ml；室外训练时，每次补水165~225ml。但是，也要注意补水量过大会导致胃肠道不适，所以具体的补水量还需要根据个人情况决定。

（四）训练或者比赛后力量运动员需要的补水量

运动员在训练和比赛中丢失的水分应该尽快补充，方式最好是定时定量补充。该运动员本次训练课所需要的补水量是2350~3320ml，但是要在训练中补充这么多的水分是非常困难的，这也提示了训练后及时、有效补充的重要性。

九、力量项目运动员膳食方案需要注意的问题

与其他项目相比，由于力量项目多为间歇性运动方式进行，所以他们的能量和液体补充相对好控制一些。当然他们也需要提前准备好膳食方案，准备所需要的补品、饮料、恢复体力的食品等。下面将介绍相关的知识。

（一）比赛间歇时的食物选择

1. 考虑项目特点

田径、游泳这类项目的运动员一天中可能要参加多个项目或多次比赛，这往往会在完成一个大强度运动后需要经历一个较长的等待期，然后再去参加另外一项比赛，不同项目间的间歇期也不相同。

2. 目的

这时的运动员需要尽量使自己在每次比赛前处在一个能量储备充分、水合良好的状态。在比赛期间，运动员的能量消耗相对训练往往会小很多，所以这需要他们合理控制比赛间歇期的能量摄入。

3. 选择原则

原则是保证体内糖原和能量储备充足，同时将不良胃肠道反应降到最低，下列食品是可用于赛间间歇时使用的：

（1）水果和果汁饮料。

（2）能量棒。

（3）汉堡包（需要冷藏）、快餐盒饭。

（4）酸奶和牛奶（需要冷藏）。

（5）蛋糕、面包和果酱或者花生酱。

（6）运动饮料和水。

运动员要习惯在训练间歇补充零食，以保证在比赛时不会引起胃肠不适，比赛日不要食用不习惯的食品。

（二）比赛后的高质量食品

1. 目的

比赛后尽快启动机体恢复过程是重要工作。理想情况下，运动员应该在完成最后一项比赛后的15~30min内开始补充食物。

2. 食物选择

由于赛区往往在外地，所以提前准备所需要的食品很重要，这类食品应该便于携带、不需要冷藏、可以在比赛后立即食用。

● 花生酱或果酱面包。

●新鲜水果。

●盒装豆奶。

●可用水冲泡食用的快餐食品。

●含碳水化合物和蛋白质的能量棒。

●干果和坚果。

如果运动员喜欢快餐或者方便食品，可选择以下食物。

●盒装低脂奶和酸奶。

●纯果汁。

●密封包装的牛肉干。

●点心（蛋糕、饼干）。

●能量棒。

不同运动员大运动量训练后的反应不同，需要在平时训练中进行一些尝试，寻找口味合适、食用方便和便于携带的食品。旅途中的食物营养成分不可能像在家里要求那么高，营养丰富、种类习惯的食物和饮料是需要提前准备好的。

第三节　集体项目的膳食特征

一、集体项目的特点

（一）定义

集体项目是由两名以上运动员在共同区域内相互对抗的运动。如篮球、足球、排球、棒垒球、橄榄球、曲棍球等。那些将个人分数相加来获得团体成绩的项目不在此列，如体操团体、网球、乒乓球、羽毛球团体赛等。

（二）供能特点

集体项目一般被列为无氧供能为主项目，在这类运动中要想获胜需要良好的技术和战术素养，而这些技术要以快速、有力的肌肉能力为基础。

快速肌肉活动以ATP/CP、无氧供能为主。然而，将集体项目归类为无氧运动项目也容易产生误解，冲刺、跳跃、投掷过程本身是真正的无氧运动，但是在集体项目运动中有很多的过渡和间歇时间，机体会有机会获得恢复过程，这时机体是以有氧供能为主。

（三）有氧能力

在此类项目的比赛过程中，机体恢复能源储备、排除代谢产物的能力小，有赖于有氧供能。所以，良好的有氧能力可以加速比赛间歇时机体的恢复。在比赛中的暂停、节间或半场休息的时间内，如果运动员不能恢复体内ATP/CP的储备，在后面的比赛中将会越来越处在不利的境地。在这短暂的休息时间内运动员的有氧能力对体能恢复有重要意义，有氧能力差的运动员将会面临疲劳提前出现和运动能力下降的问题。

二、集体项目运动中的供能系统

（一）磷酸原和无氧酵解供能

多数的集体项目需要依靠三个供能系统的协同工作，ATP/CP和无氧酵解是主要供能系统。如图4-4所描述的左侧深色部分区域是完成跳跃、射门、冲刺等高强度、爆发力动作所需要的ATP/CP供能区域。

（二）有氧供能

有氧供能是在完成动作后的运动间歇这些低强度活动期间参与进来，这些间歇中的动作往往比较缓慢，处于低强度状态，这时有氧代谢开始参与进来（图4-3的④区阴影部分）。有氧供能是低强度间歇期的主要能源，也是机体恢复的能量来源。换句话说，有氧供能系统的主要职责是恢复前期运动所消耗ATP/CP，不能有效恢复，必将导致疲劳早发生和运动能力降低。这也解释了所有被归类为无氧项目的集体项目都需要进行耐力训练，耐力训练刺激有氧系统，提高机体合成ATP/CP的能力，从而加速恢复过程，保证以良好的体能参加后面的训练和比赛。

三、集体项目能量需要的特点

集体项目能量消耗与耐力和力量项目的主要不同在于个体间能量消耗差异很大。非集体项目运动员的能量消耗与训练、比赛安排有密切关系，集体项目则是在此基础上还与项目特点、所打位置、体重等有关，这些是在计算能量消耗和制定膳食方案时需要额外注意的问题。

（一）影响集体项目能量消耗的因素

1. 项目特点

篮球、排球、足球、橄榄球等运动方式不同导致能量消耗不同。

2. 所打的位置

前锋、后卫、投手、四分卫等所负责的位置不同，导致运动负荷不同。如足球运动员的每日能量消耗为3800~3900kcal，中场和中卫球员跑动距离最长，冲刺最多的是前锋和后卫。一个中场球员在一场比赛中的跑动距离约10km，大部分是在高强度下进行，相反，守门员和后卫主要在后场活动，跑动距离明显小于前锋，所以他们所消耗的能量也就小。

3. 运动员的身材特点

有些运动员体重很大，如橄榄球的线卫球员，相反跑锋体重就会轻很多，大个球员需要利用大体重来阻挡对手或者获得身体对抗的优势，这样的球员需要增加瘦体重。140kg体重的球员一天需要5000kcal来维持体重，而85kg的球员只需要3500kcal。多数情况下运动员的能量补充往往低于消耗，一项对女子排球、游泳、中跑运动员和芭蕾舞演员在训练季节和比赛季节的研究发现，他们的平均能量摄入为1500~2350kcal/d，而平均能量消耗是2150~2350kcal/d。其中只有排球运动员在赛季的能量是平衡的，其他三个项目均为负平衡。这可能与排球的比赛季能量消耗要小于训练有关，这应该引起集体项目运动员和教练员的注意。

（二）集体项目运动员的每天能量需要的计算

能量需要量的计算需要根据体重、训练量（项目、每天训练时间、每周训练天数）和年龄进行，还需要考虑目标体重和理想体重。如果运动员是想要保持体重，计算就不用修改，如果是想改变体重则需要调整每日需要量，下面举例说明：

男子棒球选手，捕手，22岁，对自己目前的体重（100kg）和身体成分满意，希望保持。其能量需要如下：

1. 安静状态能量消耗：REE值=(15.3×100)+679=2209kcal

2. 能量需要量范围：2209×（1.6~2.4）=3534~5302kcal/d

所给出的范围比较大，但是对于集体项目运动员还是要给予较大的自由度，以适应不同的需要。本例中的捕手需要经常半蹲位接球、投球、在本垒到一垒间跑动、追击失误球等，这使得他需要消耗大量的能量；捕手所穿的护具会影响他的动作效率，这也会增加能量消耗。

这个位置的运动员比赛中每分钟的能量消耗可达到13kcal，在比赛日他的能量消耗可达到上限，而在休息日能量需要只能达到下限。所以该运动员需要根据训练和比赛情况来安排膳食方案，以保持现有的体重。

3. 膳食要求

对于集体项目首先需要满足宏量营养素的补充，满足能量需要。对于体重较大的运动员能量消耗也会相应增加，蛋白质的需要量也会增加，这会对糖原储备产生一些不利影响，所以还需要注意每天补充碳水化合物来保证运动能力处于最佳状态。

集体项目需要按照一定比例混合的碳水化合物、蛋白质和脂肪膳食，因为这类项目需要的是有氧和无氧的混合供能。

表4-12描述了能量供应分别是2500、4000和5000kcal的膳食方案。低能量膳食方案适合体重轻、女性集体项目运动员，而高能量膳食方案适合大体重的男性运动员。

表4-12 不同能量需要时膳食方案举例

	2500kcal			4000kcal			6000kcal		
	食物	重量（g）	能量（kcal）		重量（g）	能量（kcal）		重量（g）	能量（kcal）
早餐	油葱饼	100	302	芝麻烧饼	150	566	蛋糕	200	697
	猪肉包	100	216	牛奶燕麦片	250	204	牛奶燕麦片	250	204
	甜豆浆	250	190	鸡蛋	100	105	鸡蛋	100	105
	鸡蛋	100	105	香蕉	100	95	香蕉	100	95
早餐合计			813			970			1101
碳水化合物%			60.88%			59.5%			66.28%
午餐	米饭	150	522	米饭	200	696	米饭	300	1045
	溜肝尖	100	64	红烧鱼	150	576	水饺	200	416
	炒土豆丝	100	56	香干炒青椒	100	47	爆羊肉	200	65
	西芹炒鸡丁	100	47	尖椒肉丝	100	131	肉片氽冬瓜	100	85
				西红柿鸡蛋汤	100	40	清炒油菜	150	16
							汉堡包	150	369
							橘子汁	400	361
午餐合计			689			1490			2357
碳水化合物%			78.98%			51.38%			69.58%
零食	冰激凌	150	190.4	香蕉	200	190	冰激凌	150	190
							香蕉	100	95
晚餐	肉丁茄子面	150	257	米饭	200	696	米饭	300	1045
	肉丝炒蒜苗	100	96	清炖鸡	150	325	红烧牛腩	200	119
	水饺	100	208	鲜蘑丝瓜	100	22	炖羊肉	150	260
				苹果	150	64	木耳白菜	100	20
							鸡丝炒饼	100	206
晚餐合计			561			1107			1650
碳水化合物%			50.34%			67.95%			67.05%
零食	酸奶	340	242	酸奶	340	242	酸奶	340	242
							腰果	50	282
							曲奇饼	40	167
零食合计			432.4			432			976
碳水化合物%			25.31%			34.07%			20.51%
合计		1840	2495.4		2390	3999		3680	6084
碳水化合物%			57.35%			56.95%			62.27%

（三）集体项目比赛期的能量需要

1. 计算集体项目的能量消耗需要考虑项目特点、比赛天数、比赛用时。

每场比赛用时不超过1h的项目或比赛持续1~2h的有间歇项目一般不用在比赛中补充固体食物，最为重要的是保障运动员不脱水。

2. 对于持续比赛时间2~4h的项目，则需要在比赛中适量补充额外能量来保持运动能力。

3. 补充含碳水化合物的饮料虽然只会提供少量的能量，但是已经可以有效延缓疲劳出现。例如篮球运动员完成一场40min比赛的实际时间是将近2h，以每15min补充200ml的速度补充运动饮料可以获得约360kcal的能量，这可以快速补充运动中所消耗的糖原储备。

有些比赛会持续一整天或者一个周末，这就需要认真准备运动前、运动中、运动间歇时和运动后的膳食方案来保证能量供给。后面有关于集体项目能量需要计算的相关内容。

四、集体项目对碳水化合物需要量的计算

集体项目的供能涉及三个能源系统，快速运动依赖磷酸原和无氧酵解系统，一般活动时依靠有氧供能系统。碳水化合物是运动中有氧供能系统的主要能源，也是无氧酵解系统的唯一能量来源，碳水化合物缺乏必然导致运动能力下降；而肌糖原是持续30~40s大强度运动的主要能源，反复爆发性用力这类的训练会持续消耗肌糖原储备。

运动间歇时补充碳水化合物可缓解疲劳。有研究报道，高强度短跑训练中的间歇期摄入碳水化合物饮料可以明显增加高强度冲刺的次数，增加幅度为32%；冰球运动员在下场休息期间补充碳水化合物饮料可以使运动员滑行更快、距离更长，比赛后恢复加快。但是多数运动员赛后不能按照推荐量摄入碳水化合物，这导致他们出现慢性糖原储备减少状况，这种情况在参加锦标赛这类持续数天的比赛中表现的更为明显。可见集体项目的膳食方案必须要保证运动员在比赛前、中、后充足的碳水化合物摄入。

（一）集体项目运动员的每日碳水化合物需要量

1. 个体差异

集体项目运动员训练安排相差很大，这影响他们对碳水化合物的需要量。同样一堂训练课，对有些运动员是中等强度训练，而对其他运动员这可能是大强度训练。

下面是一次不同强度训练课时，运动员所需要碳水化合物摄入量的例子：

（1）低~中等负荷训练：5~7g/kg体重/d。

（2）中等~大负荷训练：7~12g/kg体重/d。

（3）极限负荷训练：10~12g/kg体重/d。

集体项目的碳水化合物推荐摄入量一般是6~10g/kg体重/d，但是运动员的推荐摄取量必须根据所打位置、训练量、体重、体重控制目标和总能量消耗进行考虑。

2. 选择计算碳水化合物需要量及供能比例的方法

（1）根据体重计算的需要量虽然简便，但是不能反映其合理程度，所以要首先按照表4-2的公式计算每日能量需要量。

（2）按照体重计算碳水化合物需要量及供能所占百分比，如果出现不能满足合理供能比例的问题。即碳水化合物供能比不在总能量的50%~65%范围之内。

（3）根据每日能量需要量，计算每日所需要碳水化合物供能数量，最终确定所需碳水化合物总量。

现在很多运动员的碳水化合物摄入量明显不足，有些甚至不足建议推荐量的50%，这会导致糖原储备降低。

3. 根据位置计算碳水化合物推荐量

两名女子半专业足球队员，在参加一个联赛的比赛，比赛每个周末进行，每天还需要进行训练。A身高体壮是个守门员，希望保持体重和体脂率水平。B瘦小、灵活，希望保持现有体重和体型来维持良好的速度和耐力。

计算这两名运动员的碳水化合物需要量需要从每千克体重和能量百分比两个角度进行，从中找到合理的供给方式。

（1）运动员A，女性，体重74kg，24岁，守门员：

◎ 计算能量需要量范围：

REE=（14.7×74）+496=1584kcal

能量需要量范围：REE乘以活动系数(1.6~2.4)=1584×1.6~2.4=2534~3802kcal/d

低消耗时所需碳水化合物：2534×（0.5~0.65）/4=316.9~411.8g

高消耗时所需碳水化合物：3802×（0.5~0.65）/4=475.3~617.8g

◎以每千克体重计算碳水化合物需要量：74×6~8g / kg体重/天=444~592g/天

以6~8g/kg体重计算能量百分比：

6g/kg体重：444×4/2534~3802%=70%~47%

8g/kg体重：592×4/2534~3802%=93%~63%

可见进行低强度训练时要采用每千克体重低于6g的摄入标准，大强度训练时可以采用8g/kg体重的标准。

（2）运动员B，女性，体重61kg，23岁，中场队员：

◎计算能量需要量范围：

计算REE=（14.7×61）+496=1393kcal

能量需要量范围：REE乘以活动系数（1.6~2.4）=1393×（1.6~2.4）=2229~3343kcal/d

低消耗时所需碳水化合物：2229×（0.5~0.65）/4=278.6~362.1g

高消耗时所需碳水化合物：3343×（0.5~0.65）/4=417.9~543.2g

◎以每千克体重计算碳水化合物需要量：61×6~8g/kg体重/d=366~488g

以6~8g/kg体重计算能量百分比：

6g/kg体重：366×4/2229~3343×100%=66%~44%

8g/kg体重：488×4/2229~3343×100%=88%~58%

4. 根据场上位置选择碳水化合物需要量

（1）计算碳水化合物摄入量时需要考虑她们的位置，A是守门员，比赛中活动范围小，多数时间在低强度运动状态。

· 按照能量供应中碳水化合物能量占50~65%的比例进行计算，该运动员取能量均值［（2534+3802）/2］和比例均值［（50+65）/2=57.5%］计算的碳水化合物需要量为：3168×57.5%=455.4g。

· 由于其活动量小而采用6g/kg体重计算所得的需要量为：444×4/3168×100% =56%。

（2）B是中场队员，比赛时的活动范围很大，需要参与进攻和防守，休息时间少，能量消耗会明显大于守门员，但是她要保持体重。

· 按照能量供应中碳水化合物能量占50%~65%的均值（57.5%），能量供应取上限值（3343kcal）计算所得的碳水化合物需要量为：3343×57.5%=480.6g

· 如果按照8g/kg体重碳水化合物计算所得的需要量为：61×8×4/3343×100%=488/3343×100%=58.4%

通过上面的例子可见，两种计算方法如果所设定条件相同，结果很接近，但是从计算的便利性来说，显然通过体重×克数的方法更为简便。需要时进行两种方法的相互验证会使结果更为合理和可信。

5. 选择供给量与训练的关系

对于多数集体项目，碳水化合物是主要的能量来源，所以每日每千克体重的摄入量应该在6~8g之间，在进行大强度、大运动量训练期间需要适度提高上限水平；如果在身体训练为主，希望增加肌肉力量阶段，由于需要补充更多的蛋白质，这时可适度减少碳水化合物比例。但是原则上不要明显低于要求的下限值。

6. 碳水化合物来源

集体项目运动员很容易满足碳水化合物的摄入量，食物来源有：谷类、水果、蔬菜和低脂奶制品。表4-13为一个含有50%~65%碳水化合物的食谱。

表4-13　碳水化合物来源

	食物	热量（kcal）	碳水化合物（g）
早餐	100g油葱饼	303	59.4
	250ml牛奶	135	8
	100g香蕉	91	22
	30g葡萄干	112	28
	200ml酸奶	144	18
	合计	785	135.4
午餐	200g米饭	232	52
	200g清炖牛肉	220	9.8
	200g炒土豆丝	126	26.4
	200ml橘子汁	238	49.2
	340ml酸奶	193.8	34
	200g香蕉	182	44
	合计	1191.8	215.4
晚餐	100g红烧鱼	391	17
	200g米饭	232	52
	200g菠菜	48	8
	200ml橘子汁	238	49.2
	合计	909	126.2
零食	200g梨	88	26.6
	2个能量棒	360	54
	100g曲奇饼干	546	60
	合计	994	140.6
总计		3879.8	617.6
碳水化合物	67.63%		

（二）集体项目训练和比赛前碳水化合物的补充

1. 预防性补充

训练或比赛前补充碳水化合物有助于使体内糖原储备达到“最高水平”，推荐量是1~4g/kg体重，在运动开始前1~4h服用。其中可以包括：固体和液体的食物，如面包、牛奶加麦片、果汁（橘子、西瓜、葡萄等）、含糖饮料都是不错的选择。

2. 不可忽视正餐

许多集体项目的比赛会安排在下午或者晚上进行，这时可以安排一些赛间补充，但是即使安排了这些补充也不能忽视早餐和中餐。运动员必须明白，合理的赛中膳食方案不能消除不合理营养习惯对运动能力的影响，需要不断消除偏食等不良习惯。

3. 食物要求

赛前4h的膳食应该易消化，为习惯的食物和高碳水化合物（占到总能量的50%~ 65%），同时含有少量的蛋白质和脂肪以增加饱腹感。要注意食物的体积，避免导致比赛时的胃肠不适。

4. 根据比赛安排特点选择具体方案

集体项目可能会遇到一日多赛或连续比赛的情况，如果比赛时间短于1h，含糖饮料就足以满足需要，不需要固体食物补充。因为固体高糖食物消化时间长，有可能在比赛时仍未从胃里排空，导致胃肠不适。另外，赛前紧张会影响机体消化吸收固体食物的过程，所以液体食物可以更好地被吸收。

（三）集体项目比赛中碳水化合物的补充

如果集体项目运动员遵照赛前膳食方案执行，一般不会在比赛中出现肌糖原耗竭问题。然而，这并不意味着这个队的运动能力在比赛后半程不会受到影响，肝糖原储备和血糖水平这时会降低，从而影响运动能力。比赛中补充碳水化合物后可使运动员的疲劳程度降低、运动速度提高。

1. 充分利用暂停时间

比赛暂停和中场休息是进行碳水化合物补充的最佳机会。集体项目在比赛中补充30~60g/h碳水化合物是比较适宜的剂量，这将提供120~240kcal/h的能量，对于经常有停顿、暂停和换人的项目（如篮球、冰球）采用低限即可满足需要，高限水平用于持续进行、少有暂停的项目（如足球、橄榄球）。

2. 补充方法

采用6%~8%浓度的运动饮料作为补充手段，只要按照合理的补水原则（每10~15min100~150ml）可以很容易满足30~60g/h需要。

（四）集体项目训练和比赛后补糖

任何参加高强度运动的运动员都应该在训练后定时补充足量的碳水化合物以满足恢复糖原储备的需要。碳水化合物要在比赛或者训练后尽早摄入来利用训练后的肌肉对血糖的高效利用期。

1. 补充计量

运动员应该在比赛或者训练后的6h内每2h摄入1.0~1.5g/kg体重的碳水化合物，对于激烈对抗项目的运动员补充量可达到2g/kg体重。

例如，一名70kg体重的足球运动员，需要在赛后补充70~100g碳水化合物，这可以通过230ml果汁（25g）、1个能量棒（25g）和1杯低脂水果酸奶（40g）来获得。

2. 尽早补充

如果在运动场或者更衣室就有高碳水化合物食物或饮料就更容易让运动员在训练后立即进行补充。现在已经有很多高糖食物产品，容易携带，花费也不多。所以运动员应该自己携带所喜欢口味的饮料和食物去训练场，这将保证运动员在离开训练场所之前就完成碳水化合物的补充，不至于遗忘而影响后面的训练进程。

五、集体项目与蛋白质需要量

如果碳水化合物补充充足，在集体项目训练和比赛后中蛋白质很少被用于供能，除非是在联赛阶段或者多个加时赛情况下，机体才会将蛋白质作为能源，即使这样机体对蛋白质供能的依赖性是很低的。蛋白质的主要功用是作为修复和维持肌肉正常结构和功能的原料。

（一）集体项目运动员蛋白质需要量的计算

1. 集体项目运动员蛋白质需要量的影响因素

（1）训练量和训练方法

有些项目耐力训练量大，有些项目力量训练多，这些训练安排上的不同、训练持续时间不同和训练强度不同都会对蛋白质需要量产生影响。蛋白质需要量可以通过近期体重来确认，蛋白质需要量需要根据总能量消耗量来进行计算，如果蛋白质需要量发生改变，碳水化合物和脂肪也应该改变。

（2）运动项目和所承担位置

集体项目不针对个体而给出一个蛋白质需要量肯定是不合理的。运动员所承受的训练时间不同、负责的位置不同、身体对抗程度不同都会影响蛋白质的需要量。

（3）擦伤、挫伤和骨骼肌损伤的愈合也对蛋白质需要量有影响。

（4）力量训练、增加瘦体重、身体训练时间增加均会增加蛋白质需要量。

体重对每日蛋白质需要量有影响，与计算能量消耗和碳水化合物需要量一样，不同体重运动员所需要的蛋白质也会不同。如果想增加体重，蛋白质需要量会增加，如果想减体重，蛋白质需要量也会增加以避免肌肉分解所带来的损耗。

2. 蛋白质需要量

如果根据体重来计算蛋白质需要量，集体项目一般可以采用1.2~1.6g/kg体重的标准。青少年运动员、大强度或者大运动量训练并想要增加体重的运动员可能需要采用2.0~3.0g/kg体重的标准，这个蛋白质摄入量对于体重大、能量消耗多的运动员的供能能量可占到总能量的15%~20%。

3. 蛋白质补充数量要适度

许多集体项目运动员希望增加肌肉体积和提高力量来提高运动能力，要鼓励这些运动员摄取合理数量的蛋白质，但是不要过度。

4. 充足的能量补充

增加肌肉体积时，摄入适量的其他宏量营养素和蛋白质一样重要，来自碳水化合物和脂肪的额外能量具有减少蛋白质分解，促进蛋白质被用于肌肉修复、合成代谢相关酶类和增加肌肉合成的作用。表4-14列举了合理蛋白质膳食方案的例子。

表4-14　高蛋白食谱

	食物	热量（kcal）	蛋白质（g）
早餐	2个煎饼	258	8
	1个荷包蛋	88	6.5
	200g葡萄	86	0.4
	250ml牛奶	135	7.5
合计		567	22.4
中餐	300g米饭	348	8.1
	100g鱼香肉丝	92	12
	100g肉片烧茄子	70	4
	500ml运动饮料	120	0
	250ml牛奶	135	7.5
合计		417	23.5
晚餐	100g草鱼	113	17
	150g凉拌西红柿	28	1.4
	200g米饭	232	5.4
	500ml橘子汁	595	0
	250g苹果	130	0.5
合计		1098	24.3
零食	50g全麦饼干	120	2
	340g水果酸奶	347	10
	150g新鲜草莓	120	0
合计		587	36.3
共计	蛋白质供能15.96%	2669	106.5

4. 计算举例

男子橄榄球运动员，体重95kg，喜欢运动，精力充沛，比赛季节坚持力量训练，非赛季进行耐力训练，身体成分合适，想要保持体重，所需要蛋白质数量和供能能量：

（1）以体重计算蛋白质需要量：95 kg × (1.2~1.6g)=114~152g蛋白质/kg体重

（2）以能量消耗计算碳水化合物需要量

· REE= (17.5 × 95kg)+ 651=1663+ 651=2314kcal

· 能量需要=REE × 活动系数(1.6~2.4): 2314 × (1.6~2.4)=3702~5554kcal/d

（3）计算蛋白质所占能量百分比

· 采用1.2g/kg体重的标准：1.2 × 95kg=114g × 4kcal/g=456kcal，供能百分比=456/3702~5554=12%~8%。

· 采用1.6g/kg体重的标准：1.2 × 95kg=152g × 4kcal/g=608kcal，供能百分比=608/3702~5554=16%~11%。

可见想要满足此运动员对蛋白质的需要，达到合理供能比例需要采用高限值1.6g/kg体重补充，如果他采用1.2g/kg体重和3700kcal能量供给的低限，其蛋白质的供能比仅为12%；采用供能高限时，蛋白质供能仅为8%，都无法达到供能15%~20%的要求。

由于该运动员经常进行力量训练，并希望保持体重，蛋白质的摄入量必须达到15%，这只能通过采用能量低限（3702kcal）和蛋白质1.6g/kg体重（608g）的标准获取能量和蛋白质之间的平衡。

（二）集体项目训练后蛋白质补充

训练后立即补充蛋白质可以加速身体恢复过程，提供机体修复所需要的氨基酸。

1. 挫伤、擦伤、拉伤常常发生在集体项目训练中，运动后的蛋白质补充使机体处于正氮平衡状态，可以促进修复。

2. 运动后摄取蛋白质，特别是必需氨基酸有助于改善氮平衡，摄入必需氨基酸可以促进肌肉蛋白的合成代谢，非必需氨基酸没有此效用。

3. 训练后只需要6g必需氨基酸（相当于15g优质蛋白）就可以明显提高肌肉蛋白质的合成代谢，及时补充蛋白质配合适量碳水化合物和脂肪摄入也可以影响运动员的氮平衡。

4. 运动员不能仅仅注意蛋白质的补充，还需要注意适量能量的摄取。总的来说，训练后立即摄取适量的碳水化合物和15g优质蛋白可以明显加速身体恢复过程。

六、集体项目与脂肪

脂肪是任何运动员都需要的能源物质，集体项目也不例外。虽然碳水化合物是短时间、大强度运动的主要能量来源，对于持续1h以上的项目，脂肪就变得很重要。比赛是一个整体，除了短时间、大强度的冲刺之外的间歇期就是机体努力工作使机体恢复的时段，这时是有氧供能系统发挥作用促进机体恢复的阶段。在这些恢复期，碳水化合物和脂肪被用作能源，如果体内脂肪可以进行有效的供能将可以减少碳水化合物的消耗，所以我们需要根据运动员的项目需要、训练目标确定其脂肪需要量。

（一）集体项目运动员每日脂肪需要量

1. 控制能量比例

集体项目运动员对脂肪的需要与一般人大致相同，脂肪供能应该占到总能量的20%~35%，提供足够的必需脂肪酸和能量。

现在不少运动员的脂肪、蛋白质摄入量过高，导致碳水化合物供能比例低于50%。过高脂肪的摄入会抑制碳水化合物的摄入，从而降低运动能力。

2. 影响脂肪需要量的因素

（1）体重目标

膳食中的脂肪比例应该以满足体重控制目标（保持、降低、增加）为前提，根据不同需要设定脂肪比例。

（2）碳水化合物和蛋白质需要量

对于集体项目运动员宏量营养素的供能比例应该是：碳水化合物50%~65%，蛋白质12%~20%，脂肪20%~35%。当碳水化合物或蛋白质需要量发生变化时，脂肪需要量也会发生相应改变。

（3）项目、所打位置及训练安排

多数集体项目要求运动员具有良好的奔跑能力和灵活性，脂肪不能过多；但是在有些项目如橄榄球的线卫则需要大体重来完成防守，同时由于他们体重相对较大、能量消耗多，所以集体项目运动员多需要采用脂肪的上限值。从满足能量消耗的角度来说20%~35%就可以，因为脂肪是高能物质。

（4）环境及季节

环境寒冷的季节，脂肪需要量会有所增加，这时的能量消耗增加。

3. 脂肪质量

所摄取的脂肪应该不饱和脂肪酸多，含有对心脏有益的ω-3（omega-3 fatty acids）。

脂肪需要量可以在完成能量、碳水化合物和蛋白质计算后获得。总能量、碳水化合物和蛋白质需要量比脂肪重要，所以需要先计算它们。这不是说脂肪不重要，而是对运动能力来说，在集体项目中碳水化合物和蛋白质更为重要。

4. 计算举例

职业橄榄球防守线队员，25岁，体重136kg，几乎每天训练后都自己附加进行力量或有氧训练，总是感觉吃不饱，需要不断进食来保持体重和肌肉体积，最近瘦体重在减少，希望增加体重。

（1）能量需要量：

REE=(15.3 × 136kg)+ 679=2080+ 679=2760kcal

能量需要量= 2760 × (1.6~2.4)=4416~6624kcal

（2）以6~7g/kg体重计算碳水化合物需要量：(6~7g) ×136kg=816~952g

碳水化合物供能量=(816~952g) ×4kcal/g=3264~3808kcal

计算碳水化合物供能比=(3264~3808)/4416=74%~86%（低限供能）或(3264 - 3808)/6624=49%~57%（高限供能）

（3）采用1.2~1.6g/kg体重计算蛋白质需要量=(1.2~1.6) ×136kg=163~218g

蛋白质供能量=163~218×4=652~872kcal

计算蛋白质供能比= (652~872) /4416=15%~20%（低限供能）或 (652~872)/6624=10%~13%（高限供能）

（4）计算脂肪供能比=100% - 57%碳水化合物(7g/kg体重)-13%蛋白质(1.6g/kg体重)=30%

计算脂肪每日供给量=6624×0.30=1987kcal/9kcal/g=221g

5. 设计原理

（1）在本例中，碳水化合物需要量计算采用的是6~7g，这是运动员推荐量的低限（6~10g/kg体重）。是因为该运动员是一个防守线队员，已经具有相当的体重，在比赛中主要是进行短时间、爆发性用力的对抗，采用碳水化合物供给量低限已经可以满足他的需要。

（2）57%的碳水化合物供能比是以他的能量消耗高限计算得到，选择能量高限是因为他近期有体重降低的情况，需要通过增加能量恢复体重。

（3）蛋白质采用了高限值(1.6g/kg体重)，供能比为13%，这略微低于增加体重的理想值，如果采用1.8g/kg体重的标准，蛋白质功能将占到15%（1.8g/kg×136kg=245×4kcal/g=980；980/6624×100=15%)。

（4）由于脂肪需要量是根据碳水化合物、蛋白质和能量需要进行计算的，所以最后算它。

该运动员希望增加体重，抱怨在训练中感到饿和体重在下降，所以采用脂肪的高限（30%）作为摄入量是合理的。脂肪的高能量有助于满足他的能量需要，并帮助他增加体重。

（5）计算能量和宏量营养素供给时，在考虑能量的同时，应注意每种营养素的数量，以保证宏量营养素的比例合理。

虽然有学者提出增加中链脂肪酸对耐力项目运动员有好处，但是还没有证据证明高脂肪膳食对集体项目运动员有益。虽然脂肪是必需营养素，但是过量会降低集体项目运动员的运动能力。

（二）训练后脂肪补充

1. 人体内储存的脂肪足以满足任何训练后恢复期的能量供给需要，所以不需要额外补充脂肪来加速身体恢复过程。

2. 最近有训练后高糖-高脂肪膳食对恢复耐力项目运动员肌肉内甘油三酯（intramuscular triglycerides，IMTG）水平效果好于高糖-低脂膳食的研究报道，但是这仅仅是在耐力项目运动员的研究成果，是在运动持续时间超过3h的条件下进行的研究。

对于集体项目恢复的重点还是在碳水化合物上，而不是脂肪。

七、集体项目对维生素和矿物质的需求

多数集体项目运动员的能量消耗大于一般人，他们对维生素和矿物质的需要量也会有所增加，但是有关这方面的研究报道并不多见，多数的研究是探讨有关这类项目运动员所摄入的维生素、矿物质种类和数量与日常标准的差异。这一部分将讨论集体项目运动员采用日常标准是否能够满足需要，改变能量摄入对维生素和矿物质需要量有什么影响，及每天一次的额外补充维生素和矿物质是否必要等问题。

（一）集体项目与维生素摄入

现有的研究认为，对于集体项目，多数的营养素都可以通过膳食获得满足。这类项目运动员在维生素问题上存在下列现象：

1. 运动员的水溶性维生素很少见到有缺乏。

2. 维生素A、维生素E、维生素C常常被认为具有抗氧化作用而被过度服用。虽有服用具有抗氧化作用的维生素A、维生素E、维生素C确实可以提高机体抗氧能力，但是未见到对运动能力影响的报道。

3. 集体项目运动员维生素C的每日补充量在90~140mg比较合理。

4. 到现在为止还没有关于维生素补充可以提高运动能力的确切报道。

5. 集体项目运动员容易缺乏的维生素包括：维生素A、维生素C和叶酸，需要在膳食中注意补充。

（二）集体项目与矿物质摄入

矿物质种类繁多，集体项目运动员需要注意铁、钙和锌的摄入。

1. 集体项目容易发生缺铁

（1）有报道篮球运动员中，女运动员缺铁发生率为14%，男运动员为3%，认为与他们的食物选择不当有关，可以通过让他们了解哪些是高质量铁来源的食物来进行改善。

（2）运动员缺铁往往是由于能量摄入不足。其原因有肉类摄入少（肉类、鱼类和家禽类食物中含有血红素铁，易于吸收利用），素食者（植物中所含铁的生物活性低），出汗、月经出血导致铁丢失增加。虽然很多运动员也注意了他们容易缺铁的状况，但是这一情况仍然持续存在。

（3）食物铁的来源有肉类，强化面包、谷类、面食和一些蔬菜，如果食物以植物铁为主时，需要增加富含维生素C的食物，这可以促进铁吸收。

（4）女运动员需要定期检查她们的体内铁水平，根据检查结果咨询相关医生是否需要额外补充铁。

2. 出汗导致钠和钾丢失

（1）集体项目运动员在户外高温、高湿、阳光直射下训练时会大量出汗，这时要注意出汗导致的氯和钠的丢失。

（2）出汗多的项目运动员容易矿物质丢失，室外项目、天气潮湿炎热容易导致出汗量增加。

（3）出汗会丢失矿物质，特别是氯和钠，需要在训练中和训练后及时补充。如果出汗很多，可以在食物中加些盐，选择钠含量高的食物，如水果、土豆、西红柿。

3. 缺钙和缺锌与饮食习惯有关

（1）集体项目运动员缺钙往往是由于大运动量训练的消耗所致。

（2）缺锌则是与偏食、不爱吃肉有关。

4. 运动饮料是有效补充电解质的手段，有些能量棒、能量果冻也含有矿物质和一些维生素，也是补充矿物质的手段。

（三）能量消耗量对维生素和矿物质摄入量的影响

1. 能量消耗增加容易导致维生素和矿物质缺乏

（1）运动员的能量消耗会明显大于常人，而他们的能量摄入往往在训练后不能得到完全的补充，这同时会导致维生素和矿物质这类微量元素摄入的减少。

（2）那些挑食或者偏食的运动员，更加容易发生缺乏问题。

2. 不同项目之间差异较大，与项目及饮食习惯有关

（1）有研究发现女子排球运动员能量摄入不足，同时伴有维生素A、维生素B_1、维生素B_2、维生素B_6、钙、铁、叶酸、镁和锌摄入不足，但是维生素C、维生素B_{12}摄入充足。

（2）另有研究报道，女篮运动员在比赛季节和训练季节均能量摄入不足，但是她们除了铁之外的其余维生素和矿物质摄入都达到每日推荐量标准，她们采用的是传统地中海膳食加新鲜水果和蔬菜。

（3）对女子足球运动员的研究发现，在赛季开始时的主要维生素和矿物质摄入高于赛季后期，赛季结束时的检查发现她们的钾、钙、铜、铁、镁、硒、锌，维生素E、维生素C、多种维生素B族均摄入不足，赛季前能量摄入2300kcal，赛季后为1800kcal，这与赛季后训练时长、强度降低有关。

3. 非赛季的补充

（1）在这一阶段运动员训练负荷降低，能量需要量降低的同时维生素和矿物质的需要也会减少。

（2）注意选择维生素和矿物质含量丰富的食物，在满足能量物质摄入的同时满足机体对维生素和矿物质的需要。

（四）集体项目运动员的维生素和矿物质补充

1. 注意个体差异

（1）集体项目运动员是否需要额外补充应该进行个性化相关评估，不能仅仅进行全队整体情况测定，在满足能量摄入的前提下，根据个人情况选择食物，但是要强调富含维生素和矿物质食物的摄入，要强调食物种类的多样性。

（2）对于想要降体重和控体重的运动员要更为注意他们的维生素和矿物质的摄入情况。

2. 是否需要营养补剂

（1）集体项目运动员平时服用复合维生素和矿物质补剂的大有人在，也有人服用维生素C、钙和铁剂。

（2）如果膳食条件无法满足多样性原则、能量摄入量低或者由于需要减重使能量摄入减少时，可以通过复合维生素—矿物质制剂进行补充，复合维生素—矿物质制剂含有接近每日相关营养素推荐量的成分，选择时需要查看其适用对象是否符合自己的性别、年龄特点。

3. 女运动员

女运动员需要额外多一些钙、铁和叶酸。最好每天服用一次复合维生素—矿物质制剂，这比服用单一制剂要好。

4. 避免不良反应

（1）有些人服用复合维生素—矿物质制剂会感到不适或者恶心呕吐，这时可以采用在吃饭后服用。

（2）有胃肠反应的运动员要在比赛日停止服用复合维生素—矿物质制剂以避免胃肠不适。

5. 控体重

对于控体重的运动员要鼓励每日服用复合维生素—矿物质制剂，运动员出现食欲不振、由于长途旅行影响进食的情况时，复合维生素—矿物质制剂可以保障主要维生素和矿物质的供给，避免体内储备缺乏。但是不能以补剂来代替膳食，因为复合维生素—矿物质制剂不能提供能量。

6. 补剂的缺点

复合维生素—矿物质制剂提供了多种营养素，但是没有能量物质，不能供能，没有纤维素。

一顿麦片粥和橘汁的便餐可以提供更多的钾、维生素C、钙和差不多2/3的补剂中的含铁量，还含有一定量的维生素A、维生素D和叶酸。配合其他食物将完全可以满足机体对其他营养素、能量的需要。

八、集体项目的补液

虽然集体项目都是间歇性项目，但是如何在运动中保证不脱水仍然是一个重要问题。很多集体项目都是室外项目，运动环境为高温、潮湿或温暖潮湿、通风不畅的体育馆，还有些项目需要穿戴很重的护具、头盔而阻碍散热，导致大量出汗。橄榄球运动员一次训练课可出汗1.5~2.0L，冰球运动员即使是在冰上训练，一堂课体重也可以下降1.4~2.5kg。可见保持水平衡对集体项目运动员很重要。

（一）脱水对集体项目运动能力的影响

1. 脱水影响运动能力

（1）对于所有集体项目来说预防脱水与获得理想成绩一样重要，运动能力会随着脱水的加重而降低。

（2）所处环境的温度、湿度、日照、服装、训练安排不同都会对体温调节提出不同要求。在炎热、潮湿环境下训练，机体需通过增加皮肤血流和出汗来降温，大量水和电解质丢失会明显降低散热和改变内环境，从而影响运动能力。

2. 脱水影响身体机能

（1）脱水还影响心血管系统功能，降低氧和营养物质向工作肌肉的运送过程，导致身体机能下降。

（2）间歇性、高强度运动项目要求运动员尽可能保持理想运动状态，脱水会降低运动能力，严重时会影响运动员健康。

（二）如何预防集体项目运动员的脱水

不仅要关注运动员训练和比赛时的液体摄入量，还要重视训练前后的体重变化。下面将讨论有关补水的问题。

1. 训练前运动员如何避免脱水

训练和比赛前使机体处于良好的水合状态是基础，但是没有必要过度补水。

（1）运动开始前补水会增加小便的次数，这会对一些项目运动员带来麻烦，如冰球运动员由于服装的原因去小便就很难。解决方法是在训练或比赛前2h补水，以保证体内水储备充分，又留有运动前上厕所的时间。

（2）美国体能训练协会推荐的补水方法是在训练前2~3h，饮用450~600ml水或者运动饮料，在比赛前10~20min再补充200~450ml。

2. 训练或比赛中如何避免脱水

（1）提倡在训练或比赛中利用可能的机会进行补水以避免缺水，训练中可采用每10~15min补充100~200ml水或者运动饮料的方法。

（2）选择自己喜欢的口味的饮料可以增加摄入数量，如果喜欢仅仅补白水也未尝不可。运动饮料除了补水和口味好于白水，还可以补充碳水化合物、电解质，减轻内环境紊乱。

（3）对于超过90min的运动，补充含糖饮料不仅可以节约肌糖原、保持血糖稳定，还可以从精神和身体层面减轻疲劳。篮球运动员在下半场比赛中投球篮命中率下降，除了有体力原因（身体疲劳）之外，无法集中注意力（精神疲劳）也是重要原因，这可能与大脑供能发生障碍有关。

（4）训练中补充6%的含糖饮料可以使肌糖原下降小于补充白水运动员，即使这时运动员仍存在脱水也可以改善运动能力。

（5）比赛中要教会运动员利用可能的机会补水，没有这种意识会使运动员失去很多补水的机会。冰球、篮球有短暂停、换人的机会用于补水，足球运动员也可以利用放在场边的饮料进行补充，许多项目的中场休息、一局比赛间的间歇都是补水的好时机。

（6）要把饮料放在运动员容易看到、拿到的地方，以方便他们取用。

3. 训练或比赛后如何预防脱水

（1）运动员需要在进行下一次训练或比赛前恢复身体的水平衡。集体项目运动员可能大量出汗，所以在训练后尽快补水、消除脱水状态很重要，而且消除脱水需要在训练后尽早开始。但是要注意，大量的水摄入会增加血浆容量，增加尿液生成和排除。研究证明训练后大量补水会很快增加血容量，但是恢复体内水平衡的效率高于少量补水；虽然大量补水会在之后的2~3h内增加尿量，这种增加在训练后6h恢复正常。

（2）有些集体项目会以每天或者隔天一赛的频率进行多场比赛，虽然在中间有休息时间，运动员还是需要在比赛后不断补水。在有些特殊环境下，运动员很难在比赛后将所丢失的水分完全补充回来，所以在比赛间的补水也很重要。这虽然可能会导致上厕所的次数明显增加，但是相对于脱水和运动能力下降的问题，多去几趟洗手间显然就不是问题了。

4. 预防脱水的其他问题

（1）在高温炎热的季节进行全天训练时，仅仅是鼓励运动员多喝水往往不能避免脱水和由于脱水带来的身体问题，这时还需要让运动员懂得预防脱水的重要性和脱水会有哪些症状。

（2）教练员也需要注意训练中运动员是否出现中暑的症状，这时的运动员由于过于投入容易忽视补水。教练员需要采取一些措施来帮助运动员补水，如，不限定饮水时间、提供运动员喜欢的饮料、训练间歇时要求运动员饮水等。

（3）还有一个有效的方法是在训练前后测体重，体重下降就意味着训练中补水不足，在训练后要要求运动员注意补水。训练过程中及训练后运动员的补水量应该是训练中所减少体重的100%~150%，或者是每千克体重1000~1500ml的水。经过不断的对各种环境下的体重改变进行监控，使运动员知道自己的水丢失情况，使他们掌握合理补水的方法，预防脱水的发生。

（4）气候适应是另外一个必须要进行的过程。运动员从凉爽的地方去到炎热、潮湿的地方比赛，必须要让运动员有一个适应的过程。至少给运动员5天的时间进行适应，这期间训练强度需要进行相应的调整，通过高低强度的配合，使运动员尽快适应新环境，同时需要监控训练前后的体重、心率、尿液颜色变化来评价脱水状况。

九、集体项目的膳食方案制定的特点

多数集体项目的比赛时间是预先安排好的，这使得运动员可以有目的地携带食物和饮料去赛场，并且在比赛间歇或者半场休息时间进行补充。在赛场的休息区、球员坐席、场边、球队更衣室都可以摆放食品来满足需要。当然，如何安排和适应一日多赛、全年联赛、经常转场和深夜比赛的膳食方案对运动员是一种挑战，对于集体项目管理者还需要面对如何获得合理营养保障使球员保持良好状态的挑战。

（一）集体项目比赛中的食物补充的影响因素

1. 比赛时长

许多集体项目的比赛时间在1~3h之间，是否需要补充需要根据项目情况来定。

2. 场上位置

比赛中，有些运动员只是负责进攻或者防守，有些运动员仅仅在暂停或者中场休息时才能休息，他们所能获得补充能量的机会是不同的。一般来说，比赛中没有补充固体食物的必要，但是必须补充饮料，对于高强度的运动项目，建议采用运动饮料作为主要的补水来源。

3. 中场休息

虽然比赛中不需要补充食物，但是在半场休息时还是应该补充一些能量棒之类的食品。

（二）集体项目运动员在比赛间和旅行中的食物补充

1. 全天比赛或者周末比赛的项目

如何补充宏量营养素取决于比赛持续时间、比赛间的间隔和可以获取的食物。如果要补充肉类，需要在准备活动开始前的数小时进行。

2. 两场比赛之间

（1）此时的食物最好是低脂肪、高碳水化合物和中等比例蛋白质的组合，碳水化合物容易消化和吸收，在比赛开始前食用引起胃肠不适的几率较小，它还是多数运动的主要能源。这时补充有利于为后面的比赛恢复体内能量储备。

（2）蛋白质可延迟或减轻运动员在比赛中或比赛间隔期间饥饿感出现，蛋白食物可以增加食物种类，增进食欲，增加营养素的摄入。

3. 比赛日膳食

要食用低脂食物，因为高脂食物消化时间长，容易引起胃肠不适。比赛后可以采用中等脂肪比例的膳食，但是碳水化合物和蛋白质仍然是恢复期的主要膳食成分。表4-15列举了可用于连续两日比赛的食物和快餐。

4. 赛场快餐店

比赛场地有哪些食物售卖是需要考虑的问题，多数情况下场地内售卖的食物会比较单一，如果运动员不自己携带食物就需要考虑比赛场所提供的食物是否可行，这种食物不可能理想，也不会有低脂肪、高糖、中等蛋白含量的食物。

如果只能选用比赛场售卖的食物，尽量选择有益于健康的食物，要避免高脂肪食物，如炸薯条、炸鸡。外出比赛最好准备一些保温箱给运动员存放食品，如果没有就购买一些不用冷藏的食品或存放在酒店的冰箱，以保证运动员可以获得适合比赛的食品。

表4-15　2个比赛日膳食安排举例

	食物	能量（kcal）	蛋白质（g）	脂肪（g）	碳水化合物（g）
早餐（6:30）	100g麦片粥	385.4	12.4	7.4	67.3
	250ml牛奶	136	7.5	8	8.5
	1个香蕉	112	0	0	28
	170ml运动饮料	56	0	0	14
合计		689.4	19.9	15.4	117.8
能量物质%			12%	20%	68%
第一场比赛（8:30）					
午餐（11：30）	150g汉堡包	369	21	21	24
	150g葡萄	63.3	0.8	0.3	14.4
	20g曲奇饼干	83.8	1.2	7	4
	200ml橘子汁	238.6	0	0.2	59.2
合计		754.7	22.95	28.5	101.6
能量物质%			12%	34%	54%
第二场比赛（3:30）					
晚餐（19：00）	300g米饭	350.1	7.8	0.9	77.7
	100g甜椒	27.4	1	0.2	5.4
	100g烤牛肉	125.4	19.9	4.2	2
	100g豆腐	82.5	8.1	3.7	4.2
	340ml酸奶	193.12	11.22	1.36	34
	1杯柠檬冰激凌	109.5	1	1.5	23
合计		888.02	49.02	11.86	146.3
能量物质%			22%	12%	66%
零食（22：00）	100g蛋糕	348.7	8.6	5.1	67.1
	200g苹果	113.2	0.4	0.4	27.0

续表

	食物	能量（kcal）	蛋白质（g）	脂肪（g）	碳水化合物（g）
合计		461.9	9	5.5	94.1
能量物质%			8%	11%	81%
第一天合计		2794.02	100.87	61.26	459.8
能量物质%			14.44%	19.73%	65.83%
早餐（7:00）	2个煮鸡蛋	146	13	10	1
	200g花卷	434	12.8	2	91.2
	250ml牛奶	136	7.5	8	8.5
	200g哈密瓜块	69	1.0	0.2	15.8
合计		785	34.3	20.2	116.5
能量物质%			17%	23%	59%
第三场比赛（11：00）					
午餐/零食（13：30）	300g米饭	350.1	7.8	0.9	77.7
	100g红烧鱼	384.6	4	33.4	17
	340ml酸奶	193.12	11.22	1.36	34
	200g香干炒西芹	87	7	3	8
合计		1014.82	30.02	38.66	136.7
能量物质%			12%	34%	54%
第四场比赛（16：00）					
回程路上的晚餐（20：00）	200g清炖牛肉	219	27.4	7.8	9.8
	1小份香草奶昔	283.5	9	7.5	45
	100g甜椒	27.4	1	0.2	5.4
	100g烤牛肉	125.4	19.9	4.2	2
合计		655.3	57.3	19.7	62.2
能量物质%			35%	27%	38%
第二天合计		2455.12	121.62	78.56	315.4
能量物质%			19.81%	28.8%	51.39%

5. 计算举例

（1）准备食物

一女子排球队去附近城市参加一场联赛，路上需要约5h。需要带一些食品去，因为有队员饮食习惯较为特殊，打算带一个保温箱来存放需要冰箱保存的食物，酒店只提供微型冰箱。所以，这名队员打算携带一些需要保鲜食物，途中放在保温箱里，同时带一些不需冰箱保存食物，食物清单如下：

· 不需保鲜食物：

6瓶500ml运动饮料、6个能量棒、1盒全麦饼干、1袋干果脯、1小袋花生酱、4块核桃酥、1盒饼干、4块真空包装蛋糕。

· 需要保鲜食物2L牛奶、6包火腿、4杯酸奶。

（2）旅途中

这些食品将在旅途中食用一部分，剩下的需保鲜食品将在到达目的地后放入冰箱。途中将保温盒中放入冰块保温，保证需要保鲜食物不变质。在途中可到农贸市场或者超市购买其他的食物来满足周末比赛的需要。

（3）比赛间歇

教练员要在休息室为运动员准备好运动饮料以补充比赛导致的脱水，因为比赛后的30~60min是恢复肌糖原储备的最好时机。运动饮料可以补充碳水化合物和水分，而且易于携带，所以是最好的比赛后恢复食品，100%果汁也是不错的选择。

（4）比赛结束

收拾停当开始回家时，运动员体内的能量储备会很低，这时运动员可以先吃一些带来的零食和水果暂时补充一下，直至到达吃饭的地方。

（5）订餐

对比赛地的不熟悉将不容易找到适合运动员口味的餐厅，所以在此之前教练、领队应该事先找好地方，最好在去之前订好餐以节约时间。

（三）旅途中应该选择怎样的餐厅？

有许多种类的餐厅可以选择，如自助餐、各种口味的中餐、快餐等都可以满足运动员对营养素的需要。

1. 自助餐厅

可以提供给运动员多种食物的选择，可以提供高糖、优质蛋白和多种食物组成。自助餐还可以为不同口味或者食物喜好的运动员提供不同的食品。

2. 各种中餐厅

根据实际情况和队员喜好可以去相关风味的餐厅，现在网络已经很发达，通过手机的相关应用可以很容易找到附近的餐厅。通过点餐也可以提供不同的选择来满足运动员比赛所导致消耗的补充，为后面的训练和比赛做好准备，运动员可以根据自己能量消耗情况来选择食物。

3. 快餐厅

很多情况下是必须被列入进餐计划的。选择快餐厅往往可以节省时间，有时节约时间比获得几种理想食物更重要。

有许多快餐适合运动员在旅行途中食用，重要的是强调选择高糖、高蛋白、低脂肪的食物。各种的汉堡包、比萨饼、蔬菜沙拉、牛奶、酸奶、各种果汁在快餐厅都能找到，需要补充大量能量的运动员可以选用奶昔。只要选择合理就可以为运动员提供健康的正餐。

第四节　特殊人群的膳食

运动员的膳食方案是针对个人设计的，每个膳食方案应该具有相当的个性化程度。膳食方案不仅仅要满足日常需要，还需要考虑训练的能量消耗、运动项目和训练后恢复。

在这里讨论的“特殊人群”比一般人需要考虑更多的营养问题，他们包括素食者、儿童、女性、大龄运动爱好者等，如何保障这些不同对象在运动或者训练中的健康，在比赛中发挥出应有成绩是下面将要涉及的内容。

一、素食者

（一）素食者的类型

素食者的人数在不断提高，不仅仅是坐办公室的职员，也有积极锻炼的运动爱好者。人们转为素食的原因有很多，包括希望长寿、动物保护、经济问题、宗教信仰等。许多政府机构鼓励素食生活方式是因为大量研究证明素食的大量好处，如降低冠心病、高血压、糖尿病、一些癌症、肾病的风险等。获得这些益处需要有一个合理的从一般膳食过渡到素食的过程。虽然素食者食用素食，但是所选用的食物各有不同。

1. 半素食者

开始成为素食者时常常从半素食开始，他们除了食用植物外也食用蛋类、奶类、禽类和鱼，不食用牛肉、猪肉这些红肉。

2. 鱼素食者（pesco-vegetarian）

进一步的素食者是不吃禽类，但是吃鱼而成为鱼素食者。

3. 蛋奶素食者（Lactoovo-vegetarians）

吃蛋类和奶类，不吃任何动物食物的称为蛋奶素食者。

4. 蛋或奶素食者

有些素食者不吃蛋类或者奶类，被称为奶素食者（lacto-vegetarianism，吃奶类食物，不吃蛋类）或蛋素食者（ovo-vegetarianism，吃蛋类食物，不吃奶类食物）。

5. 全素食者（vegetarianism）

最后一种被称为“全素食者”，他们不吃任何与动物有关的食物，包括任何动物肉、奶类、蛋类、蜂蜜（由蜜蜂制作）和与动物有关的产品（如乳清蛋白、酪蛋白这些来自奶类的产品）（表4-16）。

表4-16 素食者的分类

类型	接受的动物食品	不接受的食物
半素食者	奶制品，蛋类，禽类，鱼	红肉（牛肉、猪肉、羊肉等）
鱼素食者	奶制品，蛋类，鱼	红肉、禽类
蛋奶素食者	奶制品，蛋	红肉、禽类、鱼
奶素食者	奶制品	红肉、禽类、鱼、蛋
蛋素食者	蛋	红肉、禽类、鱼、奶制品
全素食者	无	所有动物及其相关产品

（二）对素食者营养的处理原则

1. 不吃的食物种类越多，膳食特殊性越明显。处理这类问题的原则是帮助素食者发现更多的蛋白质和奶制品的来源。

2. 素食者常常被误认为不能摄入足够的营养来满足训练需要，事实是他们通过其他的途径来实现了目标。这与教学有类似之处，两个足球教练可以采用两个完全不同的训练方案来准备比赛，同样，素食者和普通膳食者也有不同的解决问题的方法来满足保持健康、完成训练和比赛。所以，素食运动员也同样可以应付训练带来的消耗增加问题。

3. 运动员转为素食者的主要问题是不吃蛋白质或奶类食物后，不能有效通过植物食品来满足蛋白质需要的问题。简单地抛弃肉类、奶类会使得很多食物被放弃，导致营养素失调，这就需要相应地从食物宝塔中选择植物类替代品，以完善营养平衡和建立合理的膳食方案。蛋白类和奶类富含蛋白质、铁、锌、钙、维生素D、维生素B_{12}，所以植物类食物的替代品需要富含这些营养素。

（三）素食者食物金字塔

已经有人推出了素食者食物金字塔以适应各种素食者的需要（图4-4，表4-17）。下面介绍素食者与和素食运动员的营养需要。

1. 素食金字塔

素食金字塔结构与膳食金字塔类似，只是在具体成份上有所不同，主要是通过豆类食物替代了肉类。

通过植物性食物几乎可以提供一切必要的营养物质，使得人能保持健康状态，但是对于全素食运动员，由于它们的消耗巨大，可能需要添加一些补剂，以确保他们在训练后得到所有必需的营养物质。

2. 金字塔中每个层次食物的推荐量

下面是对素食金字塔结构的一些提示：

（1）如果你是蛋奶素食者，你可吃的食物是金字塔中全部层次。

（2）如果你是一个全素食者，那你的食物是金字塔中除顶级以外的所有的层次。

（3）虽然我们的金字塔特征主要是新鲜的食物，但请注意：冷冻食品、罐头食品、和晾干植物食品也是可供选择的组成部分。

图4-4 素食者食物金字塔

以下数据是为一般活动状态的成人设定，经常活动者可能需要增加额外的补充，不爱活动者可能需要减少（表4-17）。

表4-17　素食者食物推荐量

食物	1份食物量	每天进食份数
水果	新鲜水果1/2杯；水果干1/4杯	3~4
蔬菜	煮熟1/2杯；生的1杯	4~6
全谷类	面包1片；全谷麦片粥1杯，米饭、面条或其他谷类1/2杯	5~8
豆类	煮熟1/2杯；豆腐1/2杯；豆浆1杯	3~6
干果、种子	干果或者种子1/4杯	1~3
花生酱/果酱	花生酱或者果酱2汤匙	1~3
调味品、植物油	调味料；橄榄油、菜籽油等2茶匙	调料随意；植物油最多5份
鸡蛋和奶制品	鸡蛋1个；牛奶或酸奶1杯；奶酪1/4杯	鸡蛋每周4~6个；奶制品每天1~3份

（四）富含蛋白质的植物性食物有哪些?

蛋白质对运动员的组织生长和修复、激素和酶的合成、免疫系统功能的保持有重要作用。豆类、坚果、种子、豆制品是良好的蛋白质来源，不仅提供蛋白质，还含有铁、锌、镁、钙。半素食、奶素食者都会面临满足蛋白质需要的问题；全素食者的蛋白质摄取需要特别考虑和处理，特别是在旅途中。总的来说，素食者可以满足他们的蛋白质需要，可以与其他人一样提高运动成绩。

1. 素食者需要保证每天从不同的蛋白质食物获得必需氨基酸的补充

豆蛋白是唯一含有所有必需氨基酸的植物蛋白食物，豆制品的制作很方便，也容易获得。

2. 蛋白质互补作用

坚果、种子、谷物和豆芽也含有各种的必需氨基酸，但是它们往往会缺乏某一种或几种必需氨基酸，这就需要通过多种食物的混合食用来互相弥补，图4-5列出了多种植物蛋白组合，可获得必需氨基酸互补作用。这些组合不要求在同一餐中出现，各种植物蛋白只要在一天中提供所有必需氨基酸即可。

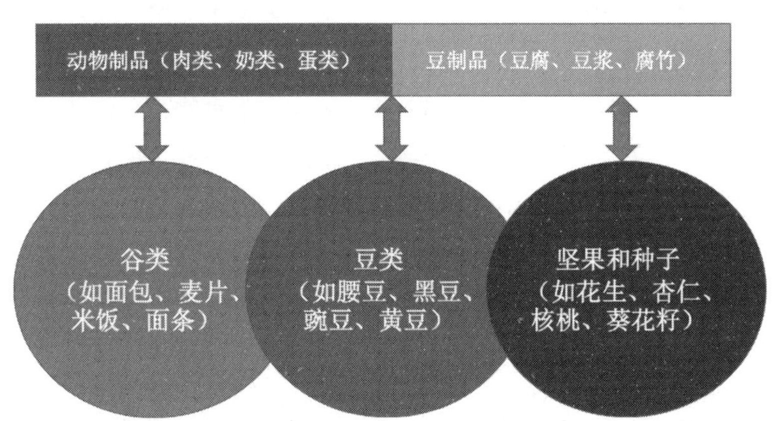

图4-5 素食者蛋白互补作用：肉类和豆制品含有所有必需氨基酸可以和谷类、豆类和坚果互补。但是谷类只能与豆类互补，豆类只能与坚果互补；但是谷类不能与坚果类互补

3. 旅途

素食者最大的挑战，特别是全素食者，是在旅途中、外出就餐时能找到合适的蛋白食物。理想条件下，运动员应该在旅途中、住地附近找到素食餐厅。素食餐厅可以提供大量的蛋白食物，包括全谷类食物、水果和蔬菜。不幸的是，素食餐厅并不好找，所以运动员可能需要寻求别的解决方案。

4. 餐厅选择——列出可吃的东西！以原则为主

下面列出了一些素食餐厅和菜单上常见的植物蛋白来源：

（1）快餐厅：许多中式、西式快餐厅中都有一些蔬菜沙拉、玉米、土豆泥，也可能有蔬菜汉堡，还可以找到鸡肉汉堡或鱼肉汉堡。

（2）中餐厅：菜中的猪肉、牛肉可以用鸡肉、鱼代替，素菜单中有豆腐、豆芽和各种蔬菜。

（3）披萨店：在披萨里往往放有鸡肉、虾，素食者可以要素披萨，全素食者则需要在早餐、中餐和快餐中多补充一些蛋白质。

（4）素食餐厅：现在在全国各地都有一些素食餐厅，可以在去比赛前提前做一些功课，甚至预定好当地的素食餐厅。

现在的食品工业已有很多植物蛋白产品可以完美替代动物食品，因为已经有企业开始关心素食者问题，只是还需要一些时间来完成植物蛋白食品的制作和完善过程。素食运动员很快就会不难找到健康、多口味、可以保障训练的食品。

（五）素食者的铁补充

运动员需要铁来合成血红蛋白和一些酶，铁还与维持免疫功能和大脑功能有关。

1. 铁主要存在于肉类和蛋白质类食物中。食物中的铁有两种形式：血红素铁（来源于动物性食物）和非血红素铁（来源于植物食物）。非血红素铁不能像血红素铁那样直接吸收，所以要特别注意素食者的铁补充。

2. 素食者克服铁吸收率低的对策是大量补充含铁丰富的食物，必要时可补充铁剂，每日还应配合食用维生素C丰富的食物。素食者的铁摄入问题不是在摄入的数量上，而是如何提高铁吸收后的生物利用率。通常素食者的铁摄入量并不低于普通人，但是由于植物铁的化学结构导致生物利用率低下，被机体吸收利用数量少。所以对素食者的铁每日推荐量标准比普通人高80%。男性是每天14mg，女性是每天33mg。

3. 在卤水豆腐、豆芽、芝麻、坚果、芥菜、芹菜中铁含量都不低。每100g芝麻含铁50mg、芥菜含铁12mg、芹菜含铁8.5mg。

4. 半素食者可以通过鸡肉、鱼和蔬菜获得铁的补充。

5. 每餐补充一些富含维生素C食物可以帮助铁吸收，如橘汁、青椒、西红柿都是富含维生素C的食物。

6. 素食者的每顿饭都应该包含含铁食物（一般含铁丰富的食物蛋白含量也会高）及水果和蔬菜这类含维生素C丰富的食物。

7. 如果素食运动员食物中的铁不能满足需要，将会发生血清铁蛋白浓度降低和缺铁性贫血，症状包括疲劳、耐寒能力下降、体力下降，这些将明显影响运动能力。

8. 通过合理选择食物将可以避免缺铁和缺铁性贫血发生。虽然缺铁不一定发生缺铁性贫血，但是素食运动员还是要根据要求定期进行体检，检测铁储备情况。

（六）素食者的锌补充

锌对人体健康、运动能力都有明显影响，对细胞生长、免疫机能维护、激素合成、蛋白和脂肪代谢及视力保持均有影响。

1. 植物中锌的含量和吸收率低于动物食品（主要是因为植酸抑制锌的吸收），所以素食者需要通过摄入含锌高的食物来保证身体的需要。一般人每天锌需要量男性是11mg、女性是8mg。但是素食者需要多摄入50%来弥补植物性食物中锌利用率低的问题。

2. 含锌的食物包括：全谷类食物、强化麦片、芝麻、坚果、豆芽和奶制品。动物性食物中锌不仅含量高，而且吸收率也比植物性食品高，如肉类中锌的吸收率高达30%~40%，而植物性食物吸收率一般只有10%~20%。

3. 植物性食物中的各种豆类、坚果类含锌较多，蔬菜类以大白菜、白萝卜、茄子、黄豆等黄绿色蔬菜里含锌较多。麸皮、炒葵花子、炒南瓜子、山核桃、松子、米、面里含锌量也较多。

4. 糙米含锌量较高，但如加工过细会造成大量锌的丢失，这是因为锌主要存在于胚芽和谷皮之中。因此不宜长期食用精制米、面。据测定，每1000g糙米含锌 17.2mg，全麦面含22.8mg，白萝卜33.1mg，黄豆35.6mg，大白菜42.2mg。

5. 锌缺乏会导致感染机会增加、食欲降低、腹泻、甲状腺素合成减少。感染会影响训练，食欲低下和腹泻会导致身体恢复过程减慢、营养素吸收障碍，甲状腺素减少会导致疲劳、无力、对训练承受能力下降。运动员要尽量通过食物来补充锌，通过药物方式补充锌会影响对其他营养素的吸收，还可能导致呕吐和抽筋。

（七）素食者的钙和维生素D补充

1. 钙和维生素D一般被认为存在于奶制品中，所以素食者对这两种营养素要特别关注，全素食者更是如此。

2. 随着食品工业发展，已经有不少富含钙和维生素D的植物性食物，一般素食者可以通过各种奶制品获得钙和维生素D，如豆奶、酸奶、奶酪都有“素食版”，它们是采用豆制品、坚果、谷类为原料。多数这些替代品富含钙和维生素D，与奶类制品提供的营养类似。选择时要注意查看标签，选择钙和维生素D强化食品。

3. 钙也存在于绿叶蔬菜、豆类和一些坚果（如杏仁）中，上述食物中的钙含量要低于奶制品和强化食品，所以不要通过单一种类的食物来补充钙。

4. 运动员的钙需要量是每天1000mg，维生素D需要量是每天600国际单位（IU）。素食运动员需要考虑吸收率问题。

5. 素食者钙和维生素D缺乏的最大问题是远期影响骨健康。骨质疏松的影响因素包括钙和维生素D的缺乏、饮食习惯、生活方式及遗传。保证这些营养素的摄入可以预防相关运动损伤和今后发生骨质疏松的机率。

（八）素食者的维生素B_{12}补充

维生素B_{12}来自微生物、细菌、真菌、藻类，动植物都不能产生。动物食品富含维生素B_{12}是因为动物可以吸收其肠道细菌制造的维生素B_{12}。植物没有供细菌制造维生素B_{12}的消化道，所以植物不含有任何维生素B_{12}。

1. 除了全素食者之外的其他各类素食者一般都可以获得足够的维生素B_{12}，全素食者由于不吃任何与动物有关的食品，他们会发生维生素B_{12}缺乏及相关问题，当然他们可以通过服用强化食物或者复合维生素—矿物质制剂来获得补充。

2. 维生素B_{12}缺乏症的症状包括感觉迟钝、胃肠功能失调、肢体运动失调、精神抑郁、智力减退，长期缺乏会导致易怒、神经损害发生。

3. 运动员需要维生素B_{12}来保证对叶酸的代谢和利用过程以预防巨细胞性贫血发生，B_{12}还具有保护神经髓鞘、维持神经系统正常功能的作用。

4. 维生素B_{12}的每日需要量是2.4mg，男女相同。对于素食者来说，鱼、奶、维生素B_{12}制剂都是补充的来源。1杯牛奶加1杯酸奶即可满足需要。对全素食者可以用2杯豆奶或1.5杯强化麦片代替。

5. 只要注意选择食物，素食运动员也不容易缺乏维生素B_{12}。

多数的复合维生素—矿物质制剂都可以满足需要，很多运动专用补剂也可以。素食运动员要以食物为主，需要时再补充相关补剂或制剂。

二、青少年运动员的膳食

有很多青少年参加体育锻炼、训练或比赛，也有很多项目需要从小开始练习（如体操、跳水、乒乓球等）。体育运动可以使青少年增强肌肉力量、自信和自尊；建立良好的锻炼习惯、提高心肺功能、掌握运动技术；学习与人交流、合作的基本技能。青少年的膳食营养既要保证生长发育，也要满足运动消耗的需要。所以需要从不同的角度来考虑他们的膳食要求。

这里的青少年指的是年龄在9~18岁之间的运动员或者运动爱好者。

（一）膳食营养对青少年运动员生长发育的影响

保证能量摄入是保障青少年运动员生长发育和完成运动训练的重要前提。生长发育是一个随着年龄增长而进行的过程，根据生长发育阶段的不同，提供合理能量摄入是保障青少年运动员按照正常生长轨迹运行的基础。青少年运动员膳食营养与生长发育有关的问题包括：

1. 生长发育状况

（1）定期测量身高、体重、体重指数（BMI）、身体成分等并通过与全民体质调查结果的正常范围的比较可以了解被测者的生长发育水平。

（2）如果受试者的身高、体重处于正常发育范围的高限或者低限时，需要考虑是否有营养、遗传、疾病等因素导致生长发育异常。

2. 生长发育状况与营养状况

（1）体重描述的是当前的营养状况，因为体重与当前的身体大小关系更密切。

（2）身高描述的是过去的营养和生长状况。

（3）身高生长趋势慢于体重是慢性营养不良的表现。

3. 青少年的生长突增期

（1）这时的青少年除了有明显的身高增长外，会有第二性征的改变，这个阶段的营养保障对骨骺生长会有影响，营养不良会导致骨骺提前闭合，使身高增长停止。

（2）参加体操、摔跤这类需要控制体重增长的项目容易引起生长紊乱，要注意营养保障、保证他们身高、体重的正常发展。严格的控体重过程会抑制生长发育，还会减少骨钙沉积。青少年控体重还容易导致钙、维生素D、铁和其他影响骨生长营养素的缺乏。

（3）注意运动训练负荷对青少年生长发育的影响。研究发现每周训练22h的体操运动员的生长速度明显低于每周训练8h的游泳运动员。中等强度和运动量训练有助于身高、心肺功能的提高，以及身体成分和骨密度的改善。过度负荷会导致生长发育迟缓。

（4）合理营养是保障这些运动员成熟和生长发育过程的基础。

4. 青少年运动员膳食必须保证足够的每日能量和蛋白质的摄入

（1）参照膳食宝塔的食物种类和比例进食，保证满足生长发育的各种营养素的摄入。强调从多种食物中获取高糖、适量蛋白质和低脂肪膳食，保证肌肉和骨骼生长。

（2）提供多样化食物，保证即使是最挑食的小孩也可以找到爱吃的食物。

由于有一些小孩偏食，而这又不是短时间可以解决的问题，可以通过提供营养丰富的零食来弥补他们通过正餐获得能量不足的问题，当然在食物选择上需要多花一些功夫。

（3）蛋糕、酸奶、冰激凌、奶酪、牛奶或巧克力奶、豆浆、纯果汁、桃干、杏、苹果、葡萄干、全麦饼等，这些食物都可以用于训练前、旅途中、课间的能量和蛋白质补充。

5. 青少年运动员的补水与成年运动员的不同

各种年龄的运动员都需要在训练前、训练中和训练后充分保证水的供应，保证机体处于良好的水合状态，青少年运动员更容易脱水的原因包括：

（1）青少年的耐能量力比成年人差：他们的体表面积相对大于成人、吸收热量多。

（2）运动中青少年运动员产热多、出汗少。

（3）青少年运动员在炎热环境下饮水少，自我补水意识差。

6. 预防脱水的方法

（1）及时提醒进行补水。

（2）增加训练中休息次数。

（3）为他们提供所喜欢的饮料。

（4）对于小于10岁的运动员要增加他们的饮水次数，告诉他们不能等到口渴了才喝水。

（5）通过训练前后的体重变化来监控脱水情况。青少年训练后体重减少超过1%者，要提醒他们训练中多饮水，并给以更多的关心。

（二）青少年运动员的维生素和矿物质补充

在青少年运动员的能量摄入能够满足生长发育需要情况下，一般不会出现维生素和矿物质缺乏，但是钙和铁是两种容易缺乏的矿物质，特别是青少年女运动员。处于生长发育快速增长期，进行运动训练的青少年要被特别关注，这是骨生长发育的重要阶段。

1. 补钙及来源

（1）每日推荐的钙量男女青少年都是1300mg，成年人是1000mg。这个推荐量是比较大的，需要通过合理膳食进行补充。

（2）牛奶是钙的良好来源，100ml鲜奶中的含钙量约为100mg，所以要鼓励青少年多喝牛奶。豆奶、强化燕麦也是含钙丰富的食物。

（3）保证钙补充对青少年将来骨健康、骨密度有重要意义。钙、镁、维生素D的经常摄入对骨密度峰值提高有益。

（4）负重训练对增加骨密度有益。

2. 补铁及来源

在生长高峰期机体对铁需要量会增加，是肌肉和骨生长的重要成分。运动训练会导致需要量进一步加大。一项对12~18岁优秀青少年运动员的研究发现，非耐力项目的体操、网球、乒乓球具有非贫血性铁缺乏增加的趋势，虽然贫血在青少年运动员不是很多见，但是铁缺乏会导致疲劳发生和影响生长发育，这又会影响运动成绩。

（1）青少年运动员通过正常饮食可以满足对铁的需要，在能量摄入充足的情况下一般不会缺乏。铁主要存在于肉类食品中，保证蛋白摄入基本可以满足机体对铁的需求，但是同时摄入富含维生素C的食物会有利于铁吸收。

（2）补充复合维生素—矿物质制剂也是一种方法。

三、大学生运动员的膳食特点

很多运动员的独立生活是从大学开始的，这时他们突然需要自己去选择食物、考虑吃什么，甚至去买菜。需要知道什么是健康食品，需要考虑伙食标准的同时要保证训练后获得足够的能量补充和营养素的摄入。还需要考虑社会交往时的喝酒、应酬对自己训练的不良影响。

（一）大学生运动员的能量消耗特点

上大学前有过专业训练的高中生多是学校的体育骨干，甚至参加多个项目的训练和比赛，这些人上大学后的能量需要不会有明显变化。另外一些则是在高中参加一些训练，但是训练不系统，比赛少。这些人到大学后，随着训练强度和运动量的增加，他们的每日能量需要会明显加大。

导致大学生运动员能量消耗增加的因素有：

1. 课堂学习和作业压力增加

2. 训练场地距离教室、宿舍较远

3. 身体训练增加

训练中加入了更多的大负荷力量训练和身体训练，虽然在高中时也有身体训练，但往往是在篮球、足球、摔跤之类的对抗性项目，强度要求是比较低的；而非身体对抗性项目，如网球、乒乓球、游泳的身体训练则很少。所以这方面要求的提高，使得能量需要量也增加。身体训练产生的肌肉体积增加，也会增加能量消耗。

4. 比赛水平提高

高水平的比赛对运动员的身体机能不断提出更高的要求，这使得运动员全年当中可以休息的时间减少。即使在非比赛季节，多数教练也会要求运动员进行力量和身体训练，以保持身体机能状况，有时运动员会自己增加训练负荷。

5. 总体能量需要增加

比赛水平的提高也会迫使运动员自己增加训练量，增加能量消耗，使得对合理营养的要求提高。大负荷训练使得大学生运动员的能量消耗增加，多数运动员在训练中常常会有饥饿感，这使他们增加饭量和零食量。很多餐厅、快餐店、小吃店可以为这些运动员提供食物，但是这些运动员需要合理选择食物种类和数量来满足他们的能量需要。选择食物的重点是关注：

（1）能量必须能满足需要，而不仅仅是高糖、高脂肪的油炸食品。

（2）注意是否富含各种营养素并且营养素均衡。

（二）大学生运动员需要面对的膳食问题

1. 低年级大学生运动员面临的问题

（1）从运动灶变为学生食堂，自由度的提高使得大学生运动员在面对餐厅里各种的食物时需要选择合理的搭配。

（2）在学习和训练的双重压力下如何安排合理的进餐时间。

（3）如果想要改善伙食，如何解决伙食费有限的情况下，满足能量补充和营养素平衡。

2. 制定一个合理的膳食方案

（1）从早餐开始就要注意各餐食物种类多样化。

● 运动员必须吃早餐，以结束一夜睡眠后的饥饿过程。标准早餐要富含营养，为运动员一天的开始提供能量。但是要注意早餐中不能仅仅是高糖食物（稀饭、面条、糖包），还需要有蛋白质和脂肪（鸡蛋、牛奶、火腿、奶酪、酸奶等），这可以延缓或减轻在上午10点后开始的血糖降低。

● 大学生运动员不吃早餐往往是由于睡懒觉而没有时间吃早餐，如果实在懒得去食堂吃早餐，可以在宿舍里或者去教室的路上吃昨天准备好的早餐，早餐可以很简单，如夹了果酱、花生酱和奶酪的面包；一杯酸奶或一杯果汁，一杯牛奶和一个香蕉等。

（2）中餐和晚餐也是类似，多数学校可有种类丰富的食物可以选择。

（三）饮酒对大学生运动员营养的影响

大学生饮酒是学校管理者经常需要面对的问题，同学间的小聚、与社会的交往都会成为饮酒的机会。

1. 大学生运动员的饮酒情况比普通大学生严重

国外一项调查发现57%的男性大学生运动员和48%的女性大学生运动员声称在过去两周内有喝醉过，普通大学生的比例是49%和40%。另一项对大学校队运动员的研究发现在调查前的12个月中，有81%喝过酒。饮酒方面的性别差异上，男运动员醉酒率明显高于女运动员，女运动员在运动员和非运动员中的饮酒率是最低的。

2. 酒精不是营养物质

酒精是一种食物，因为它可以提供能量（7kcal/g），但是不是一种营养物质，因为人体没有它可以正常生存。酒精是一种药物，因为它可以对中枢神经系统产生作用。

3. 酒精的吸收

（1）摄入后酒精可以迅速入血，吸收速度明显高于一般食物。酒精的吸收可以发生在人的口腔、食道和胃，主要的吸收部位在小肠。

（2）有些运动员空腹饮酒或者饮酒过程中不吃任何东西来避免能量过多，但是这样做从营养学和生理学的角度来说都是不可取的。从营养学的角度来说，摄入不含任何其他营养素的能量物质会带来很多坏处。

（3）食物会减缓酒精的吸收，空腹饮酒使酒精吸收过程明显加快。

4. 酒精的代谢

（1）酒精不像碳水化合物、脂肪和蛋白质，不在体内储存，一旦摄入，机体就开始将其快速从体内消除。酒精被转化为乙酰辅酶A（CoA），然后分解供能或者转化为脂肪储存。显然脂肪增多不是运动员所希望的。

（2）饮酒还会影响控制饥饿感的激素（瘦素、饥饿素、肥胖抑制素）。酒精高能量，但是不含任何维生素和矿物质。

（3）酒精影响食欲，使人的进食欲望增加，在不感到饿的情况下也想吃东西，导致能量过剩，这对控体重不利。

5. 赛后饮酒

重大比赛后饮酒是大学生运动员很常见的情况，这时的运动员需要高糖、高营养食物来补充机体消耗掉的糖原，饮酒导致糖类食物摄入不足，延缓肌糖原储备恢复过程，影响后面的训练或者比赛。

6. 对酒精的误解

有一个错误的概念是啤酒是粮食酿造的，富含碳水化合物，可以补充能量。一听普通啤酒含有的能量成分如下：可提供143kcal总能量，其中10.8g碳水化合物=43.2kcal，1.2g蛋白质=4.8kcal，没有脂肪。碳水化合物所占能量=43.2/143=30.21%，蛋白质所占能量=4.8/143=3.36%，酒精供能=66.43%，可见啤酒中酒精的供能明显多于碳水化合物，能量虽多但是不能有效提供合成糖原所需要的碳水化合物。

7. 醉酒带来的危害更大，由于宿醉会导致缺课加重学习负担、影响训练、甚至导致犯罪

可见饮酒对大学生运动员会带来从健康、营养、学习、训练多方面的不良影响。

四、大龄运动爱好者的膳食

大龄运动爱好者的定义是指年龄在40~50岁以上的运动爱好者。这一年龄段的一般人的膳食营养需要已经与年轻人有明显不同，这些运动爱好者还需要考虑由于经常运动和大强度训练而导致的额外营养素需要。大龄运动爱好者需要个性化的膳食营养指导，他们还需要考虑慢性病和长期服药问题及运动带来的营养需要问题。

（一）大龄运动爱好者的膳食营养需要特点

大龄运动爱好者的总能量、铬、铁、钙、镁和维生素D的需要量都需要改变。

1. 总能量、铬和铁的推荐量要减少。

2. 钙、维生素D和镁的推荐量要增加，通过稍微改变膳食内容就可以满足这些要求。

（二）总能量需要与年龄改变的关系

随着年龄的增加，总能量需要会适度减少：

1. 肌肉体积减小

随着年龄增加，肌肉体积会减少，但是运动爱好者进行的运动训练会使肌肉萎缩过程延缓。

2. 基础代谢降低

（1）运动训练会将代谢率维持在一个较高的水平，一些能量消耗是必不可少的。但是，基础代谢也会随着年龄增加而降低。这种改变通过基础代谢计算公式（REE）也可以看到，25岁体重70kg的男性需要：15.3×70+679=1750kcal；50岁的男性需要：11.6×70+879=1691kcal，如果按照活动系数2，换算为总能量差值将是（1750-1691）×2=118kcal/d。

（2）这个数值似乎相差不大，但是长期积累下来影响还是很大的。如果这个50岁的人按照25岁的标准摄入能量一年，他将增加将近118kcal×365天=43070kcal能量，以每千克脂肪积累需要8000kcal计算，可知他将增加5.38kg的脂肪。

（3）增加这么多脂肪不仅会影响运动能力，也会增加许多慢性病的风险，包括心脏病、糖尿病等。大龄运动爱好者虽然需要保证能量摄入来满足消耗的需要，但是已不用像从前需要摄入那么多。

3. 维生素

有些维生素随着年龄的增长而需要量增加，维生素的需要量还与能量消耗相关，在能量需要量减少的情况下，对维生素的需要量会减少。最终的需要量是这两者之间平衡的结果。

4. 食物种类

随着年龄的增加，运动爱好者要越来越注重营养丰富食物的摄取，减少纯能量食物，要保持宏量营养素之间的摄入比。碳水化合物仍然是主要能源，要占到总能量的50%~65%；蛋白质要维持在每日推荐量的上限或者略高，因为随着年龄的增长，人体对蛋白质的利用率会降低、胰岛功能会下降，推荐量是1~1.3g/d/kg体重；脂肪要保持在中等水平，占到总能量的20%~35%。

大龄运动爱好者膳食营养的关键词是平衡、多样和适度。

（三）铬的需要量与年龄的关系

1. 铬参与血糖调节的机制可能是通过影响机体对胰岛素的敏感性和胰岛素介导的血糖进入细胞的过程，这一过程对糖尿病预防起关键作用，从而维持健康。

2. 铬对运动员的作用还在于运动时的能量传输和损伤修复过程中需要胰岛素传输血糖和其他营养素。

3. 大龄运动爱好者在50岁以后需要量会有所下降，他们还是需要保证摄取量，当然即使摄入多一些也不会对身体带来什么不良影响。现在已经取消铬摄入量的上限，因为很少有人因为通过食物摄入铬过多而导致毒性作用。

4. 富含铬的食物有蘑菇、黑巧克力、坚果、全麦食品、葡萄酒等。

5. 复合维生素—矿物质制剂中的铬是安全的，可以长期服用，其中的铬含量在推荐量的85%~100%之间。

6. 铬过度摄入的可能不大，副作用也很小，不用担心。

（四）铁的需要量与年龄的关系

铁对人体健康和运动能力有重要作用，而且这个作用是伴随一生的。

1. 女性在绝经期后对铁的需要量有所减少（8mg/d）。年轻时由于月经等因素，女性需要补充高铁食物，或者通过复合维生素—矿物质制剂进行补充，绝经期后的女性应该改为主要通过富含铁的食物进行补充。

2. 含铁丰富的食物包括牛肉、猪肉、禽类、鱼类坚果和全谷类等。

3. 铁的摄入量上限是45mg/d，不要过量。现在已经有不含铁的复合维生素—矿物质制剂，这是专为绝经期女性设计。

4. 男性的铁需要量是每日8mg，他们摄入铁过多的情况比女性高5~10倍，所以还是要以食物作为铁来源，不要超过45mg的上限，避免使用铁剂。

（五）年龄增加对钙和维生素D需要量的影响

1. 大龄运动爱好者对钙的需要量

（1）50岁以上的女性和70岁以上的男性的钙需要的从1000mg/d增加1200mg/d。

（2）70岁以后的老人维生素D的每天需要量从600IU增加到800IU。

（3）钙对保持骨健康、神经功能、凝血功能和肌肉收缩及细胞代谢有重要作用，也是保持健康和发挥运动能力的重要因素。

2. 适合大龄运动爱好者的钙来源

（1）1200mg/d的钙可以通过食物来获得，这需要每天摄入4份以上的含钙丰富食物。例如，每餐250ml牛奶（约含钙900mg）加上一杯酸奶（含钙300~350mg）就可以满足需要。

（2）钙富含于豆制品、绿叶蔬菜、豆类、麦片和果汁中。

3. 维生素D的来源

（1）其食物来源比较有限，主要在牛奶、豆奶中的含量较高，每250ml约含有110IU。一些麦片、橘汁和酸奶都含有维生素D，只是没有牛奶含量高。

（2）沙丁鱼、三文鱼罐头这些带骨头的鱼类罐头也可以提供维生素D，这类食物也往往富含钙，可以获得两方面的营养。

（3）机体还可以通过15min的直接日照来获得维生素D。

4. 有些原因导致通过日照获得维生素D的途径对大龄运动爱好者不可靠

（1）随着年龄的增长，人体通过皮肤合成维生素D的能力下降。

（2）有些运动者为了预防皮肤癌，进行户外运动时会穿防晒服，则减少了阳光对皮肤的直接照射剂量。

钙和维生素D是防止骨质疏松的重要因素，对预防癌症和高血压也起一定作用。对大龄运动爱好者保持骨健康、减少慢性病风险起积极作用。

（六）年龄增加对镁的需要量的影响

1. 大龄运动爱好者对镁需要量

（1）镁主要与能量代谢和酶活性有关，大龄运动爱好者应该多补充一些。

（2）镁缺乏与运动消耗和慢性病有关，有长期腹泻、经常服用利尿剂的人容易发生镁缺乏。

（3）大龄运动爱好者如果患有高血压等慢性疾病，需要长期服用利尿剂和其他易导致腹泻的药物就需要注意补镁。

2. 食物来源

（1）含镁的食物很多，谷类中的糙米、小米、鲜玉米、小麦胚芽等；豆类中的黄豆、豌豆、蚕豆；水产中的紫菜、墨鱼、鲑鱼、沙丁鱼、蛤蜊等。另外，松子、榛子、西瓜子也是高镁食品。

（2）30岁以后的女性要将每日镁需要量从330提高到420mg。这个要求很容易通过食物得到满足。如黑豆中每百克含镁157mg，这可以分别满足大龄男性和女性需要量的49%和37%。

3. 缺镁可导致食欲下降、无力、肌肉痉挛，长期缺乏会出现心律不齐

含镁食物往往也含铁和钙丰富，而且由于来源丰富，一般不易缺乏。

第五节　膳食补充与运动中身体不适问题

与膳食有关的运动中不适以肌肉痉挛和胃肠不适最为多见，肌肉痉挛和胃肠不适会影响到运动员在比赛中的情绪和专注度、放松度的控制水平，后者对其比赛成绩的影响也很大，特别是在高水平比赛中，稍有注意力不集中将大大影响比赛成绩。幸运的是，这两个问题可以通过合理补水和补充电解质而明显减少。运动员可以通过自己观察是什么食物、饮料、补充方式、补充时间导致了不适。还要让运动员学会控制运动强度，不要让自己出现力竭状态。

一、肌肉痉挛

肌肉痉挛是会直接导致运动员无法继续比赛的常见问题之一，关键问题是帮助运动员预防肌肉痉挛发生，因为一旦发生，停止运动几乎无法避免。

（一）原因

1. 负荷过重、肌肉疲劳。

2. 用力方式不对。

3. 出汗过多、脱水：影响出汗量的原因有年龄、性别、遗传、训练水平。在寒冷环境下也可以由于出汗过多而发生肌肉痉挛。

（二）膳食营养与预防

膳食预防肌肉痉挛主要与脱水导致的身体机能紊乱有关。

1. 训练或比赛前充分补水。

2. 保证食物中含有足够的盐。

（三）运动员常见缺盐的原因

1. 膳食习惯导致盐摄入少。

2. 出汗多。

3. 不习惯咸的食物。

4. 运动员运动中的钠丢失量约为每小时1.0~1.5g，每茶匙约为2.3g，即每小时需要补充约半茶匙的盐。对于一日多赛或多练的运动员，钠的丢失量确实很大，需要注意补充。

5. 个体间的出汗量、失水量和钠丢失量差异较大。有些运动员出汗很多但是钠丢失少，有些运动员出汗不多，但是汗中的钠很高。所以运动员要根据个体特点安排好训练前、中、后的液体补充和电解质补充的方案。

（四）缺盐的预兆

1. 经常肌肉痉挛。

2. 感到汗水刺激眼睛。

3. 嘴里感到汗的咸味。

4. 在衣服上出现汗渍。

5. 皮肤表面有盐的结晶。

6. 比同伴饮水量明显多，特别是在训练中。

出现上述现象时要想到是机体缺盐或者盐丢失多的表现，要注意补充。但是，吃咸的食物或补盐过多会刺激口渴中枢，导致饮水量增加。

（五）补钾不能缓解肌肉痉挛

许多运动员错误地认为补钾可以预防肌肉痉挛和中暑。运动中会有钾的丢失，但是数量有限，明显少于钠的丢失。钾在调节细胞内外体液平衡方面具有重要作用，也参与肌肉收缩的调节。

钾的食物来源：香蕉、柑橘类水果和果汁、西红柿、酸奶、牛奶、豆类、土豆。

（六）预防

1. 合理补盐

从保持机体能力和减少肌肉痉挛的角度来说，运动饮料确实比水更为有效。运动饮料中钠的推荐量是70~200mg/240ml。通过饮料成分表可以确定其中的成分，一般的运动饮料中含100mg钠/240ml。对于队中爱出汗运动员，建议在其饮料中增加1/2茶匙的盐/1000ml运动饮料。

2. 制定预防肌肉痉挛的方案

3. 进行适应炎热环境的训练

4. 爱出汗运动员

让爱出汗运动员在训练和比赛中习惯运动饮料来代替白水。训练后提供含盐高的食物，如苏打饼干、腌菜。鼓励运动员带一些咸的食物去训练场。提醒爱出汗运动员在吃饭时注意摄取含盐的食物，如在饭菜中加入酱油、汤中加盐、食用腌菜、蔬菜汁等来补充盐分。

二、胃肠不适

消化道问题可以使最好的运动员退出比赛，胃肠不适会使得运动员在比赛中无法集中精力，烧心、恶心、呕吐、便秘、腹泻和胃肠痉挛导致运动员退出比赛的情况并不少见。约有30%~50%的耐力项目运动员，特别是长跑运动员，经历过胃肠不适。

（一）发生特点

1. 胃肠不适在运动中身体越平稳的项目，发生率越少，自行车、游泳就相对少见，但是公开水域游泳时因为有浪发生率就较高。

2. 年轻的业余选手需要在工作、训练、外出比赛之间忙碌而错过正常吃饭时间，所以发生率也比较高。

3. 有些项目运动员需要在去训练、参赛途中、比赛间歇进食。

当我们进食，血液会从四肢肌肉流向内脏来完成消化过程，这会导致运动时的不适，运动员不仅仅需要学会吃什么，还需要知道什么时候、吃多少来避免胃肠道不适的发生。

（二）食物中毒

最为常见的胃肠道问题之一是食物中毒，我们都听说过由于不合理的肉类烹饪、储存导致食物中毒，但是还有很多其他原因可以导致其发生。减少食物中毒需要注意以下问题。

1. 提醒运动员要注意食物餐具的卫生，生食物要放冰箱，熟食要充分加热，不要与他人共用水杯。

2. 不能指望车载冰箱可以保鲜。

3. 不要用不清洁的餐具装食物。

4. 不要重复使用运动饮料或矿泉水瓶，那里面可能成为细菌的温床。

5. 如果训练场、赛场没有冰箱或冰保温盒，不要携带易变质的食物，如牛奶、酸奶、肉制品去赛场。

6. 督促运动员在每次使用后都要清洁水瓶和餐具。

7. 检查或者提醒运动员检查他们的运动包，清除其中不新鲜或变质的食物。

8. 每次训练中进食前要用消毒纸巾清洁手。

（三）减少胃肠不适的方法

1. 上消化道不适

上消化道不适包括烧心、恶心、呕吐、腹胀、胃疼。呕吐往往与脱水和电解质丢失有关，或者是负荷过度。

2. 下消化道不适

最为常见的是胃肠痉挛、腹泻、胀气。腹泻会导致运动员脱水和电解质丢失。运动项目会影响胃肠反应，身体接触越剧烈的项目，发生胃肠不适的比例越大；训练强度越大，发生下消化道不适的几率越大。

3. 训练水平低者胃肠不适发生率高，随着训练水平的提高和机体适应能力的改善，对食物选择、食物量、进食时间控制的合理性提高，胃肠不适发生率会降低。

思考题

1. 力量与爆发力有何不同？举重还是铅球更需要爆发力？为什么？
2. 400m跑主要靠什么系统供能？哪种宏量营养素对这类运动员最重要？为什么？
3. 标枪比赛中的主要供能系统是什么？在试投的比赛间歇时，哪个供能系统最重要？
4. 力量项目与耐力项目运动员日常能量需要的区别是什么？
5. 讨论力量项目运动员的特殊营养需要是什么，以及如何在膳食方案中实现。
6. 对于希望长5kg体重的运动员每周需要增加多少额外能量？增重过快会有什么不好？
7. 力量项目运动员每天应该补充多少蛋白质？如果想要促进蛋白质合成，什么时间补充最好？
8. 你认为对于力量项目运动员来说三种宏量营养素的重要性应该如何排列？为什么？
9. 如何确定力量项目运动员的补液量？对于不同训练持续时间的补液原则有什么不同？

10. 力量项目运动员比赛日主要的膳食目标是什么？

11. 给力量项目运动员在训练后补充相同能量的三种膳食（纯碳水化合物1.5g/kg体重，纯蛋白质1.38g/kg体重，碳水化合物1.06+蛋白质0.41g/kg体重），哪种方式促进机体恢复效果最好？为什么？

12. 哪些项目的青少年运动员容易发生脱水？需要给他们提出什么建议来进行预防？

13. 从营养的角度讨论，为什么将大学生运动员归为“特殊人群”？

14. 酒精对人的膳食和能量消耗有什么影响？

15. 青少年运动员的营养需要和大龄运动爱好者有何不同？

16. 什么项目的运动员需要充分利用“蛋白质互补作用”进行营养补充？举出两个例子。

17. 不同的素食者类型之间有何不同？对素食运动员有哪些必须注意的营养问题？

18. 对于经常外出到没有素食餐厅地方的素食运动员应该如何选择蛋白质类食物？

19. 分析表4-6食谱的合理性，给出改进建议。

20. 集体项目为什么不能采用统一膳食计划？

21. 影响集体项目的能量消耗大小的因素有哪些？

22. 训练或者比赛中需要补充含蛋白质的饮料吗？有什么益处和坏处？

23. 训练后补充蛋白质是数量重要还是时间重要？为什么？

24. 大剂量维生素和矿物质摄入有益于运动能力的提高吗？

25. 预防脱水应该从什么时候开始？训练后体重每降低1kg需要补充多少水？

26. 虽然集体项目多被归类为无氧运动，为什么还需要加强有氧训练？

27. 计算集体项目运动员每日能量消耗需要什么条件？他们想要满足能量需要时会遇到什么障碍？

28. 间歇性运动为主的集体项目的主要能源物质是什么？

29. 蛋白质在集体项目的膳食中扮演什么角色？

30. 确认运动员的能量需要量后如何确定碳水化合物和蛋白质的需要量？集体项目运动员的每日碳水化合物和蛋白质推荐量是多少？用能量百分比或每千克体重克数计算宏量营养素有何区别？

31. 集体项目运动员需要服用维生素和矿物质补剂吗？解释你的是或否答案的理由。

32. 讨论如何使运动员在炎热潮湿环境下训练或者比赛不脱水。

33. 讨论教练在预防运动员脱水中的作用。

34. 全队出行时应该为旅途准备什么食物？

35. 需要从快餐厅或售货亭购买食物时，选择健康食品的原则是什么？

第五章
运动员膳食营养安全

教学提示

食品安全是一个全球性问题，与人类的生存基本权利密切相关。运动员作为特殊群体，其饮食安全需要更严格的食品安全标准，更需要相关部门对其食品安全的法律监督。因此，本章通过介绍食品安全概念、食品安全主要问题、我国相关的运动员食品安全保障要求，使学生能初步掌握食品安全，尤其是运动员食品安全的相关知识，从而指导运动员进行科学、安全饮食。

学习要求：

- 掌握食品安全相关概念及运动员食品安全保障要求。
- 了解食品安全的主要问题及食品安全相关法律法规。

第一节　食品安全概述

食品安全是一个全球性问题，传统的食品安全问题大多是食品生产、加工、流通环节卫生控制不当和环境污染等所致。早在1974年11月的世界粮食大会上由联合国粮农组织提出了食品安全的概念，认为食品安全与人类的生存基本权利密切相关。当前，我国的食品安全问题日益成为政府与公众关注的焦点问题，特别是近年来我国发生的重大食品安全事件，均因监管缺失而导致，这些人为故意污染和蓄意破坏而引起的食品安全问题，属于非传统食品安全问题。

一、食品安全的相关概念

1. 食品：食品是指各种供人食用或饮用的成品和原料，以及按照传统既是食品又是药品的物品，但不包括以治疗为目的的物品。

2. 食品安全：《食品安全法》第九十九条对食品安全做了如下定义：食品安全即指食品无毒、无害，符合应当有的营养要求，对人体健康不造成任何急性、亚急性或慢性危害。食品安全的环节包括：种植、养殖、加工、包装、贮藏、运输、销售、消费。

3. 食品卫生：世界卫生组织对食品卫生的定义是在食品的培育、生产、制造直至被人摄食为止的各个阶段中，为保证其安全性、有益性和完好性而采取的全部措施。

食品安全包括食品卫生和食品质量。食品安全的定义在于食品在被食用时的一个状态，而食品卫生则重在食品生产加工的不同阶段。食品卫生只是食品安全的一个部分。

4. 传统食品安全问题与非传统食品安全问题

（1）传统食品安全问题是由生产、加工、流通环节引入的微生物、化学和物理异物污染等，不能完全避免，但可预测、预防或将危害降低到可接受水平。一般会在个别行业、个别商品和个别批次产品中出现，也是世界各国普遍存在的问题。

（2）非传统食品安全问题是指人为、蓄意、恶意添加的有毒有害物质，传统管理上不可预测和预防。其出现往往带有系统性、连续性和全行业的特点；是个别国家发展阶段特有的问题。

二、食品安全的主要问题

（一）食源性疾病

食源性疾病被公认为是当前世界食品安全领域里最突出的食品安全问题。目前由微生物污染引起的食物中毒和其他食源性疾病仍是威胁我国人民身体健康的最主要的问题。

1. 食源性疾病

（1）定义：是食品中致病因素进入人体引起的感染性、中毒性等疾病。

（2）主要原因：食源性疾病中最常见的是食物中毒，其致病因素包括食源性病原菌、沙门氏菌、副溶血弧菌、葡萄球菌、肉毒杆菌等。

2. 食品污染

指食品从种植、养殖到生产、加工、贮存、运输、销售、烹调直至餐桌的整个过程中的各个环节，都有可能出现某些有害因素，使食品受到污染，以致降低食品卫生质量或对人体造成不同程度的危害。

3. 食物中毒

指摄入含有生物性、化学性有毒有害物质的食品或把有毒有害物质当作食物摄入后所出现的非传染性（不同于传染病）的急性、亚急性疾病。

不包括因暴饮暴食而引起的急性胃肠炎、食源性肠道传染病（如伤寒）和寄生虫病（如旋毛虫）。也不包括因一次大量或长期少量多次摄入某些有毒、有害物质而引起的以慢性毒害为主要特征（如致癌、致畸、致突变）的疾病。

（二）种植、养殖业的源头污染和农药、兽药的滥用和残留

1. 源头污染的形式

（1）违法使用剧毒鼠药和高毒高残留农药。

（2）违法使用抗生素、激素等兽药及违法使用激素等添加剂。

2. 激素类添加剂的影响

养殖业中主要是激素的添加。激素包括合成类固醇和β_2激动剂，其具有蛋白合成作用，在生猪、水产品养殖中会违法或超标加。

（1）最常见的激素添加药物是克伦特罗（瘦肉精），为选择性β_2肾上腺素受体激动剂，其化学性质稳定，加热至172℃时才分解，一般方法不能破坏，畜种作用范围广泛，吸收快，作用持久，药效强，易残留，多残留于动物脏器中（肝脏、肾脏）。

（2）克伦特罗是竞技体育禁用的药物，运动员有可能会由于食用动物的肝脏、肾脏引发兴奋剂的问题。

3. 抗生素添加剂的影响

抗生素的使用也是养殖业最常使用的添加剂。大量被淘汰的人用抗生素被用作饲养业的添加药物，用于防病 / 治病，但很难严格控制，其后果是细菌和某些病毒对人畜共用抗生素的抗药性大大增加。

（三）违法生产劣质食品

违法生产劣质食品主要是指使用不合格的原料生产食品，如人造蜂蜜等。

（四）非法添加和滥用食品添加剂

1. 添加非法食品添加剂

是指食品制作过程中添加了在法律法规上明令禁止用于食品生产的、对人体有显著危害的一类物品，如吊白块、三聚氰胺等。

2. 滥用食品添加剂

是指超量或超范围使用食品添加剂。

（五）过敏原

1. 定义

过敏原：指存在于食品中可以引发人体对食品过敏的免疫反应物质。

过敏食品：能引起过敏症状的食物中都含有过敏原，而含有过敏原的食品就称为过敏性食品。目前已发现许多食品中含有能使人过敏的内源性过敏原，且不同人群对其敏感性不同。

2. 食物过敏发生率

全球因食物过敏或有食物不耐症的人口比例一直在增长，据过敏症协会统计，8%的儿童和3%的成人受过敏症影响，而且新的过敏原还在不断出现。

3. 过敏症的危害

引起慢性疾病（例如，遗传的过敏性皮炎、风疹和消化症状）；严重时威胁生命（例如，哮喘和过敏性休克）；每年都有人死于食物过敏症，其中大部分是食用了果仁类食物。

第二节　运动员的食品安全

传统的食品安全问题包括食品卫生、食物中毒、运动员餐厅致病菌控制等。而现实的危害健康的食品安全问题还包括：农药污染、重金属污染、兽药污染、食品添加剂及饲料添加剂等。运动员作为特殊的群体，其食品安全问题更需要重视，其饮食安全更需要严格遵守食品安全标准，并配合相关部门进行法律监督。

一、运动员食品安全的主要问题

（一）对运动员构成特殊危害的食品安全问题主要是运动营养品和保健食品引发的问题及既是兽药又是兴奋剂的药物。其中，最普遍的是兴奋剂问题，运动员一旦在例行检查中被检测出阳性，就要面临被处罚的决定，严重影响国家形象和个人前途。

（二）运动员的餐饮遵循的主要原则是：安全、营养、可口、快捷。

（三）影响我国运动员食品安全问题的主要因素包括：生物性污染、环境污染及化学污染。

二、运动员食品安全的保障要求

（一）基本要求

1. 要保障运动员食品安全，需要加强运动员食品安全监控。

2. 要对食堂原料来源、储运工作实现完全可控。

3. 用适合奥运会使用的监控标准对市场食品残留问题进行调查性检测，重点加强兴奋剂相关部分的检测工作。

4. 为了减少危害分析和控制的工作量，还可建立种植／养殖基地，实现源头管控，杜绝农兽药残留、致病菌超标食品及兴奋剂污染食品来源。

5. 运动员日常训练中食物的来源主要是来自运动员食堂，因此做好运动员食堂的食品安全保障尤其重要。

（二）运动员食堂的食品安全保障

1. 购买食品时需要检查如下内容

（1）经营者的营业执照、健康证、卫生合格证、防蝇防尘设施等。

（2）食品包装标识，包括：商品名称、配料表、净含量、厂名、厂址、电话、生产日期、保质期、产品标准号等。

（3）食品色泽：不要被外观过于鲜艳、好看的食品所迷惑。

（4）食品价格：注意市场比价，理性购买打折、低价、促销的食品。

2. 食品卫生基本操作要求

（1）采购食品要索取有效的卫生许可证、检验合格证或化验单。

（2）严格出入库验收制度和使用前验售制度（验生产日期、保质期、厂名、厂址及其他食品标识）。

（3）做到生熟分开、做到“冷荤五专”。

生熟分开即：生熟食品制售者应分工；盛装生熟食品的工具、用具、容器应分开或者有明显标记。

生熟食品不能存放在同一库房或冰箱内。

“冷荤五专”指制售冷荤凉菜和制作含乳类冷食品应具有冷荤间，做到专人、专室、专用工具、专用消毒设备、专用冷藏设备。

（4）严格执行餐用具的用后洗涮、用前有效消毒制度。

（5）合理保藏食品。

（6）做好个人卫生。

（7）保持内外环境卫生。

（8）做好从业人员基本卫生知识的培训。

3. 餐饮食品安全制备守则（WHO）

（1）食品原料选购应符合原料卫生（要求）标准。

（2）食品应烧熟煮透。

（3）烹调好的食品应尽快食用。

（4）烹调好的食品应妥善储存。

（5）储存备用的熟食食用前应彻底回烧。

（6）生熟食品应避免污染。

（7）加工制作食品时应勤洗手。

（8）保持厨房加工设备的清洁卫生。

（9）防止食品被病媒虫害接触污染。

（10）使用清洁卫生的水源。

4. 食品留样制度

（1）做到专人对每餐、每样食品进行留样。

（2）数量为100g，密封保存。

（3）所留样品要有标签，标签内容包括：日期、时间、品名、餐次、留样人。

（4）样品要存放在专用冰箱。

（5）留样时要做好记录，记录样源、名称、时间、目测状态，以备检查。

（6）留样保存时间为48h，无异常可处理掉；有异常时立即封存，送食品卫生安全部门查验。

三、运动员旅途（异地）的食品安全

（一）运动员旅途（异地）常见的食品安全问题

1. 运动员旅途（异地）常见的食品安全问题为旅行性腹泻。旅行性腹泻的主要原因为食用了带有细菌、病毒或寄生虫的食物或水。

2. 常见症状：频繁地拉稀便、腹痉挛，有时会伴有恶心、呕吐或大便带血。

3. 预防措施：按照严格的卫生要求进食或饮水；必要时在医生指导下使用预防性药物。

（二）运动员旅途（异地）时要注意的食品安全知识

1. 食物和饮料的安全性

（1）在运动员旅途（异地）训练和比赛时，尽量少吃或不吃被认为可能不安全的食物和饮料。

（2）通常被认为是安全的食物和饮料包括：冒蒸气的热食、干食品（如面包）、高糖食品（如糖浆）、可剥皮的水果（如香蕉、桔子、瓜等）、瓶装饮料（包括碳酸水、苏打水、运动饮料等）及冒热气的汤、咖啡、茶等。

（3）通常被认为可能不安全的食物和饮料包括：在室温下潮湿的食物（如调味汁沙拉、自助菜肴）、生的或半熟的肉、鱼、贝壳类、不能剥皮的蔬菜和水果（如葡萄、浆果）、乳制品、生水及冰块等。

2. 食物过敏（变态反应）和食物的不耐受

常见的可引起食物过敏（变态反应）和食物不耐受的食物包括：

（1）动物蛋白食品：牛奶、鸡蛋、鱼、虾、蟹、羊肉、牛肉、猪肉、鸡肉及其他禽类。

（2）刺激性食物/调味品：辣椒、酒、芥末、姜、葱、蒜。

（3）油料作物/坚果：芝麻、花生、黄豆、核桃、榛子、开心果、腰果。

（4）水果/蔬菜：桃、芒果、梨、苹果、橘子、荔枝、西瓜、扁豆、番茄、茄子。

（5）谷类：小麦、燕麦、荞麦、玉米。

（6）食物添加剂：食用色素、防腐剂。

食物过敏（变态反应）和食物不耐受的预防措施主要有：避免食用含有过敏原和不耐受食物及避免尝试食用不熟悉的食物。

食物过敏（变态反应）和食物不耐受的治疗包括：对症治疗及抗过敏药物治疗。

四、运动营养品和保健食品的安全

目前存在的运动营养品和保健食品的安全问题主要集中在：

（一）违法药物

保健食品尤以针对运动员开发的抗疲劳产品和针对特定人群开发的减肥产品问题最多。可能出现在保健食品甚至普通食品中的药物有：蛋白同化激素、雌激素、肾上腺皮质激素、β2受体激动剂、麻醉止痛药、利尿药、中枢神经刺激剂、食欲抑制剂、降糖药（胰岛素）、芳香酶抑制剂（抑制雄性激素转化）等。

（二）咖啡因

咖啡因是中枢神经兴奋药物，对呼吸中枢作用尤强。过量摄入咖啡因会出现：恶心、呕吐，剂量过大时会出现肌肉震颤、惊厥等临床症状。咖啡因可能出现在恢复疲劳、减肥的保健食品中。

（三）食欲抑制剂

运动营养品和保健食品中添加的食欲抑制剂主要有盐酸芬氟拉明和盐酸西布曲明。盐酸芬氟拉明属于苯丙胺类药物，作用于中枢神经，阻断5-羟色胺的再摄取而减少食欲，副作用是恶心、腹泻、乏力，属运动员禁用物质。

（四）伟哥（西地那非）

西地那非的不良反应有心肌梗死、窦性心律不齐、脑出血等。在临床使用中副作用和危险性尚无明确定论。

（五）雄性激素

运动营养品和保健食品中雄性激素添加物质包括：睾酮衍生物（甲睾、丙睾、安雄等）、睾酮前体物质（孕烯醇酮、雄烯二酮），可促进蛋白合成，不良反应主要有内分泌系统疾病、不孕症、靶器官病变等。

（六）肾上腺皮质激素

主要是糖皮质激素，包括地塞米松、泼尼松龙、强的松。滥用或非法添加的原因为其具有一定促进糖原储备、中枢神经兴奋作用。不良反应主要是引起物质代谢紊乱，不知情长期服用如骤然停药可能导致心血管、水盐代谢、精神等多方面出现问题。

（七）甲状腺素

甲状腺素的作用是促进营养物质的氧化和产热作用，可产生减肥效果。大剂量时出现多汗、兴奋、肌颤、心绞痛等，是运动员禁用物质。

（八）中药保健品可能含有运动员禁用物质

天然药物中也可能含有违禁药物成分，如马钱子中含士的宁，麻黄中含麻黄素，罂粟中含吗啡、那可丁、罂粟碱、可待因等。

许多治疗感冒、跌打损伤的中药及保健食品中含有麻黄素、士的宁。

五、兴奋剂检查阳性的风险及如何避免服用禁用物质

《世界反兴奋剂条例》规定，对运动员的处罚实行严格责任制，只要兴奋剂检测呈阳性，运动员首先要承担责任，然后才是举证。而运动员一旦被检测出兴奋剂阳性，就要面临处罚，严重影响国家形象和个人的前途。

近期德国科隆兴奋剂检测实验室对国际上流行的600种运动营养品进行过检测，兴奋剂阳性和可疑的占24%左右。我国兴奋剂检测实验室检测的1000多种运动营养品和保健食品，含有违禁物质的占11%以上。

在服用营养品或是保健品时，运动员要避免误服禁用物质，需要做到以下几点：

1. 运动员需对自己服用的运动营养补充品负责。
2. 慎重选择声誉良好的厂家制造的已知成分的营养补充品。
3. 不要在黑市上购买。
4. 所选产品须经兴奋剂检测中心检测。

思考题

1. 食品安全的概念是什么？食品安全与食品卫生的区别是什么？
2. 如何区分传统食品安全问题与非传统食品安全问题？
3. 食品安全的主要问题包括哪些内容？
4. 运动员食堂的食品安全保障内容包括哪些内容？
5. 运动员旅途（异地）的食品安全保障内容包括哪些内容？
6. 在服用营养品或是保健品时，运动员要如何避免误服禁用物质？

第六章
营养状况的评定

教学提示

运动员膳食营养状况评价是膳食营养不可或缺的重要部分，是进行膳食方案设计、调整的依据。掌握这些相关技能是进行膳食营养工作的必备手段。通过本章学习需要：

- 掌握进行膳食营养评价的方法及其应用。
- 了解与膳食营养相关的评价手段。
- 掌握能量消耗的计算方法。
- 掌握运动员膳食营养生化评价的方法、特点及应用。
- 了解运动员膳食营养临床评价的内容。

概　述

人体为保证自身的健康与正常的生产、生活，必须每天从膳食中获取各种营养物质，而合理膳食不仅是人们健康的保证，也是提高机体环境适应能力、抗病能力和应激能力的需要。合理膳食的基础是合理营养、平衡膳食。要做到合理营养，首先必须客观地了解机体的营养状况。

运动员的营养状况与运动员的健康和运动能力密切相关。为保障获得最佳运动能力，运动员需要正确把握训练和比赛的每一个环节，其中包括膳食安排。准确和全面的营养评价对客观地了解运动员的营养状况非常重要。定期检测运动员的营养状况有助于了解运动员的膳食组成、营养状态、健康情况和伙食水平，为进一步改善运动员的营养与健康状况提供基本资料和科学依据。全面的营养状况分析，一般由以下五部分内容组成。

一、膳食评价

1. 膳食评价是通过各种不同的方法对膳食摄入量进行评估，了解在一定时期内膳食所摄取的能量和各种营养素的数量和质量以及膳食结构和饮食习惯，以此评定正常营养需要得到满足的程度。

2. 膳食调查是通过膳食摄入与营养素供给量标准之间的对比情况，判定其当前的营养状况，为实施其他营养干预提供基础资料，是对膳食进行干预（如制定食谱）的依据。膳食状况评价的最终目的是了解膳食是否合理及纠正存在的问题，为改善膳食质量提供依据。

二、人体测量学评价

人体测量学评价是通过身体形态、体成分和人体测量资料来反映营养状况，主要用于评估和监控生长、在按体重分级的项目判断理想的体成分、监控体重和体脂的变化等。

三、能量消耗评价

体力活动加快能量代谢，满足能量需要是运动员首要的营养目标。确定运动员的能量消耗对运动员维持健康和训练、比赛的能力很重要。

四、生化评价

通过生化手段发现临床营养不良症、营养储备水平低下或过营养状况，以便较早掌握营养失调征兆和变化动态，及时采取必要的预防措施，检测样品主要有血、尿等。

五、临床评价

观察运动员是否出现与营养状况有关的症状、体征等，从而做出营养正常或失调的临床诊断。

这五部分内容是互相联系和互相验证的，因此一般都同时进行。多种方法的联合应用有利于对运动员的营养状况进行综合评价，即从这五个方面入手进行分析总结，发现营养问题，并提出解决措施。

第一节　运动员的膳食评价

一、目的和意义

1. 了解运动员的膳食状况是进行膳食方案设计的基础，通过膳食评价可以了解运动员的膳食习惯、能量摄入及营养素的补充情况，为制定膳食方案提供依据。

2. 通过评价方法的组合尽可能全面了解膳食方案、膳食状况与实际摄入间的差异，为查找和解决问题提供依据。

3. 膳食调查通常采用的方法有膳食记录法、24h膳食回顾法、食物频率问卷调查法、记账法、化学分析法等，每种方法都有其各自的优点和不足，两种或多种方法的综合可以使一种方法的缺点被另一种方法的优点所克服。实际调查时多采用多种方法的组合，以得到更准确的结果。

二、膳食调查方法

（一）膳食记录法

1. 定义

膳食记录法是通过对被调查者在一定时间内摄入的食物量进行称重或估计来获得当前食物摄入情况的方法。

2. 方法

主要采用称重法，即在每餐食用前对各种食物（包括饮料）及时称重并记录，吃完后还要将剩余或废弃部分称重并加以扣除，从而得出准确的每种食物的摄入量（表6-1）。

特别要注意正餐之外所摄入的饮料、水果、糖果、点心和零食的称重记录。记录的信息越多、越详细，评价的结果越准确。

表6–1　运动员膳食调查表（称重法）

姓名：　　性别：　　年龄：　　运动项目：　　　　调查日期：　　年　月　日

餐别	饭菜名称	食物名称	熟食量（g）	熟食剩余量（g）	实际进食量（g）	相当于生重（g）	备注
早餐							
午餐							
晚餐							
加餐							

3. 记录周期

膳食记录的时间一般为1~7天，常用的时间为3天（最好是平日2天加周末1天），一般每年进行4次（每季度1次），至少应该在春冬和夏秋各进行1次。

7天膳食记录虽费时较多，但能提供更全面的膳食情况资料。更长时间的记录并不一定比短时间的膳食记录更准确，因为时间太长，可能会因疏忽而忘记写出每天的详细膳食信息，或会认为很枯燥且多余而放弃记录。

4. 注意事项

（1）对调查者要经过培训，掌握膳食记录的方法、需要记录的详细程度、需要充分描述的食物和消耗的食物量，还包括食物名称（可能有的商品名）、制作方法和食谱等。最好由营养专业人士与被调查者一起进行记录。

（2）需要准确掌握的资料包括：① 各种食物的生重（即烹调前每种食物原料可食部的重量）和烹调后熟食的重量，得出各种食物的生熟比（生食物重量 / 熟食物重量）；② 称量个人所摄入的熟食重量，按照生熟比计算摄入的各种食物原料生重，再通过食物成分表或营养分析软件计算摄入的各种营养素。

5. 优点与不足

（1）优点

① 能测定食物份额的大小或重量，获得可靠的食物摄入量。

② 摄入的食物可量化，能计算营养素摄入量，准确分析每人每天食物摄入变化的状况，是个体膳食摄入评价较理想的方法。

③ 两天以上的食物记录可提供有关个体或个体间的每日膳食摄入量的变异数据。

④ 在一年中断续地进行1天或2天的食物记录，可对个体日常摄入量进行估计。

（2）缺点

① 对调查人员的技术要求高，需被调查者很好地配合。

② 在家庭或食堂以外消耗的食物汇报的准确性差。

③ 食物记录过程可能影响或改变被调查者日常的饮食模式。

④ 随着记录天数的增加，记录的准确性可能降低。

（二）24h膳食回顾法

在进行快速膳食评价和多次进行临时安排的个体每日膳食摄入量调查时常用 24h膳食回顾法。

1. 定义

通过询问被调查者过去 24h实际的膳食摄入情况，对食物摄入量进行计算和评价（表6-2）。

2. 方法

可通过面对面或电话询问在短时间内进行。一般采用 3天连续的调查方法，可得到比较准确的结果。

表6-2　运动员膳食调查表（24h膳食回顾法）

姓名：　　性别：　年龄：　运动项目：　　　　调查日期：　年　月　日

餐别	饭菜名称	食物名称	摄入量（g）	备注（经常吃的食物或某些食物的注册商标等）
早餐				
午餐				
晚餐				
加餐				

此方法要求被调查者回顾和描述过去 24h内摄入的所有食物（包括饮料）的种类和数量，大约需要花费15~30min，但当被调查者吃了混合食物或多种不同食物时，可能花费更长的时间。

3. 优点与缺点

（1）优点

用时短，被调查者不需依赖长期记忆，摄入的食物可量化，能计算营养素摄入量。

（2）缺点

有一定的局限性，如果回顾膳食不全面，可能对结果产生很大的影响。由于每个人的回忆、陈述以及对所吃食物定量的能力和意愿不同，调查者需接受培训，以便能帮助被调查者对饮食进行如实回顾。

采用此方法应注意对日常饮食的不实陈述，因此要询问被调查者在过去24h内膳食摄入是日常膳食还是与日常正常膳食不一样。此方法非常依赖于被调查者在短时间内的记忆力。对食物准备情况的回忆相对比较复杂，如果食物不是被调查者自己准备的，准确性很可能会降低。

（三）食物频率问卷调查法

食物频率问卷调查是一种估计被调查者在指定的一段时期内吃某种食物的频率的方法，可帮助确定某些营养素的一般平均摄入情况，包括定性和定量两种方法。

1. 定性食物频率调查法

（1）定义

定性食物频率调查法是指被调查者提供每种食物在特定时期内（如：过去1个月或1年）所吃的次数、而不收集食物量大小的资料，不能计算出食物和营养素的摄入量。

（2）方法

目前应用较多的是定量食物频率调查法，即被调查者提供每种食物在特定时期内（如：过去1个月或1年）所吃的次数、同时提供每次所吃食物的数量，根据摄入食物的次数和数量可计算出每种食物的摄入量和各种营养素的摄入量。

2. 定量食物频率调查法

（1）定量食物频率调查表应包括的内容

① 食物清单：经常吃的各种食物（包括饮料）的名称。

② 食物摄入的频率：每天、每周、每月每种食物摄入的次数。

③ 定义每种食物一份的数量：如，牛奶1份为1袋，1袋为225ml；鸡蛋1份为1个，同时应描述鸡蛋的大小。

④ 特殊饮食：如营养补充品摄入情况等（表6-3、表6-4）。

调查期的长短可从几天到1周、1个月或3个月甚至1年以上。

（2）优点与缺点

此方法可估计个体的“经常摄入量”。调查表可由调查人员或被调查者自己填写。

① 优点

能得到通常的膳食摄入量及膳食模式，被调查者的饮食习惯不受影响，被调查者负担轻、应答率高，调查方法简单、费用少。

② 缺点

此方法同样也依赖于被调查者的记忆和估算某种或一组食物摄入量的能力。

由于对食物份额标准大小的估计不准，食物摄入量的估计可能不准确，过多报告可能是一个主要的问题。

此方法不能提供每天间的变异信息。

表6-3 食物频率调查表

（15岁以上调查对象回答）

家庭编码： 姓名： 个人编码：

1 你一般每天吃几餐？

2 你一般每周在家吃几天饭？

3 你一般早餐的就餐地点是？ ① 家 ② 单位食堂 ③ 餐馆或街头 ④ 不吃

4 你一般午餐的就餐地点是？ ① 家 ② 单位食堂 ③ 餐馆或街头 ④ 带饭 ⑤ 不吃

5 你一般晚餐的就餐地点是？ ① 家 ② 单位食堂 ③ 餐馆或街头 ④ 带饭 ⑤ 不吃

6 你家通常在一起就餐的人数？

7 请回忆在过去一年里，你是否吃过以下食物，并估计这些食物的平均食用量和次数。

食物名称	平均每次食用量	进食次数				
		每天	每周	每月	每年	不吃
		请选择适当周期填写次数				填0
1 大米	两					
2 小麦面粉	两					
3 杂粮（小米/高粱/玉米等）	两					
4 薯类 (红薯/山药/芋头/土豆等)	两					
5 油炸面食(油条/油饼等)	两					
6 猪肉	两					
7 牛、羊肉	两					
8 禽肉	两					
9 内脏类	两					
10 水产品	两					
11 鲜奶	两					
12 奶粉	勺					
13 奶酪	两					
14 酸奶	两					
15 蛋类	个					
16 豆腐	两					
17 豆腐丝/千张/豆腐干	两					
18 豆浆	两					

续表

食物名称	平均每次食用量	进食次数				
		每天	每周	每月	每年	不吃
		请选择适当周期填写次数				填0
19 干豆类	两					
20 新鲜蔬菜	两					
21 干菜	两					
22 咸菜	两					
23 泡菜	两					
24 糕点	两					
25 新鲜水果	两					
26 坚果	两					
27 低度白酒(<38度)	两					
28 高度白酒(>38度)	两					
29 啤酒	杯（250 ml）					
30 果酒	两					
31 果汁饮料	杯					
32 其他饮料	杯					

营养补充剂	天/周
33 钙制品	
34 铁剂	
35 维生素	
36 其他保健食品	
以下以家庭为单位按月询问	
食用油	全家食用量(斤/月)
37 花生油	
38 豆油	
39 菜籽油	
40 色拉油	
41 芝麻油	
42 动物油	
43 其他食用油	
调味品	
44 盐	
45 酱油	
46 醋	
47 酱类（黄酱 / 豆瓣酱 / 甜面酱等）	
48 芝麻酱	
49 味精	

调查日期：　　　年　月　日

调查员签字：　　　　　　　　审核员签字：

食物频率调查表填表说明
（15岁以上调查对象回答）

家庭编码：同家庭成员基本情况登记表。

姓名、个人编码：同家庭成员基本情况登记表中所有年满15周岁家庭成员个人编码，要认真核对，保持每个人与家庭成员基本情况登记表的一致性是非常重要的。

1.你一般每天吃几餐？指一年中大多数时间内吃饭的习惯。

2.你一般每周在家吃几天饭？指在自己家里做饭并食用的实际天数。

3~6问题，调查员按当地习俗进行询问，以被调查人的回答进行填写。

7.请回忆在过去一年里，你是否吃过以下食物，并估计这些食物的平均食用量和次数。

（1）频率法了解被调查对象在过去一年中膳食摄入的种类及数量，问卷中的“过去一年”指自调查之日起的前12个月。调查的目的在于了解被调查者全年各种食物的食用次数及平均食用量，并计算营养素的摄入量。“食用量”一档填写个人每次平均食用量，一般以食物的生重计算（没有生重填熟重），单位为g。“进食次数”一档包括五个小栏目，每种食物只填其中一栏，根据对每种食物食用次数的多少选择一项填写平均食用次数。平均每天食用一次以上的食物在“每天”一栏填写，每周食用1~6次的食物在“每周”一栏填写，每月食用1~3次的食物在“每月”一栏填写，每年食用1~11次的食物在“每年”一栏填写，从来不吃的在摄入量栏内填“0”。如调查对象每天吃2次大米饭，每次吃2碗（一小标准碗，合75g大米），即在表格平均每次食用量一栏的“g”这一列记录“150”，在进食次数一栏的“每天”这一列记录“2”。

（2）明显季节性的食物，如调查对象在过去一年中有3个月（6~8月）吃西瓜，每次1000g，平均每周吃3次，即在表格平均每次食用量一栏的“g”这一列记录“1000”，在进食次数一栏的“每年”这一列记录“36”；也可将进食次数进行折算，一年中有3个月吃西瓜，每周3次，也就是年平均每月吃3次，所以在进食次数一栏的“每月”这一列记录“3”。季节不明显，但夏季多一些，冬季少一些，如玉米及一些水果，可平均后填写“次/月”。

（3）便于计算食物的重量，可参照附表的食物重量折算表，表中给出了常见的食物餐具及不同大小的食物所代表的重量。（表6-4）

如：小标准碗：1碗米饭=75g大米的生重

大标准碗：1碗米饭=150g大米的生重

杯子：250ml容积

标准盘：一盘炒蔬菜合生重1斤

（4）在主食类一表，应把同类食品合在一起计算。

（5）水产品中淡水鱼类和海水鱼类的名称按调查对象的喜好习惯从下面的注释中选择填写。

（6）蛋类摄入量以个数为准。

（7）蔬菜及鲜豆类的摄入量，首先询问调查对象在过去一年中食用蔬菜（不分种类）的频率和平均每次食用量。

（8）食用油和调味品的摄入量以家庭为单位按月询问。由全家食用量折合成个人食用量。家庭成员是指在一起同吃同住的所有人员。

表6-4　食物重量折算参照表

食物名称	单位	重量（生重）g	备注
大米饭	1小标准碗	75	碗直径12 cm
	1大标准碗	150	碗直径16 cm
大米粥	1小标准碗	30	
	1大标准碗	50	
	1大标准碗	120	
馒头	1个	100	自制品需看大小折算
湿切面	1大标准碗	150	每500g湿面折合面粉400g
	1小标准碗	100	
干切面	1大标准碗	100	干面条按面粉重量计算
	1小标准碗	75	
包子	1个	50	小笼包：3~4个／50g
饺子	平均6个	50	面粉重量，不包括馅
馄饨	9~10个	50	面粉重量，不包括馅
油条	1根	50	
油饼	1个	70~80	
炸糕	1个	50	江（糯）米粉35g，红小豆15g
豆包	1个	50	面粉35g，红小豆15g
元宵	3个	50	每个含糖3g
烧饼	1个	50	
鸡腿	1个	约220	含骨头
鸡翅	1个	约200	含骨头
广式香肠	1根	约27	
炒蔬菜	1标准盘（9寸盘）	约500	指白菜、油菜、豆角、藕片等的生重
牛奶	1标准杯	约250	
酸奶	1标准杯	约250	指固体类发酵奶，非酸奶饮料
奶粉	1标准勺	10	
鸡蛋	1个	60	
鸭蛋	1个	70	
鹌鹑蛋	5个	50	
豆腐脑、豆浆	1小标准碗	约250	
	1大标准碗	约300	
啤酒	1标准杯	250	

续表

食物名称	单位	重量（生重）	备注
		g	
花生（带壳）	1小标准碗	约120	
花生仁	1小标准碗	约200	
栗子	10个	50	
核桃（带壳）	3~4个	50	

（四）记账法

1. 定义

记账法是最早、最常用的膳食调查方法，适用于有详细账目的集体单位（食堂）的膳食调查，通过记录或称量一定时期内的食物消耗总量，并根据同一时期进餐人数，计算每人每日各种食物的平均摄入量（表6–5）。

2. 方法

在集体伙食单位如果不需要个人的数据，只要平均值可以不称量每人摄入的熟重，只称量总的熟食量，然后减去剩余量，再被进餐人数平均，即可得出平均每人的摄入量。

表6–5　运动员膳食调查表（记账法）

就餐总人数：其中运动员：　教练员：　其他人：　调查日期：　年　月　日至　年　月　日

食物名称	调查前结存量（kg）（1）	调查期间购入量（kg）（2）			调查结束时剩余量（kg）（3）	食物总消耗量（kg）（1）+（2）–（3）	平均每人每天消耗量（g）	备注
		第1天	第2天	……				

这种方法可以调查较长时期的膳食，如1个月或更长。该方法耗费人力少，适于食堂的调查，如果食物消耗量随季节变化较大，不同季节内多次短期调查的结果比较可靠。具体方法如下：

（1）食物消耗量的记录

开始调查前称量食堂库存的食物（包括库存、厨房、冰箱内的所有食物），然后详细记录每日购入的各种食物和每日各种食物的废弃量。

在调查周期结束后要称量剩余的食物量（包括库存、厨房、冰箱内的所有食物）。

为了记录的准确性，应对食物的名称及主要配料详细记录。

将每种食物的最初库存量，加上每日购入量，减去每种食物的废弃量和最后剩余量，即为调查阶段所摄入的该种食物总量。

在调查过程中，注意要称量各种食物的可食部。根据需要可以按照食物成分表中各种食物的可食的百分比转换成可食部数量。

（2）进餐人数登记

记录每日每餐进食人数，然后计算总人日数。

就餐人日数代表被调查者用餐的天数，一个人吃早、中、晚3餐为1个人日。

在实际调查中，不一定能收集到整个调查期间被调查者的全部进餐次数，应根据餐次比（早、中、晚3餐所摄入的食物量和能量占全天摄入量的百分比）来折算。

（3）平均每日食物摄入量的计算

将调查对象在调查期间所消耗的各种食物量被人日数除所得的平均食物摄入量，要求算成千克数，以便用食物成分表计算平均能量及营养素的摄入量。

3. 优点与缺点

（1）优点

操作较简单，所用费用低，人力少，可适合大样本。

在记录精确和每餐用餐人数统计确实的情况下，能够得到较准确的结果。

与其他方法相比较，可以调查较长时期的膳食，适合于进行全年不同季节的调查。

伙食单位的工作人员经过短期培训可以掌握，能定期自行调查。

（2）缺点

调查结果只能得到集体中人均的摄入量，难以分析个体膳食摄入状况。

（五）化学分析法

1. 定义

化学分析法是通过在实验室进行化学分析，测定调查对象1日内全部食物的营养成分，准确地获得能量和各种营养素的摄入量。

食物中的一些具有生物活性的成分，如类胡萝卜素、类黄酮、植物源雌激素等，这些数据在食物成分表里查不到，需要进行化学分析法测定。

2. 方法

样品收集方法有两种。

（1）双份饭菜法

制作两份完全相同的饭菜，一份供食用，另一份作为样品分析，这种方法最准确。

（2）收集相同成分法

收集整个调查期间消耗的各种未加工的食物或从市场购买相同食物作为样品。

3. 优点与缺点

（1）优点

容易收集样品。

能够最可靠地得出食物中各种营养素的实际摄入量。

（2）缺点

① 在质量和数量上，收集的样品与食用的不完全一致。

② 分析结果仅能得出未烹调食物的营养素含量。

③ 代价高，仅适于较小规模的调查；操作复杂，除非特殊需要精确测定一般不做；目前已很少单独使用，常与其他收集食物消耗量的方法（如称重法）结合使用。

三、运动员膳食调查中的常见问题

膳食评价是了解运动员营养和健康状态必不可少的组成部分。膳食评价的焦点在于获得所有摄入的食物（包括饮料）的种类、数量、烹调方法和摄入时间的最准确的资料。

在评价时常出现的一些重要问题和影响评价准确性的主要因素，包括：误报（过少或过多报告）食物摄入量、被调查者正确提供资料的能力、食物摄入的描述、所有零食和饮料的报告、选择合适的评价方法，以及准确评价营养状况所需要的调查取样时间。

（一）误报问题

在进行膳食摄入评价时，误报是一个棘手的问题，表现为在食物回顾、膳食日记和问卷调查时多报或少报。

1. 误报常见问题

（1）发生多报时，运动员所声称的食物摄入量多于实际的摄入量，无论这些食物是否有营养。多报常发生在那些没有按推荐吃水果和蔬菜、社会经济条件较差和饮食失调的人。

（2）从营养成分来看，蛋白质是最容易被多报的。

（3）少报比多报更棘手。超重的运动员最容易出现少报的问题。最常出现的情况是总能量、碳水化合物和高脂肪食物摄入的少报。

（4）女性误报的情况通常比男性多10%。有体重问题和体重限制项目的运动员容易出现总能量摄入的误报。

2. 如何减少误报

不准确的膳食摄入资料会引起很多问题并导致膳食摄入分析结果错误。因此，如何发现并纠正误报非常重要。

（1）依赖于调查人员面谈和回顾报告的能力。以往的经验、积极主动的详细提问，以及在某种程度上有效引导被调查者恰当回忆并记录食物摄入量都会提高准确性。调查人员还需获得运动员的日常膳食摄入情况而非仅仅一天的膳食摄入。日常膳食摄入是几天中的每日膳食摄入的综合，应同时包括平日和周末的情况。

（2）纠正膳食分析不准确的方法包括对尿液等生物指标进行检测及双标水技术的应用。这些检测方法可用于确定特定营养素的营养状况。尿液生物指标能确定蛋白质、钠和钾的状况。这些营养素的24h尿液分泌情况也能反映不同体力活动水平的人的能量摄入，而这是能量消耗和能量摄入的重要决定因素。双标水技术也是测量能量消耗的方法，可与膳食摄入记录数据联合使用，进行能量摄入和消耗的比较，并判断是否发生多报或少报的情况。但这些方法花费昂贵，难以对大样本人群实施。对有特殊问题的人及需要特别关注健康和饮食的运动员最好能使用这些评价方法。

（二）零食问题

1. 重要但是容易出误差的环节

了解零食摄入是完整的膳食评价的重要方面。在通过食物回顾、膳食日记和问卷调查进行膳食评价时，零食的摄入对全部能量和营养素摄入量记录的准确性至关重要。零食种类和数量少报的情况经常会发生。

2. 对运动员有重要意义

相对于普通人，运动员每日总能量摄入约1/3是通过零食获得的。运动员摄入较多的零食是为了适应训练时高能量消耗和能量需要。在能量消耗很大的运动员的日常膳食中，摄入零食很重要，要确保在膳食评价时包含这部分零食。

3. 合理安排零食种类和数量

根据训练和比赛的时间表来安排摄入有营养的零食，对运动员的健康和运动能力是有利的。任何时候都不能用零食代替正餐，只能作为一种膳食的补充食物，真实准确地报告零食的摄入情况很重要。

（三）报告坦率性的影响因素

1. 为确保得到准确的膳食评价，需考虑的基本因素之一是运动员与调查人员之间的关系。运动员感觉越舒服，应答程度就越高，越愿意报告摄入的食物种类和数量。

2. 要注意运动员的文化背景、社会经济状况、风俗习惯、宗教信仰和膳食行为。

3. 调查人员还须充分认识到一些下意识的负反馈作用，无论是面部表情、评论还是行为都可能使运动员感觉不舒服，导致其不愿意在接下来的评价中准确报告资料。只有采用恰当的技术和指导说明，才能确保准确性。

（四）评价的时间范围

1. 采用食物记录法和24h膳食回顾法，需要不只1次的记录才能准确和可靠地评价宏量营养素和能量的状况。

2. 建议1年内至少进行4次24h膳食回顾调查，最好每个季度进行1次。

3. 3~4天的每日膳食摄入记录是比较恰当的，虽然每增加1天的记录，准确性会增加，但最多只能增加到7天。如果时间再长的话，错报和不报的情况就会增加。

四、与运动员食物摄入量评价相关的其他问题

为了全面地综合评价运动员的膳食营养状况，须特别注意训练周期、液体摄入、营养补剂使用和体重管理等相关问题。运动员经常忽视这些问题的重要性，并在报告膳食摄入时未对这些问题加以考虑。调查人员需要向运动员详细了解这些问题，判断是否对运动员的膳食摄入产生了影响。

（一）评价的周期性

1. 评价的时间点

（1）一般来说，人们每日的食物和饮料摄入都不相同，即使平日的饮食方式基本相同，在周末也会发生一些变化。因此，多日的膳食记录至少需包括1天的周末饮食。

（2）由于不同季节的食物供应情况差异明显，最好在不同季节分次进行膳食评价，一般每季度要进行1次，至少应在春冬和夏秋各进行1次。

（3）有些运动员还可能进行较长时间的异地训练（如冬训、夏训、赛前集训等），由于不同地区的食物供应情况有明显差异，因此也需要对不同训练地点进行膳食评价。

2. 训练阶段

（1）在对运动员进行膳食评价时，需要同时考虑训练阶段，不同的训练阶段对膳食要求有所不同，所以应收集运动员在不同训练阶段的膳食摄入数据，每一个阶段都要有相应的膳食模式。

（2）需要了解运动员是否能遵守膳食建议，评价这些建议对保持运动员健康以及满足训练和比赛中能量和营养素的需要是否有效，并结合训练阶段进行考虑，不注意运动员的训练周期会导致对膳食评价的错误解释。

（3）在运动员的膳食营养评价中，在赛季内、外和赛前、赛后都要进行运动员膳食营养评价，因为每一个阶段运动员的营养需求都是不同的。

（4）为确保在每个周期都有合适的膳食评价并收集膳食摄入数据，需要熟悉不同项目训练的周期性、比赛安排，以及不同训练或比赛周期所对应的特殊膳食要求。

（5）训练周期由不同的训练阶段组成，包括准备阶段、竞赛阶段、休整和过渡阶段，

根据运动项目的要求和比赛日程表的需要组合应用。

4. 训练周期

（1）训练的阶段划分

全年训练一般分为3个主要阶段：准备阶段（大负荷量周期、之后的恢复周期和最大能力培养周期），比赛阶段（运动能力高峰周期）和过渡阶段（体能训练周期和恢复周期），按照这样的方式进行训练，运动员可以在赛季达到最高运动水平。不同的训练周期中运动强度和内容不同，营养需求也不相同。为了对运动员进行有针对性的营养状态评价，在不同的训练或比赛阶段都要进行运动员膳食营养评价。需要注意是，有些项目运动员全年都要参加比赛，而另一些项目中只是在一个赛季阶段集中进行比赛。

（2）项目特点

有些项目是全年都有比赛（如职业网球、职业篮球），有些只是在某些季节进行比赛（如田径、足球），这些项目有训练、赛前和赛后阶段，这两种运动项目的能量和营养素需求差别很大，要求运动营养师进行营养评价时考虑这些差异，有与项目和比赛相适应的合理的不同营养计划。同样，个人项目（如网球）与团体项目（如足球）相比，运动员的能量消耗和营养素需要也有不同的要求。

（3）食物的阶段性

膳食阶段性指与运动员在不同的训练阶段相一致的膳食宏量营养素的变化。这种变化在训练中对能量的供应产生影响，特别是在大负荷训练阶段，从而影响运动能力。如，建议长跑运动员在大强度训练周期（赛前、冬训）中通过糖原填充法增加肌糖原储备量，提高承受训练负荷提供物资准备。

（二）运动营养品

运动员使用营养补充品的目的是为了保持健康或提高运动能力。运动员会因为一些体力、精神的应激因素而影响其健康状况和营养需求，特别是进行大强度训练的运动员，由于身体疲劳会导致摄入足够的食物发生困难，不能保持健康的饮食，最终损害身体健康和运动能力。

1. 很多运动员经常使用一种或多种营养补充品。因此，应熟悉运动员可能使用的营养品，以便更准确地进行膳食营养评价并了解营养补充品对运动员健康的影响。

2. 在对运动员进行膳食评价时，所有补充的维生素和矿物质及其他营养补充品都必须作为额外摄入的营养素考虑在内，不仅用于营养评价和分析，也需了解可能出现的与其他食物或营养品的相互影响（如碳水化合物摄入对能量物质比例的影响）。

3. 运动员普遍使用蛋白质和氨基酸补充品，其中含有的营养素和能量需列入运动员营养评价之中。

（三）体重管理

1. 不同运动项目的运动员有特有的体成分特点，并且也会影响比赛成绩。许多项目的教练员和运动员（如摔跤和体操）通常认为减少体脂或体重有好处，一般是基于个人以往的经验、直觉或对观察到的成功的运动员的盲目相信。因此，在运动员努力达到理想体型的过程中，经常会发生膳食营养不平衡、不规范或严格限制饮食方式，进而造成脱水、营养素不足或发展为饮食障碍。

2. 进行运动员膳食评价时，应熟悉具有项目特点的营养需求、体成分标准和运动员对理想体型的观念，以便尽可能进行符合运动项目特点的有效膳食评价。通过对膳食评价结果的解释可揭示运动员膳食中存在的问题。

3. 对这些运动员需要经常进行有计划的膳食评价，以清楚地了解他们的膳食行为，提供早期的营养咨询和营养干预，防止出现饮食障碍的风险。

（四）液体摄入量与运动员身体水合状态

对运动员液体摄入的评价可帮助监控液体摄入推荐是否充足。

1. 大多数运动员在训练中没有摄入足够的液体，不能补足出汗丢失的液体，这样会带来严重的后果，影响健康和运动能力。

2. 通过膳食回顾或食物记录对液体摄入进行评价可能不够准确，因为运动员通常可能少报液体的摄入量。最主要的原因是在训练和比赛中进行液体定量和确定饮料的成分比较困难。需要注意的是，运动员摄入的运动饮料（其中包括碳水化合物和电解质）与水是有区别的。运动员可能忘记了摄入液体的时间和数量，导致在膳食记录中少报了液体摄入。另外，与膳食中摄入的液体相比，在两餐之间摄入的液体很容易被忘记报告。

3. 实用的评价运动员水合状态的方法是测量体重变化，同时测试晨尿比重。这些方法简单易行、花费较少、能较准确地反映正常水合状态，很适合运动员采用。较长时间的能量不平衡会导致体脂和瘦体重的变化，表现出体重的明显变化，限制了这种方法在水合状态评价中的应用。在这种情况下，要将体重测量方法与其他评价水合状态的方法（如尿比重测试）结合应用，以区分水和组织的丢失。

4. 提示脱水的尿液指标包括：尿量减少、尿比重增加、尿渗透压增高和尿液颜色变深。这些指标简单易测，测试晨尿（经过1夜禁食，晨起的第1次尿）能可靠地区分正常水合与脱水状态。

5. WUT评价法

（1）在运动员进行日常的身体水合状态自我监控中，还有一种简单的方法可以使用，这种方法简称为WUT方法。这种方法联合使用3个简单的指示水合状态的标记：体重（Weight）、尿液（Urine）和口渴（Thirst），3个方面中任何1个都不能证明发生了脱水，但是任何2个联合使用可以指示可能发生了脱水，如果3个方面的情况都出现则说明很有可能发生了严重的脱水。当使用这一方法怀疑产生脱水，并且在摄入推荐的液体后还不能达到正常水合状态，就需要进一步进行其他测试。

（2）在WUT评价方法中，体重是早晨起床后称量的净体重。一天之内体重丢失超过1%，提示可能发生脱水，即相当于70kg体重的运动员在连续的2天之间丢失体重0.7kg。运动员可以将这一信息与尿液的变化和口渴程度相结合，得到更为确定的脱水范围；第二个评价指标是尿液，从尿液得到的脱水的指示是每日晨起初尿的颜色深浅和每日小便的次数，同样，运动员应该将尿液的相关信息与体重变化和口渴结合在一起来判断身体脱水的可能性；WUT评价方法中最后一个指标是口渴，存在口渴表明脱水和需要喝水，因此，如果运动员感到口渴，就应该同时考虑体重的变化和尿液测试，来进一步确定是否确实存在脱水。

五、运动员膳食的分析

食物摄入分析的基础是不断升级的食物营养成分数据库和营养分析软件。全面准确的数据库是准确评价膳食的前提；软件的功能特点，如界面、输入食品及其数量的方便性、数据库是否开放、分析报告的能力、硬件要求、统计功能、价格等都会影响膳食分析软件的选择。

（一）食物营养成分数据

食物营养成分数据是一个国家重要的公共卫生数据和营养信息资源。食品成分表是规范的记录食品成分含量的表格。进行膳食调查，对居民膳食状况进行评价，是食物成分数据的一项重要用途。目前我国最新的食物成分表是《中国食物成分表（第一册）》（2009，第2版）和《中国食物成分表（第二册）》（2004，第1版）。

尽管食物中仍有许多成分还未被人类所认识或无法测定，很多食物尚没有基本成分的数据资料。但不断更新完善的《中国食物成分表》是我们了解人群营养状况、评价膳食营养质量、设计和实施营养改进计划必需的基础。

（二）营养分析软件

在过去相当长的一段时期内，由于缺乏有效实用的手段，营养分析和膳食指导往往需要由专业人士来实施，而且复杂、繁琐、耗时、粗略。这在某种程度上限制了对合理营养的追求。随着个人电脑的普及、软件技术和互联网的发展，产生了各种各样的以食物成分数据为基础的“营养软件”，极大地提高营养分析和膳食指导工作的效率和效果。

1. 营养分析软件的基本功能

（1）营养计算：包括食物摄入量和营养素摄入量的计算。

（2）营养查询：包括营养素查询（食物中的营养素含量）；食物查询（含某种营养素多或少的食物）；“中国居民膳食营养素参考摄入量（DRIs）”查询；“中国居民膳食指南建议摄入量”查询等。

（3）营养分析和评价：包括蛋白质、脂肪和碳水化合物提供的能量分别占总能量的百分比；一日三餐的供能比；平均每日各种营养素摄入量占“中国居民膳食营养素参考摄入量（DRIs）”的百分比；各种营养素分别来自动物性食物、植物性食物的百分比；各类食物摄入量与“中国居民膳食指南建议摄入量”的比较等。

（4）营养配餐：根据需要配制三餐食谱，搭配平衡膳食。

2. 适合运动员营养分析的软件需考虑的问题

（1）根据“推荐的中国运动员膳食营养素和食物适宜摄入量”进行营养分析和评价。

（2）建立“体力活动能量消耗数据库”，将摄入的食物和体力活动的信息结合在一起，分析能量平衡状态，为运动员的体重管理提供参考。

（3）建立“食物血糖指数和血糖负荷数据库”，为运动员合理摄入碳水化合物提供参考。

（4）建立“膳食补充品营养数据库”，得到营养补充品的营养素成分信息，评价食品的营养素和非营养素成分对运动和健康的益处以及预防疾病的辅助作用。

（5）应允许在软件下拉菜单中添加新的食品和对应的营养素含量，这种设置有利于在运动员营养评价中添加新食物，因为运动员经常摄入数据库食物选择中没有的食品，如新的能量棒和能量产品。

（三）运动员膳食分析的参考标准

对个体膳食评价的核心是比较其日常摄入量和需要量。在任何情况下一个人的真正需要量和日常摄入量只能是一个估算结果，对个体膳食适宜性评价都是不精确的。正确描述摄入量资料和恰当选择参考值对评价有重要意义。

对结果进行解释需要谨慎，需结合该个体的具体情况进行分析，如训练安排、体格检查或生化测定结果进行综合评价，以确定某些营养素的摄入量是否足够。

1. 运动员每日总能量供给推荐量

根据运动项目的特点，运动员每日总能量供给推荐量可分为五个等级（表6-6）。

表6-6 运动员每日能量供给推荐量

等级	运动项目	能量需要量（kcal）
一	棋牌类	2000–2800（平均2400）
二	跳水、射击（女）、射箭（女）、体操（女）、垒球	2200–3200（平均2700）
三	体操（男）、武术（女）、乒乓球、羽毛球、短跑（女）、跳远（女）、跳高、举重（<75kg体重）、网球、手球、花样游泳、击剑、射箭（男）、速度滑冰、柔道（女）	2700–4200（平均3500）

续表

等级	运动项目	能量需要量（kcal）
四	花样滑冰（男）、中长跑、短跑（男）、跳远（男）、竞走、登山、射击（男）、篮球、排球、足球、冰球、水球、棒球、曲棍球、游泳（短距离）、高山滑雪、赛艇、皮划艇、自行车（场地）、摩托车、柔道（男）、拳击、投掷（女）、沙滩排球（女）、现代五项、武术（男）、越野滑雪、举重（>75kg体重）、马拉松	3700~4700 （平均4200）
五	游泳（长距离）、摔跤、自行车（公路）、橄榄球、投掷（男）、沙滩排球（男）、铁人三项	≥4700

2. 每日能量供给量的计算

运动员每日总能量消耗量的个体差异很大，要想尽量准确确定运动员个体每日总能量推荐值需采用以下方法：

（1）在运动员体重相对稳定的情况下，对运动员摄入的食物进行为期3~5天的称量。

（2）计算出的能量摄入值加减10%所得的能量摄入范围即为该运动员每日总能量供给推荐值。

（3）对于有减体重和控体重要求的运动员，不能完全套用以上标准，而应该做个性化的安排。

（4）在运动员处于训练最佳体重期时进行一次基础水平的膳食营养调查，然后以这一次调查所得到的能量摄入值为基础，根据控体重和减体重的数量和速度的需要确定控体重和减体重期的能量摄入。

3. 运动员每日三餐及加餐能量分配比例

为保证全天的训练和比赛，运动员一日三餐的能量供给也要合理安排。

（1）早餐：为保证上午的训练质量，运动员应该有一个营养素齐全的早餐并提供25%的能量。

（2）午餐：午餐能量应占35%~40%，这有利于下午的训练。

（3）晚餐：晚餐后运动员主要是休息，能量的比例不要超过30%。

（4）加餐：训练中加餐的总量虽所占的比例很小（仅占5%~10%），但对训练质量的保证至关重要。

4. 运动员每日维生素和矿物质供给推荐量

维生素和矿物质不产生能量，但它们是机体代谢所不可缺少的物质。某些维生素和矿物质的缺乏，将影响运动能力。运动员每日维生素和矿物质供给推荐量见表6-7、表6-8。

表6-7 运动员每日维生素供给推荐量

维生素（单位）	维生素A（μgRE）	维生素B_1（mg）	维生素B_2（mg）	维生素C（mg）	烟酸（mg）	维生素E（mg α-TEs）	维生素D（μg）
推荐量	1500	3~5	2~2.5	140	20~30	15~20	10~12.5

表6-8　运动员每日矿物质供给推荐量

矿物质 （单位）	钾（K） （mg）	钠（Na） （mg）	钙（Ca） （mg）	铁（Fe） （mg）	锌（Zn） （mg）	硒（Se） （μg）
推荐量	3000~4000	<5000	1000~1200	20~25	20~25	50~150

（四）合理的膳食模式

中国居民膳食指南与平衡膳食宝塔提出了一个营养上比较理想的膳食模式，可以根据该膳食模式数据对人群的膳食模式进行评价。平衡膳食宝塔共分5层，谷类食物和水位于底层，蔬菜和水果占第二层，鱼、肉、禽、蛋等动物性食物位于第三层，奶类和豆类合占第四层，第五层塔尖是油脂类。运动员平衡膳食的原则与中国居民平衡膳食宝塔的膳食模式基本一致（表6-9）

表6-9　平衡膳食的原则

中国居民	运动员
油：25~30g 盐：6g	油：30g 盐：8~10g
奶及奶制品：300g 大豆类及坚果：30~50g	奶及奶制品：500g 大豆类及坚果：50g
畜禽肉：50~75g 鱼虾：50~100g 蛋类：25~50g	畜禽肉、鱼虾、蛋类：300~400g
蔬菜：300~500g 水果：200~400g	蔬菜：500g（其中绿叶菜占60%） 水果：500g（其中柑橘类占50%）
谷类薯类及杂豆：250-400g 水：1200ml	主食：500g（其中米和面粉共占80%、粗杂粮占20%） 精制糖或其他高糖食物：25~50g 饮料：500~1500ml 果汁：200ml

第二节　运动员的人体测量学评价

一、体格测量

体格测量是评价人体营养状况的主要手段之一。从身体形态和人体测量资料中可以较好地反映营养状况，体格的大小和生长速度是营养状况的灵敏指标。这对青少年运动员尤为如此。常用指标包括：身高、体重和围度。

体格测量的优点包括：（1）方法简便、安全，容易实施。（2）测量工具简单、容易操作、费用低廉。（3）测量结果比较准确。（4）测量指标的敏感性及代表性好。（5）测量方法规范。（6）既适用于个体评价，也适用于群体评价。

（一）身高和体重

1. 身高和体重的测量是体格测量的主要内容。按年龄的身高偏低，表示较长期的慢性营养不足或缺乏；而按身高的体重偏低，表示较急性的营养不足或缺乏。

2. 体质指数（BMI）是评价18岁以上成年人群体营养状况的常用指标。它不仅较敏感反映体型胖瘦程度，而且与皮褶厚度、上臂围等营养状况指标的相关性也较高。BMI的计算公式为：BMI=体重（kg）/身高^2（m^2）。我国成年人体重分类见表6-10。

表6-10　成年人体重分类

分类	BMI（kg/m^2）
体重过低	<18.5
体重正常	18.5~23.9
超重	24.0~27.9
肥胖	≥28.0

（二）围度

1. 上臂围

（1）上臂围可以反映营养状况，它与体重密切相关。利用上臂紧张围和上臂松弛围二者之差，表示肌肉的发育状况。此差值越大说明肌肉发育状况越好，反之越小说明脂肪发育状况良好。成年人上臂围的标准值（平均值）为：男性27.5cm，女性25.8cm。

（2）上臂围测量值与标准值的百分比小于60%提示严重营养不良，介于60%~80%之间提示中度营养不良，介于80%~90%之间提示轻度营养不良，大于90%提示营养状况正常。

2. 腰围和腰臀比（腰围/臀围，WHR）

腰围和腰臀比可以间接反映人体脂肪状态。成年人腰围的正常值：男性<85cm，女性<80cm。成年人腰臀比的正常值：男性<0.9，女性<0.85；超过此值为中心型肥胖。成年人中

心型肥胖分类见表6-11。

表6-11 成年人中心型肥胖分类

分类	腰围值（cm）
中心型肥胖前期	85<男性腰围<90
	80<女性腰围<85
中心型肥胖	男性腰围≥90
	女性腰围≥85

二、体成分测量

人体由骨骼、肌肉、脂肪等组织和内脏器官组成，人体的体重是这些组织重量的总和。根据生理功效的不同，常把体重分为脂肪重（体脂）和去脂体重（瘦体重）。

生长发育、年龄、营养状况、体育运动和疾病等因素对体成分的影响很大。

对运动员来说，保持体成分的合理比例非常重要。体脂比重过大机体做功能力相对就小，还会影响体内某些物质的代谢（尤其对女性）。

体脂百分数（%）=脂肪重量÷总体重×100。成年男性的体脂百分数一般为14%~16%，成年女性的体脂百分数一般为20%~22%。成年人体脂水平（%）分级见表6-12。

表6-12 成年人体脂水平（%）分级

体脂百分数分级	男性	女性
体脂过少	<5	<9
良好	6~14	10~19
可接受	15~17	20~24
脂肪过多	18~19	25~29
肥胖	>20	>30

体成分主要应用于判断运动表现、评估和监控生长、监控训练以及在按体重分级的项目判断理想的体成分。体成分的数据还应用于那些需要增加肌肉质量或减少脂肪水平的运动员以监控体重和体脂的变化。常用测定方法有皮褶厚度法、水下称重法、阻抗法、空气置换法。

（一）体成分与运动表现

体成分和体重是取得最佳运动成绩的两个重要因素，可影响运动员在特定运动项目中成功与否。体重可影响运动员的速度、耐力和力量，而体成分则能影响运动员的力量、敏捷性和外观。多数运动员追求高的“力量/体重比”以达到最佳运动表现。由于脂肪增加使体重增加而不能增加力量，所以许多项目要求运动员保持较低的体脂率。但是，体脂率太低会损害健康和运动表现。

仅靠体重和体成分，不能准确预测运动成绩，因为影响体成分的因素很多。一些运动员改变体重和体成分，并不能提高运动成绩。运动员“最佳”体成分的确定主要取决于是否能改善运动表现。对某些运动项目来说，运动员的最佳健康体重和体成分与比赛所需要的“最佳”体重和体成分差异很大。这些项目需要运动员改变体重和体成分，但对运动员的健康来说，这样做并不是最好。以体重划分比赛级别的项目（如：举重、柔道、摔跤、跆拳道、轻量级赛艇）可能需要运动员减去或增加体重以符合参赛级别的要求。有审美成分的项目（如：体操、艺术体操、蹦床、跳水、花样滑冰）可能要求运动员为拥有较瘦的体型而减去体重和脂肪，虽然以健康和运动表现来说，他们的体重也许已是最佳的。以极端限制能量的方法来减去肌肉和脂肪重量可严重影响运动表现并有损运动员的健康。因此，最佳的比赛体重和体脂率应有利于运动员的健康和最佳表现。

（二）运动员的体成分

运动员的体脂率范围很大，与性别及运动项目有关，没有一个标准水平。男性和女性维持身体健康的最低体脂率分别约为5%和12%，但对某一运动员来说，理想的体脂率可能远远高于这些最低值，需要依据个体情况进行判断。运动员不应过度去维持体重或体脂水平，使体脂率低于最低水平，否则会增加饮食失调或其它与能量和营养摄取量不足有关的健康问题。

个性化地评价运动员的体成分、体重或体型有益于提高运动能力。年龄、性别、遗传及运动项目的特殊要求都是影响运动员体成分的因素。保持健康并发挥最好运动能力时的体重和体脂率才是运动员“理想”的体成分。

用于评价体成分的方法和仪器必需考虑其可行性和费用。在实践中，并非所有方法都符合这一标准。另外，所有测量方法都存在误差，为运动员设定一个特定的体脂率目标是不恰当的，但可为运动员推荐一个体脂率范围。以下列举了一些项目运动员的体脂率。

1. 男运动员的体成分

体脂率最低（低于6%）的运动员包括中长跑和健美运动员。篮球、自行车、体操、短跑、跳跃项目、铁人三项和摔跤运动员的平均体脂率为6%~15%。力量性运动，如足球、橄榄球、冰球和曲棍球运动员的体脂率差别较大，为6%~19%。

2. 女运动员的体成分

体脂率最低（6%~15%）的运动员包括健美、自行车、铁人三项和径赛项目的运动员。体脂率较高（10%~20%）的运动员包括滑雪、足球、游泳、网球和排球等项目的运动员。

（三）体成分的测量方法

直接和间接测量身体成分的方法很多，每种方法都有其适用范围和特殊性，又有一定的局限性。不同的方法分析的身体成分内容既有交叉又有区别。

1. 测试原理

体成分的评估是将身体划分成不同的成分模式，并使用不同的测量技术而得到结果。二组成分模式是将身体划为脂肪重量（体内所有油脂）和非脂肪重量（减去脂肪后的体重）。典型的二组成分模式是应用水中密度法（水下称重法）或体积扫描技术（BODPOD）来进行测量。多组成分模式是将身体划分为三组或三组以上的成分，如三组成分模式是将身体划分为脂肪重量和两组非脂肪重量（骨矿物质和瘦组织）。典型的三组成分模式是利用双能量X线骨质密度测量仪（DEXA）来测量。采用多组成分模式来评估体成分的结果更为准确。

2. 皮褶厚度测量

皮褶厚度是衡量个体营养状况和肥胖程度较好的指标。目的是测量人体脂肪含量和分布。其原理是皮褶厚度反映人体皮下脂肪含量，与全身脂肪含量具有一定的线性关系，可推算全身的脂肪含量并反映皮下脂肪的分布情况。测量仪器为皮褶测量仪。测定部位有上臂肱三头肌部、肱二头肌部、肩胛下角部、腹部、髂嵴上部、大腿部、腓肠部等七个部位，其中肱三头肌部、肩胛下部和腹部三个部位最重要，可分别代表肢体、躯干、腰腹等部分的皮下脂肪堆积情况，对判断肥胖和营养不良有重要价值。

根据不同部位、性别和年龄，在计算总脂肪含量时选择适当的推算公式。由于会增加误差，通常不建议将皮褶厚度值转变为体脂百分数，最好是用几个部位的皮褶厚度总和来监控和比较体脂。（表6-13）

表6-13　七个部位的皮褶厚度总和（mm）

人群	性别	很好	好	平均	平均以下	差
普通人	男	60~80	81~90	91~110	111~150	>150
	女	70~90	91~100	101~120	121~150	>150
运动员	男	40~60	61~80	81~100	101~130	>130
	女	50~70	71~85	86~110	111~130	>130

皮褶厚度测量法作为一种快速简便的评价体脂水平的方法，其优点是测量方法相对简单，便于进行大量人群的调查，适用于对大多数运动员进行测量。皮褶测量结果的误差主要来源于粗劣的测量技术、维护不良的仪器和使用不恰当的推算公式。由于测量者对解剖位置的确定存在差异，测量手法也不同，这是造成测量误差偏大的主要原因。为减少测量误差，每次测量都需由技术熟练的专人进行操作。

3. 生物电阻抗法

采用生物电阻抗法测量去脂体重和体脂含量。其原理是：假设人体为圆柱体，具有电传导的特征，将人体作为导体，根据欧姆定律以及低压交流电通过人体时产生的生物电阻抗与电流的频率之间的关系，确定生物电阻抗与去脂体重和体脂含量的相关性。测量仪器为生物电阻抗仪和各种以此为原理的身体成分分析仪。测量结果为人体的电阻抗和电容抗，同时结合人体的身高、体重、年龄、性别等参数利用回归方程计算去脂体重和体脂含量。可评价瘦体重，经常在运动员中应用。饮食、水合、种族和健康状况会影响结果，检测结果的有效性还有赖于被测者和操作者是否按照正确的程序进行。

4. 水下称重法

作为密度法的一种，水下称重法可以测量体脂含量和去脂体重。其原理是：假设人体组成可划分为脂肪和去脂组织两个部分，二者的密度不同。根据阿基米德定律，通过水下称重的方法测量人体的体积，计算身体密度，运用公式推算去脂体重和体脂含量。测量仪器为水下称重测量系统。其优点是准确性高，被作为标准方法；缺点是对仪器要求高，方法复杂。

5. 其他方法

包括DEXA、BODPOD、双标水法等，这些方法更加准确，但因费用过高和不易实施而未被广泛采用。

（四）测量误差

任何测量体成分的方法的合理性取决于与标准方法相比较的准确性和可靠性（重复性）。DEXA和水下称重法是目前公认的评估运动员体成分的标准方法。无论采用何种方法，都存在体成分评估的误差。

规范地采用皮下脂肪（皮褶厚度）或BIA测量的相对体脂率误差约为3%~4%，非脂肪重量误差在2.5~3.5kg之间。如实际体脂率是15%，假设测量误差为3%，则测量值范围为12%~18%。如实际非脂肪重量是50kg，假设测量误差为2.5kg，则测量值范围为47.5~52.5kg。如果使用不合适的测量方法、测量技术粗劣或测量设备未经校准，则评估体成分的误差将会更大。

第三节　运动员的能量消耗评价

一、目的和意义

（一）目的

体力活动使能量代谢加快，满足能量需求是运动员膳食首要的营养目标。

（二）意义

1. 能量平衡是维持瘦体重、正常免疫、生殖机能和取得最佳运动成绩的基础。

2. 运动员日常摄入的能量应满足身体的直接需求（身体机能、活动和生长发育）和能量储存的需要。

3. 能量储存与运动能力关系密切，主要表现在体格和体质（体脂和肌肉质量）、身体机能（肌肉质量）以及运动供能（肌糖原和肝糖原）等方面。

（三）影响因素

1. 能量的摄取主要来源于食物、饮料和营养补充品。能量总的消耗量包括基础代谢、食物生热、运动性活动生热和非运动性活动生热作用。能量平衡是指能量总的摄取量等于能量总的消耗量的一种状态。

2. 不同类型运动的能量消耗取决于运动持续时间、运动频率和运动强度，以及性别和先前的营养状况。

3. 遗传、年龄、性别、体型、瘦体重也影响能量的消耗量。运动消耗能量越多，需要摄入越多的能量以达到能量平衡。表6-13列举了一些影响运动能量消耗的因素。

表6-13　影响运动能量消耗的因素

影响因素	增加能量消耗	减少能量消耗
体重	体重大	体重轻
技术	技术差	技术好
运动频率	频率高	频率低
运动强度	强度大	强度小
运动持续时间	时间长	时间短
季节	赛季	非赛季、冬季
健康状况		损伤、疾病

运动员在进行各种活动时都要消耗能量，不同项目的运动方式和能量需求不同，有些项目还要求在控制体重的情况下保持良好的体力。

确定能量消耗水平是制定运动员膳食营养计划的前提，是运动员合理膳食的依据，是保证运动员良好机能水平和运动能力的基础。因此，准确评价运动员的能量消耗非常重要。

二、能量消耗评价方法

（一）公式推算法

在第四章中列举了运动员的能量消耗计算方法，美国运动医学学会（ACSM）提出的是成年人能量消耗推算公式。大家可根据需要进行合理选择。

男性：662-9.53×年龄+PA×（15.91×体重+539.6×身高）

女性：354-6.91×年龄+PA×（9.36×体重+726×身高）

注：年龄（岁）、体重（kg）、身高（m）、能量消耗（kcal/d）。

PA（体力活动）系数：

1.0~1.39 不运动，一般日常活动（如做家务、走到公交车站）。

1.4~1.59 少运动，一般日常活动+每天适量运动（如以5~7km/h的速度走）30~60min。

1.6~1.89 运动，一般日常活动+每天适量运动60min。

1.9~2.5 运动多，一般日常活动+每天适量运动至少60min+额外剧烈运动60min或适量运动120min。

举例：

一男性羽毛球爱好者，50岁，每周打3次、每次2h双打，体重65kg，身高1.75m，其能量消耗每周是多少？

（二）活动时间记录法

活动时间记录法是应用人体各项活动能量消耗的数据，记录每日各项活动的内容和时间，计算实际活动的能量消耗。

全天活动大致可分为卧床时间、职业活动（运动训练）时间、家务劳动和随意活动、休闲时间。要求详细记录全天的各种活动（表6-14），一般需记录5~7天，再根据各种活动能量消耗数据库（表6-15）来计算每日总能量消耗（表6-16），注意需加上10%的食物特殊动力作用所消耗的能量。

表6-14 一日活动能量消耗调查表

单位：				姓名：					性别：	体重（kg）：			
运动专项：								日期： 年 月 日					
	10	20	30	40	50	60		10	20	30	40	50	60	
5am							2pm							备注
6							3							
7							4							
8							5							
9							6							
10							7							
11							8							
12							9							
1pm							10							

注：1. 睡眠时间在上述活动时间以外。
2. 每1小格为10min。
3. 训练或技术课内容要详细写明，该处不便写时在备注栏内补充。

表6-15 不同体力活动的能量消耗举例

活动类别	具体活动	能量消耗（kcal/h/kg体重）
自行车	>30.5km/h，比赛	15.9
跑步	12km/h	12.4
跳绳	中速，一般	10.0
足球	比赛	10.0
网球	单打	7.8
游泳	自由泳，快（75m/分钟），重度用力	10.9
冰球		7.8
篮球	比赛	7.8
乒乓球		4.0
摔跤	一场比赛5min	5.9
花样滑冰		9.0

更多内容见：Ainsworth BE, Haskell WL, Herrmann SD, et al. 2011 Compendium of physical activities: a second update of codes and MET values. Med Sci Sports Exerc, 43(8): 1575-81, 2011

表6-16 各项活动能量消耗计算表

活动内容	时间（min）	能量消耗（kcal/kg体重/min）	合计（kcal/kg体重）
总计			

（三）便携式能量消耗测定仪

便携式能量消耗测定仪是通过感受器记录运动加速度、皮肤温度、环境温度、皮肤电流反应、心率等参数，采用拟合公式来计算能量消耗，可以计算总能量消耗、安静能量消耗、活动时能量消耗。

便携式能量消耗测定仪体积小、使用方便，可在自由活动状态下测定，给出不同活动情况下运动员的能量消耗数据，除洗澡外，运动员其他训练、日常活动或睡眠时均可佩戴测定，其准确性和重复性较高。

第四节　运动员的生化评价

借助于生化、生理实验手段，发现人体临床营养不良症、营养储备水平低下或过营养状况，以便较早掌握营养失调征兆和变化动态，及时采取必要的预防措施。

一、目的和意义

营养状况的实验室检查与膳食调查、临床检查资料结合进行综合分析，对协助营养缺乏症的诊断、观察病情、制定防治措施等均有重要意义。

生化检验方法的检测样品主要有血、尿等。营养缺乏病在出现症状之前即所谓亚临床状态时，往往先有生理和生化改变，正确选择相应的生化判定方法，可以尽早发现人体营养储备低下的状况。

二、测定方法

基本上可以分为：（1）测定血液中的营养成分或其标志物水平；（2）测定尿中营养成分排出或其代谢产物；（3）测定与营养素有关的血液成分或酶活性的改变；（4）测定血、尿中因营养素不足而出现的异常代谢产物；（5）进行负荷、饱和度及同位素实验。

三、特点

实验室生化检查具有客观、灵敏的优点，常常先于临床缺乏症状之前已有变化，对于人体营养水平的鉴定、营养缺乏症的早期发现与预防治疗，具有重要的价值。成年人各种营养素状况评价的主要生化指标及参考标准见表6-18。

表6–18　各种营养素状况评价的生化指标及参考标准（成年人）

营养素	检查项目	计量单位	正常范围
蛋白质	血浆总蛋白	g/L	60~80
	血浆白蛋白	g/L	35~55
	血浆球蛋白	g/L	20~30
	血浆白蛋白 / 球蛋白		1.5~2.5
	血清运铁蛋白	g/L	2~4
血脂	总脂	g/L	4~7
	血清甘油三酯	mmol/L	0.56~1.7
	血清总胆固醇	mmol/L	2.84~5.68
	血清高密度脂蛋白胆固醇	mmol/L	男：1.14~1.76，女：1.22~1.91
	血清低密度脂蛋白胆固醇	mmol/L	2.07~3.12
	血血清极低密度脂蛋白胆固醇	mmol/L	<0.78
	清载脂蛋白AⅠ	g/L	男：0.96~1.76，女：1.03~2.03
	血清载脂蛋白B	g/L	男：0.43~1.28，女：0.42~1.12
	载脂蛋白AⅠ/ 载脂蛋白B		1.0~2.5
	血酮体	mmol/L	<0.34~0.68
钙、磷	血清钙	mmol/L	2.25~2.75（游离钙1.125~1.375）
	血清无机磷	mmol/L	0.75~1.25
	血清钙 × 磷		>30
	血清碱性磷酸酶	U/L	<40~150
锌	发锌	pg/g	125~250
	血清锌	μg/L	800~1100
	红细胞锌	μmol/10^{10}	180.5~272.8
碘	血清促甲状腺激素	mU/L	2~10
	血清三碘甲状腺原氨酸	ng/mL	70~250
	血清甲状腺素	μg/L	60~80
	尿碘	μg/L	≥100
铁	血红蛋白	g/L	男：120~160，女：110~150
	血清铁蛋白	μg/L	男：15~200，女：12~150
	血清铁	μmol/L	男：13~31，女：9~29
	血清运铁蛋白饱和度		0.33~0.35
	红细胞压积		男：0.40~0.50，女：0.37~0.48
	红细胞内游离原卟啉	μmol/L	<2.34
	平均红细胞压积	fL	80~100
	平均红细胞血红蛋白量	pg	26~32
	平均红细胞血红蛋白浓度	g/L	320~360

续表

营养素	检查项目	计量单位	正常范围
硒	红细胞硒	μg/g	338±110
	血浆硒	μmol/L	0.82~4.2
	发硒	μmol/kg	4.5~45
	全血谷胱甘肽过氧化物酶活性	U	≥70
	血浆谷胱甘肽过氧化物酶活性	U/L	≥100
	红细胞谷胱甘肽过氧化物酶活性	U	≥70
维生素A	血清视黄醇	μg/L	200~500
	血浆视黄醇结合蛋白	μg/mL	男：39~75，女：29~66
	改进的相对剂量反应		<0.03
维生素D	血清25-羟维生素D_3	nmol/L	25~150
	血清1,25-双羟维生素D_3	pg/ml	10~60
维生素E	血清维生素E	μmol/L	11.5~46
维生素K	血浆凝血酶原前体蛋白	g/L	<2μ
	尿γ-羧基谷氨酸	nmol/mL	18.9~88.9
	血清维生素K	μg/L	男：0.23~0.94，女：0.09~2.12
维生素B_1	24h尿硫胺素排出量	μg	>150
	4h负荷尿硫胺素排出量	μg	≥200
	任意一次尿硫胺素	μg/g肌酐	≥66
	红细胞转酮醇酶焦磷酸硫胺素效应		<16%
	全血中硫胺素二磷酸酯	ng/g血红蛋白	275~675
	红细胞中硫胺素二磷酸酯	ng/g血红蛋白	280~590
维生素B_2	24h尿核黄素排出量	μg	>120
	4h负荷尿核黄素排出量	μg	≥1300
	任意一次尿核黄素	μg/g肌酐	80~269
	血浆核黄素	nmol/L	15~38
	全血谷胱甘肽还原酶活性系数		≤1.2
维生素B_6	血浆5’-磷酸吡哆醛	nmol/L	14.6~72.9
	色氨酸负荷试验		0~1.5
	红细胞天门冬氨酸转氨酶活性		<1.6
	红细胞丙氨酸转氨酶活性		<1.25
烟酸	尿2-吡啶酮/N’-甲基烟酰胺		1.3~4.0
	4h负荷尿N’-甲基烟酰胺排出量	mg	3.0~3.9
	任意一次尿N’-甲基烟酰胺	mg/g肌酐	1.6~4.2
叶酸	血浆叶酸	nmol/L	11.3~36.3
	红细胞叶酸含量	nmol/L	≥362
维生素B_{12}	血浆维生素B_{12}	pmol/L	104~664
	血浆甲基丙二酸	μmol/L	0.08~0.56

续表

营养素	检查项目	计量单位	正常范围
维生素C	血浆维生素C含量	μmol/L	34~114
	白细胞维生素C水平	$\mu g/10^8$	11~15
	4h负荷尿维生素C排出量	mg	≥10
其他	尿糖	mmol/24h	定性：阴性，定量：0.56~5
	尿蛋白		定性：阴性
	尿肌酐	mg/24h/kg体重	男：20~26，女：14~22
	尿肌酐系数	mg/kg体重	男：23，女：17

四、运动队的应用

定期对运动员安静状态的血液样本进行生化分析，可以帮助教练员、运动队科研人员了解运动员机体营养及代谢状况，从而做出运动员是否要进行营养干预的决定，并选定运动员应该采用的营养补充方案。测试时间要根据训练计划和不同生化指标的变化频率决定，一般为1~4周测试一次。

第五节　运动员的营养临床评价

根据症状和体征检查营养不良是一种营养失调的临床检查。临床检查是检查者运用自己的感官或借助于传统的检查手段来了解机体营养以及健康状况的一组最基本的检查方法，目的是观察被检查者是否有与营养状况有关的症状、体征等，从而做出营养正常或失调的临床诊断。营养不良包括营养缺乏和营养过度。

一、营养缺乏

（一）定义

营养缺乏是由于机体内长期缺乏某一种或数种营养素引起的一系列临床症状。

（二）原因

营养缺乏可是一个或多个因素造成膳食摄入不足或身体对营养素利用能力降低的结果。原因大致可分：

1. 营养素摄入不足。
2. 消化道对某些营养素吸收障碍。
3. 机体代谢障碍。

4. 机体需要量增加。

（三）常见的营养缺乏病

有能量–蛋白质营养不良、干眼病（维生素A缺乏）、佝偻病（维生素D缺乏）、脚气病（维生素B_1缺乏）、癞皮病（烟酸缺乏）、坏血病（维生素C缺乏）、贫血（铁缺乏）、地方性甲状腺肿（碘缺乏）等。常见营养缺乏病的临床体征见表6–19，症状、体征与营养素缺乏的关系见表6–20。

表6–19　常见营养缺乏病的临床体征

营养缺乏病	临床体征
蛋白质–能量营养不良症	皮下脂肪减少或消失，体重降低，颧骨突起，浮肿
维生素A 缺乏症	结膜、角膜干燥夜盲症，皮肤干燥、毛囊角化
维生素B_1缺乏症	外周神经炎、皮肤感觉异常或迟钝、体弱、疲倦、失眠、胃肠症状、心动过速、甚至出现心衰和水肿
维生素B_2缺乏症	口腔–生殖系综合征：口角炎、唇炎、舌炎、口腔黏膜溃疡、脂溢性皮炎、阴囊皮炎及会阴皮炎
烟酸缺乏症	皮炎、舌炎、舌裂、胃肠症状、失眠、头痛、精神不集中、肌肉震颤、三D症状（皮肤炎、腹泻、痴呆）
维生素C缺乏症	齿龈炎、齿龈肿痛，出血；全身点状出血，皮下、黏膜出血，重者皮下、肌肉和关节出血
维生素 D缺乏症	骨质软化、骨痛、肌无力和骨压痛、骨质疏松
碘缺乏病	甲状腺增生肥大
锌缺乏病	生长迟缓、食欲不振、皮肤创伤不易愈合。性成熟延迟、第二性征发育障碍、性功能减退、精子产生过少
硒缺乏	心脏扩大、急性心源性休克及严重心律紊乱、可致死亡

表6–20　症状、体征与营养素缺乏的关系

部位	症状、体征	营养素缺乏
全身	体重过轻	能量、蛋白质、钙、磷、维生素
	食欲不振、易疲倦	维生素B_1、维生素B_2、维生素C、烟酸
	膝反射亢进或消失	维生素B_1
	下肢浮肿	蛋白质、维生素B_1
头发	缺少光泽、少、稀疏、易脱发	能量、蛋白质
脸	面色苍白，缺油脂	维生素B_2、蛋白质
	满月脸	蛋白质
眼	结膜苍白	铁
	毕脱氏斑、结膜干燥、角膜软化畏光、睑缘炎、角膜血管新生、角膜周围充血	维生素A、维生素B_2
唇	唇炎、口角炎、瘢痕	维生素B_2
舌	猩红、赤裸露肉	烟酸
	晶红、慢性舌炎	维生素B_2
牙床	肿胀、海绵状出血	维生素C
腺体	甲状腺肿大、腮腺肿大	碘、能量

续表

部位	症状、体征	营养素缺乏
皮肤	干燥、毛囊角化过度、粉刺	维生素A、维生素B_2
	瘀点、瘀斑，糙皮性皮炎	维生素C、烟酸
	阴囊皮炎	维生素B_2
指甲	凹形甲、匙状甲	铁
皮下组织	水肿、皮下脂肪减少	蛋白质、能量
肌肉及骨	肌肉萎缩、颅骨软化、骨骺增大、前囟门持久不闭合、弯腿、串珠肋	蛋白质、能量、维生素D
肝脏	肿大	蛋白质、能量
神经系统	多发神经炎、活动减弱	B族维生素
心脏	肥大、心动过速	维生素B_1

运动员营养缺乏的特点：

（1）临界缺乏（营养不足），以亚临床表现为主。

（2）多见于高强度大运动量训练和比赛期，因生理负荷和应激增加所致。

（3）最常见的是某些维生素（B族维生素和维生素A）和矿物质（钙和铁）缺乏。

（4）由于运动时大量出汗，容易造成水和电解质不足与缺乏。

（5）由于蛋白质和脂肪摄入过多，造成碳水化合物相对不足。

由于运动员中多见的是营养摄入不足或边缘缺乏状态，很少见到严重的营养缺乏症状，因此应警惕营养素缺乏的早期表现。在发现下列症状而又找不出其他原因时，应考虑某些营养素的缺乏。（见表6-21）

表6-21 常见的各种营养素缺乏的早期表现

缺乏的营养素	早期表现
维生素A	生理盲点扩大、暗适应能力降低
维生素D	腰背部和腿部不定位时好时坏疼痛、通常活动时加重
维生素B_1	下肢软弱、无力、沉重感、体重下降、消化不良和便秘，还可有头痛、失眠不安、易怒和健忘等
维生素B_2	疲倦、乏力、口腔疼痛、眼睛骚痒、烧灼感
烟酸	食欲不振、失眠、头痛、体重减轻、记忆力减退
维生素C	轻度疲劳、皮肤小瘀斑和瘀点
铁	工作能力明显降低，包括运动能力下降，行为、智力和认知能力受损害
钙	腿抽筋、损害运动能力
水和矿物质	轻中度脱水症状：运动能力下降、尿量减少、口渴、心率加快、体温升高、感觉疲劳、血压可能下降

二、营养过度

（一）定义

营养过度性疾病一般是由于摄取过多食物或某种营养素、机体对营养的需要减少或发生某种代谢失调等原因引起，因而有时也称之为代谢病。

（二）常见的营养过剩疾病

1. 高脂血症与动脉粥样硬化的发病虽有遗传、体质、神经及精神等多种因素，但脂质营养失调，脂肪在膳食中生热比例过高，特别是动物性脂肪、饱和脂肪酸摄取过多，是一个重要的致病原因。胆固醇、纯糖和脂量摄取过多，活动量少，对肥胖发生也有重要影响。

2. 个别营养素过多或不平衡引起的营养过度性疾病，如个别必需氨基酸过多，导致氨基酸不平衡（如食物中滥加强化或直接服用），可以引起氨基酸过量，发生中毒，蛋白质利用率下降，阻碍生长发育。

3. 某些微量元素滥加强化或服用过多可引起铁、锌、铜等的中毒。

4. 摄入过多肝类食物（鱼肝、野生动物肝）和给儿童服用过多维生素A、维生素D制剂，可发生这两种维生素的中毒等等。维生素A和维生素D还有明显的致畸性，摄入量一般不要超过膳食营养素参考摄入量（DRIs）制定的可耐受最高摄入量（UL）值。营养过剩和某种营养素、维生素过多的症状和体征见表6-22。

表6-22　营养过剩和某种营养素、维生素过多的症状和体征

过剩营养素	症状、体征	中毒量（IU）
能量 脂肪 碳水化合物	肥胖、高血脂、高血糖、动脉粥样硬化	
维生素A	急性中毒：面部潮红、脱皮、头疼、头晕、昏睡 慢性中毒：皮肤丘疹、脱屑、脱发、骨疼、无食欲	急性：>200万IU/次 慢性：6~7万IU/天，持续1个月
维生素D	呕吐、食欲不好、多尿、血钙增高、钙化过度、肾脏和心脏可出现钙化	5000IU/天，持续1~2个月

思考题

1. 运动员膳食营养状况评价包括哪几方面？

2. 膳食调查的方法有哪几种？如何应用？常见问题有哪些？

3. 食物摄入调查时需要注意哪些其他的影响因素？

4. 能量消耗的评价方法有哪些？

5. 生化评价的特点是什么？

6. 不同评价方法如何互补使用？

参考文献

1. Leslie Bonci, 等. Sport nutrition for coaches. USA: Human Kinetics 2009

2. 中国营养学会. 中国居民膳食营养素参考摄入量速查手册[M]. 北京：中国标准出版社 2014.a

3. Louise Burke, 等. Practical Sports Nutrition eBook USA：Human Kinetics 2007

4. ker Jeukendrup, 等. Sport Nutrition 2nd Edition. USA：Human Kinetics 2010

5. anne Girard Eberle. Endurance Sports Nutrition 3rd Edition eBook. USA：Human Kinetics 2014

6. ional Strength and Conditioning Association. NSCA's Guide to Sport and Exercise Nutrition. USA：Human Kinetics 2011

7. sworth BE, Haskell WL, Herrmann SD, et al. Compendium of physical activities: a second update of codes and MET values. Med Sci Sports Exerc, 43(8): 1575–81, 2011

8. Noakes. Waterloogged. USA: Human Kinetics 2012

9. herine G. Ratzin Jackson.Nutrition and the Strength Athlete.London: CRC Press 2001

术语检索

单不饱和脂肪酸mono unsaturated fatty acid，MUFA

单糖monosaccharide

胆固醇cholesterol

胆碱choline

蛋白质protein

蛋白质互补作用complementary action of protein

蛋奶素食者Lactoovo-vegetarians

氮平衡nitrogen balance

低体重underweight

低温环境low temperature environment

低温环境膳食策略diet strategy of low temperature environment

低血糖hypoglycemia

低氧环境hypoxia environment

低营养密度膳食low nutritional density diet

底物substrate

电解质electrolyte

淀粉starch

动物性蛋白质animal protein

毒性toxicity

短链脂肪酸short chain fatty acid, SCFA

多不饱和脂肪酸polyunsaturated fatty acid，PUFA

多糖polysaccharide

F

反式脂肪酸trans-fatty acid，TFA

非必需氨基酸non-essential amino acid

肥胖obesity

分解代谢catabolism

复水再水合rehydration

G

高能量膳食high calorie

高能磷酸化合物energy-rich phosphate

高温高湿膳食策略diet strategy of hot and humid environment

高温环境hot environment

高原训练膳食策略 diet strategy of altitude

骨质疏松症osteoporosis

固体饮料solid drink

果糖fructose

过敏反应allergic reaction

H

合成代谢anabolism

核糖ribose

宏量营养素macronutrient

呼吸商respiratory quotient, RQ

坏血病scurvy

恢复recovery

活动系数activity factor

J

肌酸creatine

肌酸激酶creatine kinase, CK

基础代谢resting energy expenditure，REE

基础代谢率basal metabolic rate, BMR

急性毒性acute toxicity

碱性食物basic foods

焦耳joule, J

脚气病beriberi

结合水boundwater

静息代谢resting metabolism

静息代谢率resting metabolic rate, RMR

酒精alcohol

K

咖啡coffee

咖啡因caffeine

卡/卡路里calorie, cal

抗氧化剂antioxidant

可乐cola

可耐受最高摄入量tolerable upper intake level，UL

可溶性膳食纤维soluble dietary fiber

可食部edible part

口服葡萄糖耐量试验oral glucose tolerance test, OGTT

矿物质mineral

L

癞皮病pellagra

类脂lipoids

力量项目strength and power event

力量训练 strength and power training

零食snack

M

麦芽糊精maltodextrin

麦芽糖maltose

慢性毒性chronic toxicity

免疫immunity

N

耐力训练endurance training

内分泌endocrine

能量energy

能量代谢energy metabolism

能量换算系数energy conversion factor

能量来源energy source

能量平衡energy balance

能量消耗energy expenditure, EE

能量需要量energy requirement

尿素urea

尿糖urinary glucose

O

呕吐vomiting

P

烹饪cooking, culinary art

皮褶厚度skinfold thickness

偏食dietary biased

贫血anemia

平衡膳食balanced diet

平均需要量estimated average requirement，EAR

葡萄糖glucose

Q

千焦耳kilojoule, kJ

kcalkilocalorie, kcal

去脂体重fat free mass，FFM

全素食者vegetarianism

缺氧hypoxia

R

人体测量anthropometric measurements

乳清蛋白whey protein

乳酸lactic acid

软饮料soft drink

S

三磷酸腺苷adenosine triphosphate, ATP

膳食diet

膳食补充剂dietary supplement

膳食参考值dietary reference values, DRVs

膳食模式dietary pattern

膳食评价dietary evaluation

膳食调查dietary survey

膳食纤维 dietary fiber

膳食营养素参考摄入量dietary reference intakes，DRIs

膳食营养素供给量recommended dietary allowances，RDAs

膳食指南dietary guideline

神经性厌食anorexia nervosa

渗透压osmotic pressure

生物价biological value

食品安全food safety

食品科学 food science

食品卫生food hygiene

食品污染food contamination

食谱recipe， menu

食谱编制recipes compiled

食堂管理administration on feeding service

食物（食品）food
食物安全food security
食物不耐受intolerance to food
食物成分food composition
食物成分表food composition table
食物回顾法（24h）24-hour recall
食物交换份法method of food exchange unit
食物生热效应 thermic effect of food, TEF
食物特殊动力作用thermic effect of eeeding，TEF
食物血糖指数glycemic index，GI
食物中毒food poisoning
食源性疾病foodborne disease
适宜摄入量adequate intake，AI
瘦体重lean body mass, LBM
双糖disaccharide
水water
水合作用hydration
水溶性维生素water soluble vitamin
酸碱平衡acid-base balance
酸性食物acid food
T
碳水化合物（糖类）carbohydrate
糖saccharide, sugar
糖原glycogen
糖原分解glycogenolysis
糖原生成glycogenesis
体成分body composition
体力活动energy expenditure for physiacal activity and arousal，EEPAA
体质指数body mass index, BMI
体重body weight
甜味剂sweeteners
条件必需氨基酸conditionally essential amino acids
调味品condiment
铁蛋白ferretin

推荐摄入量recommended nutrient intake，RNI

脱水hypohydration

W

完全蛋白质complete protein

微量营养素micronutrient

微量元素trace elements

维生素vitamin

维生素缺乏症hypovitaminosis

X

西餐western meal

吸收absorption

习服acclimation

细胞内液intracellular fluid

细胞外液extracellular fluid

消化digestion

消化道digestive tract

血红蛋白hemoglobin, Hb

血糖blood glucose

Y

氧化oxidation

夜盲症nyctalopia

液体fluid

胰岛素insulin

营养nutrition

营养标签nutrition labeling

营养不良malnutrition

营养低下 under nutrition

营养过度overnutrition

营养价值nutritive value

营养监测nutrition surveillance

营养教育 nutrition education

营养评估nutrition assessment

营养缺乏病nutritional deficiency disease

营养师dietician

营养素nutrient

营养学nutriology

营养支持nutritional support

营养状况nutritional status

游离水free water

鱼素食者pesco-vegetarian

运动饮料sports drink, sports beverage

Z

蔗糖sucrose

脂肪动员fat mobilization

脂类lipids

脂类（包括脂肪）fat

脂溶性维生素lipid-soluble vitamin

植物性蛋白质vegetable protein

主食staple food

最大摄氧量maximal oxygen consumption